Tim LaHaye

Te AMO, pero ¿POR QUÉ somos tan DIFERENTES?

DEDICADOS A LA EXCELENCIA

La misión de Editorial Vida es proporcionar los recursos necesarios a fin de alcanzar a las personas para Jesucristo y ayudarlas a crecer en su fe.

Reimpresión 2004

Publicado en inglés bajo el título:
I Love You, but Why We Are So Different
por Harvest House Publishers

Traducción: *Carlos Alonso Vargas*

Diseño de cubierta: *Libni F. Cáceres*

ISBN: 0-8297-1989-X

Categoría: Familia / Matrimonio

Impreso en Estados Unidos de América
Printed in the United States of America

04 05 06 07 08 09 ❖ 13 12 11 10 9 8

Índice

EN MEMORIA DE

Nia Jones,
que como editora de libros en Editorial *Zondervan*,
me animó a escribir este libro.
Mientras lo escribía, Nia partió a su hogar
celestial como consecuencia de un trágico accidente.
La sobreviven su esposo Donald
y sus hijos Sabrina, Nicholas y Adam.

DEDICADO AL

doctor Henry Brandt,
uno de los primeros psicólogos cristianos que escudriñaron las teorías de la psicología y las sometieron al criterio de la Palabra de Dios. El doctor Brandt no sólo me inició en la vida llena del Espíritu, lo cual me ayudó a enriquecer la relación entre mi esposa Beverly y yo, sino que además me enseñó el uso de los principios bíblicos para aconsejar a las personas. Él es sin duda una de las tres personas que más han influido en la vida de nosotros dos. Pero no sólo nos ha ayudado a nosotros, sino a miles de obreros cristianos tanto en los Estados Unidos como en otros países.

Dos maneras de hacerlo

Si existen dos maneras de hacer cualquier cosa, sin duda mi esposa escogerá una de ellas con tanta naturalidad como yo escogeré la otra.

A mi esposa le gusta llegar al aeropuerto una hora antes del despegue; para mí sólo hay dos minutos que cuentan a la hora de tomar un avión: ¡un minuto antes y otro minuto después!

Mi esposa casi nunca sobrepasa el límite de velocidad al manejar; yo, si no me fijo, me atrevo a ir siete kilómetros por encima del límite; apenas lo permitido como para que no me pongan una multa, pero lo suficiente rápido como para no perder tiempo.

Mi esposa piensa que el tanque de gasolina está vacío tan pronto como el medidor marca la mitad. ¡Yo más de una vez he manejado el auto con sólo el olor de la gasolina!

Cuando mi esposa va al supermercado, sólo compra dos o tres de cada cosa; yo compro suficiente para un mes.

Mi esposa contabiliza en forma compulsiva la chequera hasta dar cuenta del último centavo; yo a veces he aceptado el estado de cuenta que envía el banco, con tal que "se acerque" al mío (¿quién se atrevería a poner en duda lo que dice la computadora?).

Mi esposa es una introvertida, que rara vez manifiesta su opinión a menos que se la pidan; yo soy un extrovertido, que siempre expresa su opinión, ya sea que alguien la quiera o no.

Mi esposa es madrugadora, pero a menudo se echa una siesta después de la cena; yo soy un ser nocturno, cuyo trabajo sale mucho mejor por la noche, pero cada mañana me despierto molido.

A mi esposa le gusta planificar todo lo que va a hacer; yo prefiero tomar decisiones en el momento . . . y con frecuencia resultan equivocadas.

Mi esposa tiene una ortografía excelente; yo todos los días le doy gracias a Dios por los diccionarios y por esos programas de computadora que revisan la ortografía.

Mi esposa sólo usa ropa que combina; y yo también . . . ¡pero porque ella es la que escoge lo que me pongo!

A mi esposa le encanta el personal y la administración; en cambio, soy un emprendedor que ha fundado catorce organizaciones cristianas diferentes, y todas excepto una las he entregado a otras personas para que las dirijan. Prefiero no dirigir a las personas, sino más bien inspirarlas, motivarlas, y luego dejarlas en libertad para que sirvan al Señor.

Mi esposa, que jamás alza la voz, es tan amable que cuando tiene que despedir a alguien del trabajo, hace que esa persona se compadezca de ella; yo he pasado gran parte de mi vida pidiendo disculpas y vendando almas heridas y espíritus maltratados. Tal vez eso explique por qué la única organización que ella tiene es más grande que las catorce mías juntas.

Mi esposa es amante de la música y de las bellas artes; yo soy un fanático de los deportes, que casi nunca se preocupa por la supervivencia de la "cultura", en especial si tengo que soportarla.

Mi esposa come despacio y con estilo; yo trago de todo . . . rapidísimo y en gran cantidad.

Cuando nos casamos, Beverly era una joven bondadosa pero temerosa; yo era impulsivo y lleno de ira. (¡Gracias a Dios por el ministerio del Espíritu Santo!)

Mi esposa y yo somos lo más opuesto que dos personas pueden ser; pero con la ayuda de Dios hemos experimentado un matrimonio ideal. No fue siempre así, porque tuvimos que enfrentar grandes ajustes, comenzando el primer día después de nuestra luna de miel de dos días. Aunque nuestros temperamentos representan extremos del espectro, hoy día cada uno es el mejor amigo del otro y su persona favorita.

Con la ayuda de Dios y un poco de cooperación, cualquier matrimonio, sin importar los contrastes en su temperamento, su trasfondo y su educación, pueden ajustarse el uno al otro y edificar una relación hermosa y plena que durará toda la vida.

Primera parte

Por qué se atraen los opuestos

1

¡Auxilio! ¡Me casé con un sanguíneo!

No hay otras dos personas que puedan gozar más de una luna de miel sobrecargada de emociones que Sergio Sanguíneo y Marta Melancólica. De los cuatro temperamentos fundamentales, ellos son los que poseen las emociones más ricas.

Sergio es el superextrovertido amante de la diversión, con una personalidad atrayente y fascinante. Es el alma de la fiesta, que invariablemente reacciona con afecto ante las personas. Pareciera que para él, la vida es un teatro donde él es el personaje principal.

Sergio es una persona entusiasta, orientado hacia los sentimientos, que con facilidad puede llorar por la tristeza de sus amigos o reír por la felicidad de los demás. Es la amistad personificada; puede — y por lo general logra — convertir en amigos, en cosa de segundos, a quienes eran completos extraños. Le encanta agradar a los demás, y ¡cómo disfruta de sus elogios! Los sanguíneos nunca pasan por la vida sin hacerse notar.

Marta Melancólica, en cambio, es por lo general una persona introvertida y sombría, que lleva los sentimientos escondidos. Casi siempre tendrá un cociente intelectual por encima del promedio, tendrá grandes facultades analíticas y será perfeccionista. Nadie aprecia más la música, las artes y el teatro que una persona con el temperamento de Marta. No entabla amistades con facilidad, pero es extremadamente leal a los pocos amigos que tiene. Viste con buen gusto, y sabe coordinar los colores a la perfección. Su maquillaje siempre armoniza con su atuendo, y en todo momento está impecable. Sus inhibiciones naturales y su temor a cometer un error suelen impedirle exponer en público sus pensamientos y talentos. Ya que abriga profundos sentimientos e interés por las personas, cuando más feliz está es cuando se sacrifica por el bien de los demás.

Una mujer del temperamento de Marta carece de confianza en sí misma aunque, por lo general, tiene grandes dotes. A menos que sea movida por sus emociones, habla muy poco en público, y cuando lo hace, pasa después varios días repasando cada palabra y culpándose por supuestos errores. Pero fue así como ella y Sergio se encontraron.

Marta asistió a una reunión para unas veinte personas en casa de unos amigos. Sin embargo la velada fue muy aburrida, ya que no había ningún Sanguíneo presente. En realidad la anfitriona había cometido el error de invitar sólo a un Sanguíneo, lo cual es una tremenda equivocación social: no se puede tener una buena reunión si no hay al menos un Sanguíneo, así que siempre invite a tres. Uno de ellos se olvidará de su invitación; el otro perderá la dirección; y el tercero llegará tarde.

Más o menos cuando ya Marta había decidido que la reunión iba en picada, sonó el timbre y el anfitrión abrió la puerta. ¡Allí estaba Sergio Sanguíneo!

Usted nunca me creerá lo que estaba pensando Sergio antes de tocar el timbre: *Sergio, ¿por qué esta noche no mantienes cerrada tu boca? Dales a otras personas la oportunidad de decir algo. No tienes por qué ser siempre tú el alma de la fiesta.* Y lo estaba pensando en serio, hasta que la puerta se abrió y él detectó a otra persona. Entonces se dio cuenta de que todo un salón lleno de personas amables y vibrantes lo estaban invitando a él a subir al escenario. ¡Hasta ahí llegaron sus buenos propósitos! Como si alguien le hubiera apretado un botón en el cerebro, pasó de inmediato a ejecutar su espectáculo, subió al escenario (la sala de la casa de su amigo) y dio inicio a la función teatral. El alma de la fiesta había llegado. Saludando a cada uno como un amigo a quien no hubiera visto por largo tiempo, ni siquiera se molestó en disculparse por su tardanza de cuarenta y cinco minutos. Y dio inicio a su ronda interminable de chistes y comentarios divertidos, y los otros invitados, sin saber cómo, comenzaron a adaptarse a su estado de ánimo: La reunión cobró vida, y todo el mundo disfrutó.

Cerca de las once y treinta de la noche a Sergio se le comenzó a acabar la cuerda (y también su repertorio de chistes), de manera que se excusó, se escabulló hacia el auto, y emprendió el camino hacia su casa. Mientras apretaba el acelerador de su enorme monstruo que gastaba gasolina en cantidad, comenzó a reprenderse a sí mismo: *¡Sergio, lo hiciste de nuevo! ¿Cuándo vas a aprender a quedarte callado? (¡Nunca en la vida!) ¿Por qué no puedes ser como Marta?* ¡Sí, la había observado detalladamente! Ni un cabello fuera de lugar, hermosa de aspecto, y claro, todo muy bien coordinado: Desde su maquillaje hasta sus zapatos. *¡Por lo visto es una joven muy inteligente!* — pensó — *¡Se rió de todos mis chistes!"* Y añadió abruptamente: *¿Por qué no invitarla a salir en cuanto llegue a casa?*

Mientras Sergio tramaba su siguiente jugada, Marta iba conduciendo su pequeño auto que ahorraba combustible, rumbo a casa después de la reunión. Iba pensando: *Marta, ¿cuándo vas a romper tu cascarón y sumarte a la fiesta?* Ella iba considerando todas las observaciones astutas que había añorado insertar en la conversación pero que nunca salieron de su boca. *¿Por qué no puedes ser un poco más como Sergio, que es libre y franco? ¡Qué hombre!*

Cuando entró a su apartamento estaba sonando el teléfono. ¡Era Sergio! La invitó a cenar la noche siguiente, y ella dijo que "por casualidad tenía la noche disponible". Esa cita echó a andar un noviazgo vertiginoso que culminó con una boda en la iglesia, y una exótica y emocionante luna de miel en Hawai.

¡Ay, si su nido de luna de miel hubiera podido ser su residencia permanente! Pero la vida en el mundo real no prolonga la bienaventuranza romántica de la luna de miel. Ahora las cámaras pasan al lunes por la mañana, el primer día del regreso de ambos a sus trabajos. Marta se despierta ante las notas desentonadas de Sergio que canta en la ducha, y de repente se percata de que ahora debe ir a prepararle su primera "ofrenda quemada", como la describiría él posteriormente. Pero, como le gusta comentar con sus amigos: "Está bien. Ella dijo que me adoraba."

Después de tomar su desayuno, Sergio sale de prisa hacia el trabajo, y a Marta le llega el momento de la verdad. Al correr hacia el dormitorio nota por primera vez que está hecho un desastre. En medio de su cama sin tender está la toalla mojada de Sergio, la ropa de la noche anterior está dispersa por todo el cuarto, desde el respaldar de la silla hasta el piso. Tratando de ejecutar el papel de una esposa hacendosa, ella comienza a recoger la ropa de su esposo, haciéndose una promesa: *Sólo tendré que enseñarle a que cuide mejor sus cosas.* (El hecho de que su madre había intentado lo mismo, sin éxito, no queda registrado . . . por el momento.)

Cuando Marta abre la puerta del ropero, la ropa de Sergio se desliza de las perchas y cae al suelo. De pronto se da cuenta de que se ha casado con un "ganchero". Usted con mucha probabilidad esté consciente de que hay dos clases de seres humanos, a juzgar por sus roperos: los "gancheros" y los "percheros". Los "percheros" son personas bien organizadas que colocan todo en perfecto orden en las perchas: los pantalones en una sección, después las camisas, los sacos y las corbatas. Los "gancheros" sencillamente amontonan las cosas en el gancho más cercano. Marta descubre que se ha casado con un hombre que puede acumular nueve prendas en un gancho, hasta que alguien abre la puerta del armario.

Para ampliar su educación como recién casada, Marta entra al baño, sólo para hallarlo en peores condiciones que el dormitorio. Sergio ha usado todas las toallas a su alcance, incluso la toalla ornamental tan cara. La puerta del botiquín está abierta. Todo, desde su desodorante hasta su atomizador para el cabello, está desparramado; y ella se admira de encontrar rastros de barba en el lavatorio. Pero el golpe de gracia se presenta en la forma del tubo de pasta dental: ¡Él lo ha apretado en el centro! Cuando Marta decide cepillarse los dientes y descubre que su cepillo de dientes ya está mojado, se derrumba.

Ahora le pregunto: ¿Le parece que estos dos tórtolos van a tener problemas adaptándose uno al otro? ¡Apuesto que sí! A menos que sepan cómo aceptarse el uno al otro y estén dispuestos cada uno a mejorar, muy pronto van a echar a perder su relación. Su amor se convertirá en odio, y se convertirán en una cifra más de divorcios . . . a menos que usen las técnicas de adaptación matrimonial que se describen más adelante en este libro.

2

¡Ay de mí! ¡Me casé con un colérico!

Ricardo Colérico y Felicia Flemática se conocieron en una universidad cristiana. Él era tres años mayor que ella; había pasado dos años en el ejército antes de inscribirse, y había renunciado a una beca para practicar fútbol para asistir a esa universidad específica a fin de estudiar para el ministerio. (Ella, por su parte, le había entregado su vida a Dios para ser misionera.) Los dos fueron asignados a la misma mesa del comedor durante tres semanas. Como siempre, Ricardo llegó a la mesa buscando las muchachas más atractivas, y se sentó junto a Felicia. Cuando él descubrió que los dos venían de la misma ciudad, salieron caminando del comedor conversando animadamente . . . y desde entonces han estado juntos.

A Felicia le pareció que Ricardo era una persona fascinante. Por lo visto era un hombre de voluntad fuerte y opiniones firmes, que sabía muy bien hacia dónde iba y qué era lo que quería. Cuestionaba todo en la universidad, desde las reglas de conducta hasta los papeles propios de los varones y las mujeres, y ella hizo todo lo posible por evitar que lo expulsaran por quejarse. En efecto, para cuando se conocieron (cuando ya el año lectivo llevaba tres semanas) él ya había ocasionado tantos problemas que tenía acumuladas ciento cuarenta y nueve sanciones: ¡sólo una menos de las necesarias para una expulsión!

Sobre todo, a Felicia le gustaba Ricardo por lo resuelto que era. Ella, como prefería no tomar decisiones, se sentía cómoda dejando que él marcara el rumbo de su relación. Como además era dinámico e imaginativo, era muy emocionante escucharlo soñar con el futuro. La posibilidad del fracaso jamás asomaba a su mente, y siempre estaba involucrado de manera intensa en toda una diversidad de actividades. Ya que no era el mejor estudiante de la institución, Felicia le ayudaba en los cursos que llevaban juntos; y en el segundo semestre Ricardo se aseguró de que llevaran la mayoría de los cursos juntos. De alguna manera, aunque era contrario a las normas de la universidad, parecía que él siempre conseguía que se sentaran uno junto al otro. Hubo otros tres muchachos que intentaron salir con ella, pero Ricardo se las arregló para ganarles la partida a todos. Felicia disfrutaba de aquella relación: No había decisiones que tomar, no había que preguntarse con quién saldría el siguiente fin de semana, no había exigencias para planificar sus actividades. Ricardo siempre tenía un plan. ¡No se daba cuenta de que el plan era *ella*!

Ricardo se enamoró de Felicia desde el primer instante. Era muy femenina, de hablar suave, y dulce en su manera de ser; parecía que nada la perturbaba. Los amigos de Ricardo lo alababan por escoger a esa joven tan agradable, bien vestida y bonita, que se veía que gustaba de él y seguía su liderazgo. Nunca ponía en duda sus decisiones y apoyaba siempre su prisa de último minuto por los exámenes. Como las destrezas analíticas de Felicia le permitían determinar por anticipado casi todas las preguntas que iba a hacer el profesor, el estudiar juntos no sólo los iba uniendo sino que ayudaba a Ricardo a mejorar sus notas.

No pasó mucho tiempo antes que Ricardo empezara a darse cuenta de que ella podía ser una perfecta esposa de pastor, para no mencionar la madre ideal de sus hijos. Ni la universidad ni los padres de ella estaban a favor del matrimonio, por lo menos no en ese primer año; pero la oposición sólo sirvió para intensificar la resolución colérica de Ricardo, quien insistió en el asunto con determinación hasta que, en el mes de julio, se casaron. Él tomó la responsabilidad de dos empleos durante el verano, y los dos regresaron a la universidad en otoño.

Ricardo decidió postergar la tradicional luna de miel, de modo que se casaron un sábado por la noche, el domingo recorrieron en automóvil casi mil kilómetros, y el lunes se presentaron a trabajar. En cosa de pocos días, Felicia Flemática se dio cuenta de que ese torbellino de esposo era una máquina de movimiento perpetuo. Ella admitía que él la amaba con intensidad, pero amaba aún más el trabajo y las actividades. A ella le resultaba casi imposible lograr que él permaneciera sentado el tiempo suficiente para descansar un poco y disfrutar de la vida. Cuando ella protestaba con moderación diciendo que él casi nunca tenía tiempo para ella, él se ponía a la defensiva y recurría al sarcasmo. Ella recurría a las lágrimas. Ahora se veía obligada a admitir que no tenía dominio sobre el estilo de vida que llevaban. Como él tomaba decisiones con tanta rapidez, si ella ponía una objeción, él explotaba. A ella no le quedaba otro recurso sino encerrarse por completo en sí misma y aferrarse con terquedad a sus opiniones.

¿Se imagina usted las tensiones emocionales que se fueron acumulando durante la "etapa de adaptación" (que por lo general dura tres años, pero en el caso de ellos duró como trece)? Sin darse cuenta, habían instituido un matrimonio de "tira y afloja" o, como lo llaman algunos, una relación "activa-pasiva". Cuando entraron a ejercer el ministerio — él resuelto y ella tercamente comprometida a "dar la batalla" —, ninguno de los dos creía en el divorcio. La situación se fue poniendo más y más difícil con cada año que pasaba y cada niño que nacía, hasta que por fin, en la providencia de Dios, descubrieron el secreto de adaptarse a sus temperamentos opuestos, y eso transformó su matrimonio.

¡Las mujeres coléricas también se casan!

Sara era de temperamento colérico. Nació así. Cuando tenía cuatro años sabía cómo organizar y motivar a los demás niños del vecindario. Hiciera lo que hiciera, ella era la que mandaba; y quien se atreviera a poner en duda su autoridad era silenciado con prontitud. En el mundo de los negocios se diría que era "una fuerte líder natural". Cuando conoció a Mario, a él le faltaba un año para concluir sus estudios de medicina. Mario era un joven apuesto, con un cuerpo bien formado y excelentes calificaciones en la universidad; pero se sentía un poco inseguro en presencia del sexo opuesto, y tenía mucho más confianza en sobresalir como patólogo que de salir con muchachas. De modo que cuando apareció Sara, a ella no le costó conseguir que él la invitara a salir. Fueron novios durante dos años, lo que le permitió a ella esforzarse con diligencia para mantener un promedio alto durante sus dos últimos años de universidad. Al graduarse, aunque Mario todavía tenía que hacer un año de internado, ella estaba lista para casarse. Antes que él se diera cuenta, ya habían puesto la fecha y Sara comenzó a hacer planes para la boda.

Por un tiempo Sara y su madre pelearon un poco por los planes de la boda, hasta que la madre se rindió y dejó que Sara se saliera con la suya. Eso debió enseñarle una lección a Mario. Pero para entonces se había enamorado profundamente de ella, y le encantaba dejar que ella tomara todas las decisiones acerca de su presente y su futuro. Cuando Sara quería proyectarse como seductora, afectuosa y hasta sensual, sabía cómo poner a funcionar el hechizo; y era sólo con un buen propósito, el cual por lo general era salirse con la suya. Cuando Sara lo deseaba, podía hacer que Mario se sintiera como si tuviera tres metros de altura.

Después que se casaron, Mario descubrió que apenas podía sacar un minuto para sí mismo. De no ser por sus deberes en el hospital, Sara habría monopolizado todos sus momentos de vigilia. Tal vez por eso él descubrió que estaba pasando más tiempo en el salón de médicos en el hospital, único retiro tranquilo donde podía leer el periódico u hojear un libro que le interesara.

Cierto sábado puso especial atención a una conversación telefónica de su esposa con una amiga. Agarrado con una mano de la escalerilla y tratando de limpiar las ventanas con la otra, escuchó a Sara decirle a la amiga: "Mi lema es: Cuando logras hacer que se levante, mantenlo en movimiento." A Mario se le abrieron de repente los ojos. Como respuesta comenzó a arrastrar los pies, encontrando excusas para no hacer caso de la interminable lista de "amor, haz esto" que Sara le dictaba. Pero cuanto más se obstinaba él en su ritmo lento, más presionaba ella, machacando y tratando de manipularlo. Cuando eso fallaba, ella explotaba; y en ese momento expresaba con precisión los pensamientos venenosos que había acumulado. Como es natural, ella se sentía mal después de dar rienda suelta a su ira; pero Mario guardaba su resentimiento y hervía por dentro. (Aunque por lo regular no son dados a la violencia, hay hombres flemáticos que recurren a ella en un último intento por ser oídos, y eso es siempre dañino).

Como Sara ordenaba mejor que él sus razonamientos, Mario siempre salía perdiendo cuando discutían. Pero cada vez que ella ganaba él se aseguraba que perdiera, aplicando tácticas dilatorias, cosa que llenaba de cólera a Sara. Cuando todo lo demás fallaba, él recurría a encerrarse en sí mismo. En realidad, en cierta ocasión pasó tres semanas enteras sin hablarle. Como consecuencia de ello Sara buscó orientación profesional, lo cual les abrió a los dos las puertas hacia la adaptación matrimonial. Hoy día son felices, pero no fue fácil. Si olvidan aplicar los pasos fundamentales para la adaptación, recaen en seguida en su relación natural de "tira y afloja".

3

¿Quién quiere a una animadora por esposa?

Sandra era la mejor animadora[1] de su universidad. Con una personalidad chispeante y enérgica, era tan bonita que todos los que estuvieran en el estadio le respondían con entusiasmo. Nadie podía conducir a una multitud mejor que ella. Néstor era el capitán del equipo de fútbol americano, y jugaba como mediocampista. Su tamaño impresionante impedía que los otros jóvenes intentaran meterse con su novia.

En la universidad disfrutaban de una vida de actividad sin fin. Néstor consideraba que eso era resultado de su puesto prominente en los deportes, pero en realidad era la popularidad de Sandra lo que hacía que siempre los invitaran a una ronda de incesante actividad. Ella nunca paraba de hablar, de hacer bromas, y era siempre el alma de la fiesta. Néstor escuchaba con paciencia su serie repetitiva de historias y frases hechas, porque el estar cerca de ella le hacía sentirse muy bien. Sí se resentía en silencio cuando otros hombres la miraban anhelantes, pero sabía que ella, en su corazón, sólo tenía ojos para él. Sí le habría gustado que ella no exagerara con tanta frecuencia, y se sentía incómodo cuando ella anunciaba que en el partido del sábado él había hecho diez jugadas, cuando en realidad sólo había hecho ocho.

Néstor y Sandra estuvieron de novios los cuatro años de la universidad y se casaron dos semanas después de la graduación. Sandra estuvo trabajando como maestra mientras Néstor asistía a la facultad de derecho. Cualquier persona que supiera

---

1 NOTA DEL EDITOR: La palabra en inglés es *cheerleader*. En algunos países se traduce como *porrista*. Es quien anima con sus gritos y sus movimientos al público que observa un juego.

algo acerca de los temperamentos detectaría que ese matrimonio iba encaminado a tener problemas. En efecto, la discordia comenzó a cocinarse desde la luna de miel. Cuando regresaron al hotel después de una velada en la que su esposa había sido el alma de la fiesta, Néstor comentó con bastante énfasis que ella era bastante descuidada con los detalles. Ella había contado en esencia la misma historia que antes había narrado, ante un público distinto, en la fiesta de bodas; sólo que con pormenores que no encajaban. Sandra lo miró asombrada.

— Se rieron, ¿no? — respondió ella.

— ¡Pero no era verdad! — dijo él.

Esa diferencia pudiera parecernos pequeña, pero a lo largo de toda una vida puede ser devastadora. Néstor contaba historias pensando en la exactitud; Sandra las contaba pensando en el efecto que tendrían. Muchas veces Néstor se negaba a contar una historia si no conocía bien los datos. En cambio Sandra se lanzaba a contarla aunque tuviera que inventar algunos detalles, sólo para hacer reír. "No eres más que un pesado — replicó ella —. No haces que nadie se ría, y en cambio me criticas por la forma en que yo lo hago."

Se hirieron los sentimientos el uno al otro tan gravemente, que se fueron a dormir sin hacer el amor . . . ¡en su luna de miel! Eso fue apenas el principio del intento de Néstor de poner a Sandra "bajo control", cosa que es casi imposible sin matarle el espíritu a una persona de temperamento sanguíneo.

Sandra — amante de la diversión — o dejaba de divertirse cuando estaba cerca de Néstor para evitar su desaprobación — porque los sanguíneos no aguantan la crítica — o acarreaba su ira cada vez que recaía en su modalidad hablantina. Y una vez que él comenzó a criticarle su modo de hablar en público, no pasó mucho tiempo antes que él censurara casi todo lo que ella hacía. Cierto día ella se enojó tanto que exclamó: "¿Cuándo vas a dejar por fin de tratar de cambiarme, y me vas a aceptar como soy?"

Cierta mujer que conozco, de temperamento sanguíneo, y que está casada con un melancólico, se enojó tanto durante un pleito en la luna de miel que se quitó el anillo de matrimonio y, en un arranque de furia, lo tiró afuera. "¡Ya no quiero seguir casada contigo!", gritó.

Un rato después se reconciliaron, pero cuando buscaron en vano el anillo, la mente analítica y creativa del melancólico sugirió: "Esperemos a que oscurezca; lo encontraremos con la linterna de mano."

A la mujer le pareció que él estaba loco, pues olvidó que los diamantes destellan cuando una luz les da en la oscuridad. ¡Había que ver a esos dos tórtolos reconciliados, a gatas, en medio de la oscuridad, rebuscando su anillo de bodas . . . durante su luna de miel! Después de una serie de explosiones, aprendieron a adaptarse a las diferencias de uno y otro. Hoy día disfrutan de una relación muy sólida, aun cuando siguen siendo casi completos opuestos en temperamento y personalidad.

4

La amante de la diversión que se casó con una máquina

Los melancólicos por lo general se casan ya tarde en la vida, si es que se casan. Son por naturaleza bastante inteligentes, dotados y creativos. Sin embargo, a menudo se topan con un obstáculo importante: "No encuentro una pareja perfecta." Y nunca la encontrarán. Pero sí tienen la capacidad de amar profundamente a la vez que se sienten atribulados por las evidentes imperfecciones de su cónyuge que ama la diversión. Los varones de temperamento melancólico son susceptibles a los encantos de sus compañeras, las cuales pueden conquistarlos para llegar al altar si rehúyen de manera discreta la satisfacción sexual antes del matrimonio. Las mujeres solteras de hoy necesitan aprender que "una necesidad satisfecha es un factor que quita la motivación". Si entregan antes de la boda lo que un hombre necesita sexualmente, es menos probable que él traiga a colación el asunto del matrimonio. Además, con frecuencia las personas de temperamento melancólico pierden respeto por su pareja si ella o él se entrega sexualmente antes del matrimonio, aun cuando los dos sean partícipes.

Por fortuna para Federico, Beatriz tenía una sólida formación y compromiso cristiano como para caer en esa tentación, de modo que él se casó con ella después de un noviazgo vertiginoso. Su luna de miel estuvo llena de entusiasmo, emoción y creatividad. Beatriz se dio cuenta de que se había casado con el hombre perfecto. Él tenía veintiocho años y ella veinticuatro. Según el testimonio de ella: "Estábamos hechos el uno para el otro." Ella había trabajado dos años como maestra cuando

Federico terminó su internado y fue contratado como parte del personal en el hospital local. Ella se sentía orgullosa de ser la esposa de un joven médico de quien todo el mundo afirmaba que estaba destinado a la grandeza. Los dos participaban de muchas actividades en su iglesia, y ambos estaban interesados en establecer una familia cristiana.

Federico vivía conforme al reglamento. Para todo tenía un horario, jamás excedía el límite de velocidad, y siempre mantenía su armario en condiciones impecables, que es lo que uno esperaría en un cirujano. Pero el vivir con él veinticuatro horas al día era otra historia. A veces andaba de mal humor y preocupado. A Beatriz, amante de la diversión, le costaba mucho entender por qué, después de terminar los estudios de medicina, él insistía en pasar el quince por ciento de su tiempo leyendo revistas médicas a fin de "mantenerse al día" con su profesión. Una vez que un especialista aprendía cómo remover determinados órganos, ¿qué más necesitaba saber? Estaba bien que asistiera de cuando en cuando a una convención de médicos, pero eso debía bastar en cuanto a actividades extracurriculares. Lamentablemente, él insistía en ser el mejor. Vivía para el mañana, mientras que Beatriz vivía para el día de hoy. Muchas veces pensaban: *Si antes de casarnos hubiera sabido lo poco que teníamos en común, jamás me habría casado contigo. Eres una buena persona, pero somos opuestos por completo.*

Todas estas historias son ciertas, y representan la vida de amigos personales que han hallado gran ayuda en el estudio de los cuatro temperamentos. Lo mejor de todo es que, con la ayuda de Dios, todos gozan hoy de matrimonios fuertes. Pero, al igual que todas las parejas de opuestos que se casan, tuvieron sus dificultades.

5

¿Por qué lo hacen?

La mayoría de los consejeros matrimoniales que conozco —y casi todos los que proponen diversos estilos de terapia— admiten que en la mayoría de los matrimonios se cumple el viejo axioma de que "los opuestos se atraen"; al menos en el mundo occidental, donde las personas escogen a sus cónyuges. Las explicaciones habituales de este fenómeno pueden contener ciertos elementos de verdad, pero nunca he quedado satisfecho con ninguna de ellas. Por eso he ideado la mía.

Por favor lea este capítulo con cuidado. Para comenzar, voy a explicar mi teoría, la cual se basa en muchos años de estudio y en la consejería que he dado a más de seis mil personas, muchas de ellas por falta de armonía en su matrimonio. Después describiré las razones que sustentan mi teoría. Por favor espere hasta el final del capítulo antes de llegar a sus propias conclusiones.

Los semejantes se repelen, los opuestos se atraen

En todos los campos que conozco, desde la electricidad hasta la química, lo que tiene signo positivo es atraído hacia lo que tiene signo negativo. En el ámbito humano, las personas introvertidas por lo general se sienten atraídas hacia las extrovertidas. Podemos admitir que tanto usted como yo encontraremos excepciones, lo cual explica por qué resulta inadecuado clasificar a las personas en sólo dos categorías, como hacían en un principio los psicólogos. Yo puedo identificar dos clases de introvertidos y dos clases de extrovertidos. En realidad, en el capítulo que sigue, cuando consideremos las combinaciones de temperamentos, voy a presentar doce mezclas diferentes de temperamentos.

En lo fundamental, mi teoría afirma que los temperamentos opuestos de sexos opuestos tienden a atraerse entre sí, pero para comprender más a cabalidad ese concepto debemos echar una breve mirada al temperamento humano. Las personas, si bien no lo notan en un principio, son atraídas subconscientemente por las fortalezas de la otra persona que corresponden a sus debilidades.

Todo está en el temperamento

Hace veinticinco años llegué a la conclusión de que la influencia humana más poderosa sobre la conducta de cualquier persona es su temperamento heredado; o, para decirlo de manera más exacta, su combinación de por lo menos dos temperamentos, uno de ellos primario y el otro secundario. Después de llegar a esa conclusión he pastoreado a varios millares de personas, he dado consejería a más de seis mil personas, he dirigido más de setecientos seminarios de vida familiar en cuarenta países del mundo (a los que han asistido más de un millón de personas), he escrito cinco libros sobre el tema (leídos por al menos cuatro millones de personas), y he administrado mi examen de temperamentos LaHaye a más de veinticinco mil personas; y todo eso me convence cada vez más de la validez de la antigua teoría de los cuatro temperamentos. No se trata de una teoría perfecta, pero creo que es la mejor explicación del comportamiento humano que jamás ha sido desarrollada por los mortales.

En su forma embrionaria aparece en el capítulo treinta de los Proverbios, donde el autor identifica cuatro clases específicas de personas. Agur, a quien muchos eruditos bíblicos atribuyen ese capítulo, reconoció esas cuatro clases de personas quinientos años antes que Hipócrates (el padre de la medicina moderna) les pusiera nombres y comenzara a clasificarlas en esta antigua teoría. Al leer los versículos que damos a continuación, tenga presente que Agur sólo consideró a esas personas en sus expresiones negativas, principalmente porque es más fácil diagnosticar a las personas mediante sus debilidades que de sus fortalezas.

La base bíblica de los cuatro temperamentos

Agur -- Proverbios 30

En cada versículo citado, donde dice "hay generación" se puede entender "hay una clase de personas".

Melancólico
Hay **generación** que maldice a su padre, y a su madre no bendice (v. 11).

Flemático
Hay **generación** limpia en su propia opinión, si bien no se ha limpiado de su inmundicia (v. 12).

Sanguíneo
Hay **generación** cuyos ojos son altivos, y cuyos párpados están levantados en alto (v.13).

Colérico
Hay **generación** cuyos dientes son espadas, y sus muelas cuchillos, para devorar a los pobres de la tierra (v. 14).

Nacemos así

Hablando en términos humanos, nada tiene una influencia más profunda sobre la conducta de la persona que su temperamento heredado. La combinación de los genes y los cromosomas de sus padres en el momento de la concepción es lo que determina el temperamento fundamental de la persona, nueve meses antes que éste respire por primera vez. Esa combinación temperamental es responsable, en gran medida, de las acciones, reacciones y respuestas emocionales de la persona.

La mayoría de las personas no tienen la menor conciencia de esta influencia tan poderosa sobre su propio comportamiento. Por consiguiente, en vez de cooperar con ella y de aprovecharla, entran en conflicto contra esta potencia interior y con frecuencia tratan de hacer de sí mismos algo que nunca estuvieron diseñados para ser. Eso no sólo los limita de manera personal, sino que también afecta a su familia y con frecuencia estropea sus relaciones con las demás personas. Es una de las razones por la que mucha gente se lamenta: "No me gusta cómo soy" o "no puedo encontrarme a mí mismo". Cuando una persona descubre su propio temperamento fundamental, por lo general puede averiguar con bastante facilidad cuáles son las oportunidades vocacionales para las que es más idónea, cómo llevarse bien con otras personas, a cuáles debilidades naturales prestarles atención, qué clase de esposa debiera buscar, y cómo hacer más eficiente su vida.

¿Qué es el temperamento?

El temperamento es la combinación de características que hemos heredado de nuestros padres. Nadie sabe dónde radican, pero parecen hallarse en algún lugar de la mente o del centro emocional (lo que frecuentemente se llama el corazón). A partir de esa fuente se combinan con otras características para producir nuestra constitución fundamental. La mayoría de nosotros estamos más conscientes de sus *expresiones* que de sus *funciones*.

El temperamento de una persona es lo que hace que sea sociable y extrovertido, o tímido e introvertido. Es lo que impulsa a algunas personas a ser entusiastas del arte y de la música, mientras que otros tienen una mentalidad orientada hacia los deportes o la industria. Hijos nacidos de los mismos padres pueden tener temperamentos diferentes por completo; en efecto, he conocido músicos sobresalientes cuyos hermanos no lograban distinguir los tonos.

Por supuesto, el temperamento no es lo único que influye en nuestra conducta. La vida del hogar en los primeros años, la crianza, la educación, el sexo y la motivación también ejercen influencias poderosas sobre nuestras acciones a lo largo de la vida. Sin embargo, el temperamento domina nuestra vida, no sólo porque nos afecta desde un inicio, sino también porque, como la estructura del cuerpo, el color de los ojos y otras características físicas, son permanentes a lo largo de nuestra vida. Una persona extrovertida seguirá siendo extrovertida. Podrá moderar la expresión de su extroversión, pero siempre será sociable. Asimismo, aunque un introvertido pueda salir de su concha y actuar con más iniciativa, nunca llegará a ser un extrovertido.

El temperamento establece amplios lineamientos sobre la conducta de toda persona; pautas que van a influir a esa persona mientras viva. De un lado están sus fortalezas y del otro sus debilidades. La principal ventaja de aprender acerca de los cuatro temperamentos fundamentales consiste en descubrir nuestras fortalezas y nuestras debilidades más pronunciadas, de modo que, con la ayuda de Dios, podamos superar las debilidades y aprovechar las fortalezas. De este modo podemos realizar al máximo nuestro destino personal.

El temperamento, que se transmite por los genes, quedó influenciado por la caída de Adán. Por eso, todos nos identificamos con el deseo de hacer el bien, mientras que, al mismo tiempo, poseemos un impulso para seguir los pasos del mal. Sin duda, el apóstol Pablo se sentía así cuando declaró: "Porque el querer el bien está en mí, pero no el hacerlo. Porque no hago el bien que quiero, sino el mal que no quiero, eso hago. Y si hago lo que no quiero, ya no lo hago yo, sino el pecado que mora en mí" (Romanos 7:18-20).

Pablo establecía una diferencia entre él mismo y esa fuerza incontrolable dentro de él cuando afirma: "Ya no lo hago yo, sino el pecado que mora en mí." El "yo" en la persona de Pablo es el alma, voluntad y mente del hombre. El "pecado" que moraba en él era la naturaleza humana, que como todos los seres humanos, había heredado de sus padres. Parte de esa naturaleza humana era su temperamento. En su caso, él era un colérico-melancólico. Y si bien el Espíritu Santo realizó muchas mejoras en su vida, su personalidad brillante, determinada y de voluntad firme fue evidente durante toda su vida.

La naturaleza fundamental que todos hemos heredado de nuestros padres se clasifica de diversas formas a lo largo de la Biblia: "el hombre natural", "la carne", "el hombre viejo" y "la carne corruptible", para mencionar algunas. Ésta da los impulsos fundamentales de nuestro ser a medida que buscamos satisfacer nuestros deseos. Para comprender de manera correcta cómo domina nuestras acciones y reacciones, debemos distinguir con cuidado entre temperamento, carácter y personalidad.

El *temperamento* es la combinación de características innatas que afectan de manera subconsciente la conducta humana. Estas características, dispuestas en forma genética en base a la raza, el sexo y otros factores hereditarios, son transmitidas por los genes. Algunos psicólogos sugieren que podemos recibir tanto genes de nuestros abuelos como de nuestros padres, lo cual pudiera explicar la mayor semejanza de algunos niños con sus abuelos que con sus padres. La sincronización de las características del temperamento es tan difícil de predecir como lo es el color de los ojos o el tamaño del cuerpo.

El *carácter* es la persona verdadera. Es lo que la Biblia llama "lo oculto del corazón del hombre". Es el resultado del temperamento natural modificado por la crianza en la infancia, la educación, las actitudes fundamentales, las creencias, los principios y los motivos. A veces se le llama "el alma" del ser humano, la cual está compuesta de la inteligencia, los sentimientos y la voluntad.

La *personalidad* es la expresión externa de nuestro ser, la cual puede ser o no ser lo mismo que nuestro carácter, según lo auténtico que seamos. A menudo la personalidad es una fachada agradable para un carácter desagradable o débil. Muchas personas están desempeñando un papel teatral, sobre la base de lo que piensan que una persona *debería* ser y no de lo que en realidad son. Esa es una receta para el caos mental y espiritual. Su causa es el seguir la fórmula humana de lo que es una conducta aceptable. La Biblia nos dice que "el hombre se fija en la apariencia externa, pero Dios mira el corazón"; y que "del corazón salen las verdaderas cosas determinantes de la vida". El lugar donde hay que cambiar la conducta es el *interior* de la persona, no lo de afuera.

En resumen, el temperamento es la combinación de características con las que hemos nacido; el carácter es nuestro temperamento "civilizado"; y la personalidad es la "cara" que mostramos a los demás. De las tres, es el temperamento el que tiene una mayor influencia sobre nuestra conducta.

Durante los últimos años, muchos han escrito y hablado acerca de la teoría de los temperamentos, tanto en el ámbito secular como en el cristiano. Se ha vuelto popular para los psicólogos de negocios e industriales, los adiestradores de ventas y administración, y desde luego, para los oradores que motivan al éxito. Algunos, como Florence Littauer, se refieren a esto como la "personalidad". Gary Smalley lo ha presentado de manera ingeniosa con la forma de varios animales. Pero sea como sea que se le llame, se puede entender como los cuatro temperamentos.

Como he escrito tanto al respecto, voy a omitir aquí una descripción detallada de los temperamentos, y daré sólo las definiciones más sencillas de los cuatro tipos. Remito al lector a tres libros que puede leer para mayores detalles: *Temperamentos controlados*, *El varón y su temperamento* y *La mujer sujeta al Espíritu*. Si usted no se ha familiarizado con los cuatro temperamentos en alguno de los libros arriba mencionados, considere entonces las siguientes descripciones abreviadas de cada temperamento.

El sanguíneo

Sergio Sanguíneo es una persona afectuosa, expresiva, vivaz, que sabe disfrutar. Por naturaleza es receptivo, y las impresiones externas le llegan con facilidad al corazón, donde de inmediato ocasionan un estallido de reacciones. En él predominan los sentimientos más que el pensamiento reflexivo para dar forma a sus decisiones. Sergio es tan sociable que yo lo llamo un superextrovertido. El señor Sanguíneo tiene una capacidad poco común de disfrutar de la vida, y por lo general transmite a los demás su personalidad amante de la diversión. En el momento en que llega a un lugar, tiende a levantar el ánimo de todos los presentes mediante su exuberante conversación. Es fascinante como narrador, y su naturaleza afectuosa y emotiva casi lo hace revivir las experiencias que relata.

El señor Sanguíneo nunca carece de amigos. Como lo señaló cierto autor: "Su naturaleza fresca, espontánea y genial le abre puertas y corazones." Él puede sentir auténticamente los gozos y las penas de la persona con quien se encuentra, y tiene la capacidad de hacerle sentirse importante, como si se tratara de un amigo muy especial; y de veras lo es, mientras Sergio lo esté mirando. Luego pasa a la siguiente persona con quien se encuentra, y la trata con igual atención. El sanguíneo tiene lo que llamo "ojos adhesivos". Es decir, sus ojos se adhieren o se "pegan" a una persona hasta que pierde interés o hasta que aparece otra que atrae más su atención.

Un sanguíneo nunca se queda sin palabras, aunque con frecuencia habla sin pensar. Sin embargo, su franca sinceridad tiene un efecto que desarma a muchos de sus oyentes, y los hace reaccionar a favor de su estado de ánimo. Su modo de vida sin freno, al parecer emocionante y extrovertida, lo convierte en la envidia de las personas con un temperamento más tímido.

Sergio Sanguíneo disfruta de las personas y detesta la soledad. Está en su ambiente cuando se halla rodeado de amigos, sirviendo como alma de la reunión. Suministra un repertorio interminable de relatos interesantes que cuenta de manera dramática, lo cual lo hace ser favorito tanto de niños como de adultos. Esta característica suele obtenerle la admisión a los mejores lugares o reuniones sociales.

Su estilo bullicioso, alborotador y amigable lo hace parecer más seguro de lo que en realidad es, pero su energía y esa disposición suya que se da a querer le ayudan a superar las partes difíciles de la vida. Las personas tienen una forma de excusar las debilidades del sanguíneo al decir: "Es que él es así."

Como todos los temperamentos, los sanguíneos tienen graves debilidades, las cuales, si no se cuidan, pueden destruirlos o limitar su increíble potencialidad. Su mayor debilidad, a mi modo de ver, se refleja en su voluntad débil y su falta de disciplina. Por ser emotivos en extremo, rebosan de considerable encanto natural, y son propensos a ser lo que cierto psicólogo llamó "tocadores" (porque por lo general tocan a las personas cuando les hablan). Por lo general ejercen gran atracción para el sexo opuesto, y por consiguiente, se enfrentan con más tentación sexual que otros. Es lamentable que su voluntad débil los hace sucumbir con facilidad a esas tentaciones a menos que se fortalezcan con sólidos principios morales y posean un poder espiritual fuerte.

Esta debilidad de la voluntad y la falta de disciplina hace que les sea más fácil el ser engañosos, insinceros, y que no se pueda contar con ellos. Además tienden a comer más de lo debido y a subir de peso. Les resulta muy difícil someterse a una dieta; por consiguiente, un sanguíneo de treinta años con frecuencia pesará quince kilos más de lo debido y estará subiendo de peso con rapidez.

Alguien ha dicho que "sin disciplina personal no hay éxito". Estoy completamente de acuerdo. Pensemos, por ejemplo, en los atletas: Nadie es tan dotado que pueda alcanzar la excelencia sin disciplinarse. En realidad, más de una superestrella en potencia se ha venido abajo porque carecía de disciplina. Por otra parte, un atleta corriente con frecuencia ha sobresalido porque se ha disciplinado, y otros han prolongado su carrera "manteniendo su cuerpo bajo control".

Al considerar las debilidades del señor Sanguíneo, menciono en primer lugar la falta de voluntad y de disciplina, porque estoy convencido de que si él logra vencer esa tendencia por el poder de Dios, pondrá en marcha una potencialidad ilimitada para el bien.

Todos los temperamentos tienen tanto fortalezas como debilidades, signos de más y signos de menos. Sus talentos y su creatividad provienen de sus fortalezas. Las debilidades, claro, limitan su potencialidad natural. El éxito o el fracaso de cualquier temperamento depende del modo en que la persona supere sus debilidades. En una relación matrimonial suelen chocar las debilidades opuestas, y esto produce conflictos. Sin embargo, entre los muy egoístas, también las fortalezas de la pareja pueden ser fuente de descontento.

Fortalezas y debilidades del Sanguíneo

Esta persona amante de la diversión, dirigida hacia la relación con las personas, será un vendedor natural, un estafador o un manipulador de gente. Nadie tiene un don más natural para motivar y trabajar con los demás, si es que logra organizarse bien. Aunque en él predomina la falta de disciplina personal, también se manifiestan otras debilidades, como lo indica el siguiente cuadro:

Fortalezas	***Debilidades***
Afectuoso	Poco disciplinado
Amigable	De voluntad débil
Amante de la diversión	Egoísta
Sociable/extrovertido	Emocionalmente impresionable
Entusiasta	Inestable
Conversador	Propenso a exagerar
Compasivo	Irritable
Impresionable	Desorganizado
Estimulante	Manipulador
Ambicioso	Inquieto

Esta persona confiada y muy impresionable nace con buenas destrezas para la relación interpersonal. Si logra superar sus debilidades y aprender a ser de confianza y coherente, su potencialidad no tiene límites.

El colérico

Ricardo Colérico es el temperamento explosivo, rápido, activo, práctico, de voluntad firme, que es autosuficiente y muy independiente. Tiende a ser decidido y a tener opiniones bien definidas, y le resulta fácil tomar decisiones tanto para sí mismo como para los demás. Como Sergio Sanguíneo, Ricardo Colérico es un extrovertido, aunque no se acerca al mismo grado de intensidad.

El señor Colérico vive a base de la actividad. En efecto, para él, la vida es actividad. No necesita ser estimulado por su ambiente, sino que estimula su ambiente con su sinfín de ideas, planes, metas y ambiciones. Pocas veces se enfrasca en actividades que no conduzcan a ninguna parte, porque tiene una mente práctica y aguda, capaz de tomar decisiones sensatas e instantáneas, y de planificar proyectos valiosos. Nunca titubea bajo la presión de lo que piensan los demás; toma una postura firme respecto a los problemas y con frecuencia se le puede hallar en campaña contra alguna injusticia social o actividad subversiva.

A Ricardo no lo asusta la adversidad; más bien lo anima. Por lo general, su empecinada determinación le permite triunfar allí donde otros han fracasado, no porque sus planes sean mejores que los de ellos, sino porque los demás se han desanimado y han abandonado todo intento, mientras que él se ha mantenido empujando hacia adelante con obstinación. Si hay algo de verdad en el dicho de que los líderes no nacen, se hacen, entonces él es un líder por nacimiento, a quien los expertos en administración de negocios identificarían como "el LNF" (Líder Natural Fuerte).

La naturaleza emocional del señor Colérico es la parte menos desarrollada de su temperamento. No le es fácil simpatizar con los demás, ni le resulta natural mostrar compasión o expresarla. Con frecuencia le incomodan o le repugnan las lágrimas de otras personas, y de forma habitual se muestra insensible a sus necesidades. Refleja poca apreciación por la música o las bellas artes, a menos que sus características secundarias del temperamento sean las de un melancólico; y busca principalmente lo utilitario y productivo en la vida.

Ricardo Colérico sería una persona muy atractiva de no ser por sus graves debilidades, donde la principal es la cólera. Los coléricos son personas hostiles al extremo. Algunos aprenden a dominar su ira, pero en su mayoría siguen siendo volcanes dormidos, que amenazan con una erupción violenta en cualquier momento. Si su firme voluntad no queda controlada mediante la disciplina apropiada por parte de los padres durante su infancia, desarrollan hábitos airados y tumultuosos que los afectan durante toda su vida. No tardan en darse cuenta de que los demás, por lo general, le tienen miedo a sus estallidos de enojo, y por eso usan su ira como arma para lograr lo que quieren, que por lo general es *que las cosas se hagan a su modo*.

La ira de los coléricos es muy diferente de la de los sanguíneos. La explosión de Ricardo rara vez será tan ruidosa como la de Sergio, porque no es tan extrovertido como el sanguíneo; pero puede ser mucho más peligrosa. Los sanguíneos tienen una vena gentil que les hace difícil herir a los demás de manera deliberada (aunque pueden golpearlos por descuido). No es así con el colérico. Éste puede, con una definida maldad, causar dolor a los demás de manera deliberada, y disfrutar de ello. Por lo general, su esposa le tiene miedo y tiende a aterrorizar a sus hijos.

Ricardo Colérico con frecuencia me hace pensar en un Vesubio ambulante, que constantemente lanza humo y retumba hasta que, en un momento de provocación, escupe su lava venenosa o amarga y con ella cubre por completo a una persona o cosa. Es el que golpea puertas, da manotazos en la mesa, y hace sonar fuerte la bocina de su auto. Cualquier persona que se le atraviese en su camino, le impida avanzar o no logre rendir al nivel de sus expectativas, sentirá pronto la explosión de su ira. A diferencia del sanguíneo, quien, por lo general, da expresión a su enojo pero pronto vuelve a la calma, Ricardo puede llevar consigo un rencor durante un tiempo increíblemente largo. Tal vez sea por eso que con frecuencia resulta víctima de úlceras más o menos a los cuarenta años de edad.

¡Nadie pronuncia comentarios más hirientes que un colérico sarcástico! A veces nos preguntamos si dentro de la boca llevará una lengua o más bien una navaja de afeitar. Como extrovertido que es, por lo general, está listo con una observación cortante que puede desarmar al inseguro y devastar al menos combativo. Ni siquiera Sergio Sanguíneo puede medirse con él, porque Sergio no es cruel ni malvado. Ricardo rara vez titubea en chamuscar a su adversario con un ataque mordaz. Por consiguiente, por dondequiera que pasa, deja un rastro de almas dañadas y egos fracturados.

Será feliz aquel colérico (y los miembros de su familia) que descubre que la lengua puede ser un arma mortal de destrucción o una herramienta de sanidad. Una vez que aprende la importancia de la aprobación verbal y las palabras de aliento, va a procurar dominar su lengua . . . hasta el momento en que se enoje, que será cuando descubra, junto con el apóstol Santiago, que "ningún hombre puede domar la lengua, que es un mal que no puede ser refrenado, llena de veneno mortal" (Santiago 3:8). Un modo de hablar apresurado y un espíritu airado suelen unirse para hacer del colérico una persona muy profana. Su modo de hablar no sólo es impropio en presencia de mujeres, sino que a menudo es poco adecuado incluso para hombres o animales.

La bondad parece haberse secado casi por completo en las venas del colérico. Es el menos afectuoso de todos los temperamentos, y le dan espasmos emocionales ante la idea de tener que expresar en público alguna emoción. Para él, el afecto matrimonial significa un beso durante la boda y otro cada cinco años en los aniversarios especiales. A excepción de la ira, sus emociones son las más subdesarrolladas de todos los temperamentos. Como se lamentaba en el consultorio de consejería una mujer que llevaba veinticuatro años casada con un colérico: "Mi esposo es terriblemente frío y falto de cariño. Me deja besarlo, pero nunca hay en aquellos besos el menor afecto. ¡Besarlo es tan apasionante como besar una estatua de mármol en un cementerio un frío día de invierno!"

Los Ricardos Coléricos de esta vida son personas muy eficientes si no dan cabida a sus debilidades. Cuando son llenos del Espíritu Santo, sus tendencias a ser voluntariosos y rudos son sustituidas por una bondad que verifica con toda claridad que están siendo controlados por algo diferente a su propio temperamento natural. Desde los días del apóstol Pablo hasta el presente, tanto la iglesia de Jesucristo como la sociedad en general se han beneficiado en gran manera por la presencia de estas personas activas y productivas. Muchas de nuestras principales instituciones eclesiásticas fueron fundadas por emprendedores coléricos. Pero para ser eficientes en el servicio a Dios, deben aprender los principios divinos de la productividad: "No con ejército [colérico], ni con fuerza [natural], sino con mi Espíritu, ha dicho Jehová de los ejércitos" (Zacarías 4:6).

Fortalezas y debilidades del colérico

El colérico es activo, empeñoso y productivo, y eso hace de él un buen líder y un buen empleado; pero en las relaciones voluntarias, el hombre o la mujer de temperamento colérico puede ser volátil en extremo.

El éxito de esta persona de mucha confianza en sí misma y poco impresionable dependerá de cómo supere las debilidades y aprenda a trabajar junto con otras personas. No posee destrezas interpersonales naturales; tiene que aprenderlas. Algunos expertos en conducta lo llaman el "manda más" o lo consideran el activo de confianza en sí mismo, como lo comprueba esta lista:

Fortalezas	***Debilidades***
De voluntad firme	Poco emotivo, frío
Resuelto	Autosuficiente
Independiente	Impetuoso
Decidido	Mandón
Activo y enérgico	Le cuesta perdonar
Práctico	Hostil y volátil
Líder natural fuerte	Sarcástico y cruel
Optimista y seguro de sí	Impaciente
Productivo	Poco compasivo
Orientado hacia las metas	Con opiniones firmes

El melancólico

Martín Melancólico es el más rico de todos los temperamentos: un hombre analítico, abnegado, dotado y perfeccionista, con una naturaleza emotiva muy sensible. Nadie disfruta más de las bellas artes que el melancólico. Por naturaleza es propenso a ser introvertido, pero como predominan sus sentimientos, es dado a toda una variedad de estados de ánimo. Eso a veces lo eleva a alturas de éxtasis que lo hacen actuar con más extroversión. Sin embargo, en otras ocasiones anda sombrío y deprimido, y durante esos períodos se vuelve retraído y puede ser muy antagónico. Su tendencia a los estados de ánimo sombríos le ha ganado su reputación de ser el "temperamento oscuro".

Martín es un amigo muy fiel, pero, a diferencia del sanguíneo, no le resulta fácil entablar amistad. Rara vez da un paso adelante para ir a conocer a alguien, y más bien deja que los demás se le acerquen. Tal vez él sea el más confiable de todos los temperamentos, porque sus tendencias perfeccionistas no le permiten ser incumplidor ni decepcionar a los demás cuando están contando con él. Su reticencia natural a tomar la iniciativa no es indicio de que no disfrute de estar con las personas. Como todos nosotros, no sólo le gusta la compañía sino que tiene un fuerte deseo de recibir amor. Sin embargo, las experiencias de desengaño lo hacen renuente a tomar a las personas por la apariencia; es propenso a ser suspicaz cuando los demás vienen a buscarlo o lo rodean de atenciones.

Su excepcional capacidad analítica lo lleva a diagnosticar con exactitud los obstáculos y peligros de cualquier proyecto en cuya planificación tome parte. Esto lo pone en completo contraste con el colérico, quien rara vez prevé los problemas o las dificultades, pero confía en que puede afrontar cualquier crisis que pueda surgir. Esa característica suele hacer que el melancólico se muestre reticente a iniciar algún proyecto nuevo o puede ser que entre en conflicto con los que desean hacerlo. Cada vez que una persona se fija en los obstáculos en lugar de los recursos o las metas, será fácil que se desaliente antes de comenzar. Si uno confronta al melancólico respecto a este estado pesimista, por lo general, replicará: "¡No es que yo sea negativo! Sencillamente estoy actuando con realismo." En otras palabras, su proceso habitual de pensamiento lo hace pesimista en realidad. De cuando en cuando, en uno de sus ejemplares estados de ánimo, de éxtasis emocional o de inspiración, es posible que produzca alguna gran obra de arte; pero esos logros suelen ir seguidos de períodos de intensa depresión. Algunos de los más grandes genios de la humanidad han sido notorios por sus largos períodos de melancolía. Y algunos hasta se han suicidado.

Martín Melancólico, por lo general, le encuentra el mayor sentido a la vida mediante el sacrificio personal. Parece disfrutar del sufrimiento, y con frecuencia escoge para su vida una vocación difícil que incluye el sacrificio. Pero una vez que la escoge, su tendencia es ser sumamente tenaz y persistente para llevarla a cabo, y logrará grandes cosas si su tendencia natural a quejarse no llega a deprimirlo a tal punto que se rinda por completo. Ningún otro temperamento tiene tanta potencialidad natural cuando el Espíritu Santo lo llena de su energía.

La creatividad del melancólico y sus fortalezas innatas son tan pronunciadas como sus debilidades. Por ejemplo, las admirables cualidades de perfeccionismo y meticulosidad suelen ir entretejidas con el espíritu de negativismo, pesimismo y la tendencia a criticar. Cualquier persona que haya trabajado por largo tiempo con un melancólico muy dotado podrá predecir que su primera reacción a cualquier cosa será negativa. Los melancólicos de nuestras organizaciones académicas y eclesiásticas reaccionan por instinto con frases como: "¡Imposible!", "¡Eso no va a funcionar!", "¡No se puede hacer!", "¡Eso lo intentamos ya una vez y fracasó!", "¡Las personas nunca se identificarán con eso!" Esa última generalización resulta particularmente irritante, ya que, por lo general, la referencia se aplica sólo al melancólico que está poniendo la objeción.

La influencia más perjudicial sobre la mente de una persona, a mi parecer, es la crítica; de manera que el melancólico tiene que luchar constantemente contra ese espíritu. Padece de pensamientos negativos, pero además complica el problema al expresarlos, cosa que no sólo refuerza el espíritu negativo sino que además causa destrucción a su esposa, a sus hijos y a sus amigos. Constantemente está examinando su vida espiritual y encontrándose falto, a pesar del hecho de que tiene más probabilidades de ser más entregado que otros. Como se quejaba cierto melancólico: "He confesado todos los pecados que puedo recordar, pero yo sé que habrá otros que sencillamente no logro recordar." Esto le impedía disfrutar de una relación confiada con Dios.

Fortalezas y debilidades del melancólico

El temperamento dotado del melancólico, sea hombre o mujer, es el más amplio y variado de todos los temperamentos, pero también el que refleja más debilidades. Ningún temperamento ofrece mayor potencialidad, pero queda muy por debajo de las expectativas debido a sus rachas de un estado de ánimo negativo y a una falta de confianza en sí mismo.

Estas personas de poco confianza en sí mismas y muy impresionables deben ser motivadas desde afuera: por Dios, por los demás, por proyectos. Les cuesta mantenerse ociosas, porque cuando no son motivadas por otros, se ponen introspectivas y comienzan a psicoanalizarse a sí mismos, con lo cual echan abajo su confianza en sí mismos. Muchos de los más destacados siervos de Dios han sido melancólicos que fueron llenos del Espíritu. Todos los profetas fueron melancólicos, como lo fue Moisés y varios de los fieles apóstoles y discípulos de nuestro Señor. El melancólico puede realizar su potencialidad sólo mediante una vida llena del Espíritu (Efesios 5:17-21), lo cual hace que sea un adorador agradecido en lugar de un reclamón sombrío.

Fortalezas	***Debilidades***
Dotado	Malhumorado
Analítico	Emotivo al extremo
Perfeccionista	Se siente ofendido con facilidad
Disciplinado	Pesimista
Industrioso	Negativo
Capaz de sacrificarse	Crítico y quisquilloso
Estético	Teórico y poco práctico
Creativo	Suspicaz y vengativo
Sensible	Egocéntrico
Leal y fiel	Indeciso

El flemático

Felipe Flemático es la persona tranquila, llevadera, que nunca se impacienta, con un punto de ebullición tan elevado que rara vez se enoja. Es sin lugar a dudas la persona con quien es más fácil llevarse bien, y por naturaleza es el más agradable de todos los temperamentos.

Su nombre lo deriva de un fluido corporal llamado "flema", que según Hipócrates producía ese temperamento calmado, impasible, lento y bien equilibrado. Para el flemático la vida es una experiencia dulce y placentera, en la cual evita comprometerse en la medida de sus posibilidades. Es tan calmado e imperturbable que nunca parece agitarse, sin importar qué circunstancias lo rodeen. Está igual cada vez que uno lo ve. Sin embargo, debajo de esa personalidad calmada, reticente y casi tímida, el señor Flemático tiene una combinación de capacidades muy amplia. Siente mucho más emoción de lo que aparenta en la superficie, y tiene la capacidad de apreciar las bellas artes y lo mejor de la vida.

El Flemático no carece de amigos, porque disfruta de las personas y tiene un sentido de humor natural, aunque seco. Es el tipo de persona que puede provocar a una muchedumbre a reírse a carcajadas, sin jamás expresar una sonrisa. Posee la capacidad única de ver algo cómico en los demás y en sus acciones, y por eso mantiene una perspectiva positiva de la vida. Tiene gran retentiva mental y es un excelente imitador. Casi siempre se deleita en hacer chistes de los otros tipos de temperamento. Por ejemplo, lo fastidia el entusiasmo inquieto y sin rumbo del sanguíneo, y lo repugnan los estados de ánimo sombríos del melancólico. El señor Flemático dice que al primero de ellos hay que confrontarlo con su futilidad, y al segundo con su morbosidad. Disfruta de la oportunidad de echar un balde de agua fría sobre los burbujeantes planes y ambiciones del colérico.

Felipe Flemático tiende a ser un espectador en la vida, y trata de no relacionarse mucho en las actividades de los demás. En efecto, sólo con gran renuencia se le logra motivar alguna vez a cualquier forma de actividad que exceda su rutina diaria. Sin embargo, una vez que se le provoca a la acción, se hacen evidentes sus cualidades de capacidad y eficiencia. No se ofrecerá por sí mismo para ejercer liderazgo, pero cuando el deber se le impone, demuestra ser un líder muy capaz. Tiene un efecto de conciliación sobre los demás y actúa como pacificador natural.

A pesar de su imagen de buena gente y su temperamento llevadero, el flemático no es perfecto. Pero, claro, ¿acaso hay un temperamento perfecto? La más obvia de las debilidades de Felipe Flemático — que fue la que hizo que Hipócrates, autor de la idea de los cuatro temperamentos, lo caracterizara por su *flema*, es decir su lentitud o cachaza — es su evidente falta de empuje y de ambición. Aunque siempre parece hacer lo que se espera de él, rara vez irá más allá de lo estipulado. Uno casi siente que su metabolismo es lento, que su sangre es "espesa"; con frecuencia se duerme con sólo sentarse. Rara vez es el instigador de una actividad; más bien prefiere fabricar excusas a fin de evitar comprometerse con las actividades de los demás, y su motor parece ir perdiendo velocidad con cada año que pasa.

Una de las debilidades menos obvias del flemático es su egoísmo. Todos los temperamentos sufren de este problema, pero Felipe padece de modo particular de esa enfermedad, si bien es tan amable y decente que pocas personas notan esto. El egoísmo hace que sea demasiado amplio consigo mismo, mientras que no se interesa por la necesidad de actividad que pueda tener su familia. Pero en ningún campo resulta tan evidente su egoísmo como en el uso del dinero: es tacaño y avaro, excepto cuando se trata de ropa para sí mismo o de herramientas para su trabajo.

Nadie puede ser tan terco como un flemático, pero es tan diplomático que puede transcurrir mucho tiempo sin que otros lo descubran. Casi nunca confronta abiertamente a otra persona, ni rechaza hacer algo; pero se las arreglará para evadir la exigencia.

En una situación de familia, los flemáticos nunca gritan ni discuten; sencillamente arrastran los pies o se niegan a moverse. Me recuerdan a la mula testaruda que se opone a los ruegos de su amo. Nada se ganará ni con empujar ni con halar. A veces nos vemos tentados a ponerles debajo un cartucho de dinamita.

Mientras que los flemáticos nunca causan problemas, pueden resultar exasperantes para un cónyuge más agresivo a causa de su estilo de vida pasivo y despreocupado. Éste es un problema muy común, como lo ilustra la pregunta que recibí de parte de seis esposas durante el período de preguntas en uno de mis recientes seminarios sobre la familia. Escribían ellas: "¿Qué se puede hacer para motivar a un esposo flemático?" Con toda franqueza, es difícil, porque, como con todas las debilidades (como veremos en un capítulo posterior), sin la ayuda de la persona misma, es casi imposible lograr que un temperamento mejore sus debilidades naturales. Y si lo hace, todavía necesita la ayuda de Dios. ¡Pero se puede lograr!

Fortalezas y debilidades del flemático

Estas personas amables y dulces, que con frecuencia actúan más como cristianos antes de aceptar a Cristo que algunos de los demás después de convertidos, están lejos de la perfección. Sencillamente son más corteses y diplomáticos en el modo de expresar su vieja naturaleza de pecado. Una de sus principales debilidades es la motivación . . . tienen muy poca.

Fortalezas	*Debilidades*
Tranquilo, sereno	Pasivo y falto de motivación
Llevadero	Tiende a postergar las cosas
Diplomático	Indeciso
Confiable	Temeroso y lleno de preocupación
Objetivo	Inseguro
Eficiente	Se protege demasiado
Ordenado	Terco
Práctico	Egoísta
Buen sentido del humor	Tacaño
Agradable	Lento y perezoso

Estas personas de poca confianza en sí mismas y poco impresionables suelen ser superintrovertidas, a quienes les gusta quedarse en la última fila y trabajar a su propio ritmo, el cual va disminuyendo con cada año que pasa.

Resumen

Pues bien, ahí los tiene: un vistazo rápido de los cuatro temperamentos. La introducción que precede debiera servirle para entender los cuatro estilos fundamentales de temperamento, en preparación para la explicación en cuanto a por qué los opuestos se atraen.

6

Los semejantes se repelen, los opuestos se atraen

En todos los años que he pasado dando consejería, jamás he visto que dos personas del mismo temperamento se casen. Aunque eso tiene que haber ocurrido alguna vez entre los cinco mil millones de seres humanos que habitan nuestro planeta, yo jamás lo he visto. Al analizar las parejas que han tomado mi examen de temperamentos, el ochenta y nueve por ciento podía identificarse con claridad como opuestos, y el otro once por ciento tenía aspectos importantes de diferencia. Cuando las personas creen que se han casado con una persona del mismo temperamento, es que, o no entienden los temperamentos, o han hecho un mal diagnóstico, o han olvidado que todos tenemos por lo menos dos temperamentos, uno primario y otro secundario. Pero hablaremos más de eso en el siguiente capítulo.

Tienden a gustarnos las personas de nuestro mismo temperamento sólo en pequeñas dosis. Por ejemplo, dos sanguíneos amantes de la diversión tal vez salgan juntos, pero sería una experiencia emocionalmente agotadora, ya que cada uno estaría tratando de llevarle la delantera al otro durante toda la noche. Nadie tiene suficientes reservas emocionales como para pasar toda la vida en así.

Shakespeare fue quien mejor lo dijo: Para el sanguíneo, "el mundo entero es un teatro". Los sanguíneos son ellos mismos un espectáculo, y por eso se casan con espectadores. Otros sanguíneos son para ellos una amenaza. Como podrá asegurarlo cualquier actor, no tiene ninguna gracia representar un papel si no hay un público que responda con aplausos. ¿Se puede imaginar a dos sanguíneos, cada uno mirando al otro para recibir aprobación? No lo harían por mucho tiempo . . . por lo general, no por suficiente tiempo como para casarse.

Y estoy aún más seguro de que dos coléricos nunca se casarían. En efecto, es casi seguro de que nunca se aventurarían a salir juntos ni siquiera una vez. ¿Se puede imaginar a dos personas de opiniones firmes, agresivas, sarcásticas, cada una de ellas acostumbrada a tomar decisiones, tratando de determinar adónde ir, dónde comer, y cuál de los dos va a pagar? Lo más seguro es que comenzarían a pelear antes de salir de la casa de la señorita Colérica. Salir juntos, lo dudo. ¡Casarse, nunca!

Tal vez dos flemáticos puedan salir juntos, pero van a andar juntos, y andaaar juuuntos, y andaaaaaar juuuuuuntos por muchos años. Lo más probable es que uno de los dos se morirá de viejo antes que cualquiera de los dos se haya entusiasmado lo suficiente como para proponer matrimonio. No; por regla general, los flemáticos se quedan sentados esperando a que la persona más dominante lleve adelante la relación. Por lo general, esa otra persona será un colérico.

Sin embargo, si hay un temperamento que *tal vez* se case con alguien de su propia especie, sería un melancólico. Si los dos se sumergen en un estado de ánimo sádico durante suficiente tiempo, quizás busquen casarse; pero es muy improbable. La pura verdad es que si un perfeccionista permanece por suficiente tiempo con una persona, llegará a encontrar algo en su presunto cónyuge que podrá criticar; y si la crítica, expresada o pensada, se consciente por suficiente tiempo, mata el amor, antes o después del matrimonio.

Por regla general, los melancólicos se sienten atraídos hacia las personas más populares de tipo sanguíneo, que tienen probabilidades de sacarlos de su lugar, llevarlos de prisa al altar, y casarse con ellos antes que comiencen a sospechar de las faltas de su pareja. Y entonces ya es demasiado tarde, al menos para los cristianos, para quienes el divorcio no es la respuesta.

Los opuestos se atraen

Un joven ingeniero que vino a verme para recibir consejo

pasó los primeros veinticinco minutos de la entrevista quejándose de su esposa. Después se tapó la cara con las manos y gimió: "Sencillamente no puedo entender por qué me casé con esa mujer." Era un hombre que sólo cuatro años atrás estaba tan loco por una hermosa joven, que no podía trabajar, ni dormir ni jugar sin pensar en ella. En realidad, pensando en ella . . . sólo que en un sentido diferente. Antes del matrimonio él estaba lleno de pensamientos de amor que lo desbordaban; cuatro años después, sus pensamientos de crítica habían devastado sus sentimientos románticos y se lo estaban comiendo vivo.

La respuesta a esta pregunta: "¿Por qué me casé con ella?", es bastante clara. Durante su noviazgo, él sólo percibió el lado bueno de ella, sus puntos fuertes. Eso suele ser todo lo que cualquiera de nosotros ve en su pareja *antes* del matrimonio. ¿Por qué? Por dos razones: El amor es ciego y, como todos los demás seres humanos en una situación de cortejo, ella siempre presenta su mejor cara. Sin tener la intención de ser hipócrita, ella estaba reaccionando ante él de manera positiva como cuestión de sobrevivencia social. Si alguno de nosotros proyectara socialmente su verdadero yo, no encontraríamos a nadie tan tonto como para casarse con nosotros. En vez de eso, nos mostramos lo más atractivos que podemos, revelando sólo nuestras fortalezas. Por eso . . .

Los sanguíneos atraen a los melancólicos

Por regla general, los sanguíneos, que aman la diversión, se sienten atraídos a los sombríos melancólicos, y los melancólicos a quienes responden mejor es a los desembarasados sanguíneos. El señor Melancólico o la señorita Melancólica es un oyente y como hemos visto, los sanguíneos necesitan un espectador que aprecie su irreprochable capacidad de espectáculo. Los melancólicos son personas organizadas, capaces, que en el subconsciente poseen las cualidades que el señor Sanguíneo sabe que están ausentes en su vida. En contraste con eso, el

melancólico está consciente de que es susceptible a la larga introspección y la depresión, y por eso necesita de alguien que le traiga alegría a su vida. Los sanguíneos, sean hombres o mujeres, son muy dotados para hacer eso, porque son activistas natos, capaces de levantarle el ánimo al melancólico. Si tienen suficiente contacto entre sí, el vivaz sanguíneo se convierte en una droga que aviva los sentimientos del melancólico. Llega el momento en que el melancólico se vuelve dependiente de su pareja para mantener una calidad de vida exultante y alegre.

Son las fortalezas opuestas de estas dos personas lo que las han unido.

Los coléricos atraen a los flemáticos

Los coléricos, generadores de actividad, se sienten atraídos a los llevaderos seguidores flemáticos. Los coléricos son dominantes; los flemáticos son pasivos. Por eso se necesitan el uno al otro. El flemático necesita alguien que lleve adelante la relación, y el colérico necesita alguien a quien empujar.

El dinámico y vertiginoso colérico se siente, de algún modo, cómodo cuando está cerca de ese suave espíritu flemático, que no pone en peligro su dominio de la relación. Muchas han declarado: "Me siento tan tranquila cuando estoy con él" (antes del matrimonio, claro). En cambio el flemático, que con frecuencia se aburre de su propia compañía o de su falta de relación con otros, sencillamente está esperando que aparezca alguien que llegue a animarlo o a desafiarlo a hacer algo. Nadie puede motivar a la actividad mejor que el colérico, y eso ocurre con ambos sexos. Una mujer colérica sabe, por pura intuición, cómo motivar a un varón flemático antes del matrimonio (con mucho más tacto que después del matrimonio, añadiría yo). Ella, como su contraparte masculina, puede entrar en escena con una capacidad para la diversión y los juegos, que trae verdadero placer a la persona que por naturaleza quiere ser seguidora. Una vez más, los temperamentos contrastantes se complementan uno al otro.

7

Cómo funciona

De manera subconsciente somos atraídos hacia las fortalezas de nuestra pareja, porque corresponden a nuestras debilidades. Cuando vemos a una persona con nuestro mismo temperamento, capacidades y talentos, no nos impresiona mucho porque todos tomamos nuestras fortalezas como algo más o menos entendido. Las personas que más nos impresionan son las que demuestran fuerza en campos donde nosotros somos débiles.

Por consiguiente, cuando conocemos a alguien del sexo opuesto que también es de temperamento opuesto, que está dentro de un margen de edad razonable y que tiene un modo de ver la vida parecido al nuestro, nos impresiona de manera positiva. Esto puede llevar al enamoramiento, lo cual, por lo general, nos impulsa a establecer interacciones adicionales. Si tienen suficiente contacto entre sí, dos personas opuestas pueden avanzar hacia una relación de amor, y para la mayoría de las personas el amor conduce al matrimonio.

El matrimonio: ¡Ahí está la dificultad!

Emerson, el poeta y filósofo humanista estadounidense del siglo pasado, definió el amor como "un sentimiento que se acaba con el matrimonio". Yo soy más entusiasta respecto a esa institución establecida por Dios, y creo que el matrimonio abre (o puede abrir) la puerta a la relación más sublime que dos personas pueden compartir en esta tierra. Pero ambos cónyuges tendrán que adaptarse.

El matrimonio es una mutua revelación. Cuando un hombre y una mujer contraen matrimonio y se juran mutua fidelidad ante Dios y ante sus testigos invitados, lo que están prometiendo es: "Voy a amarte y apreciarte mientras ambos vivamos." En esencia afirman esto: "Como yo acepto tu promesa de amor y de entrega, me voy a revelar a mí mismo por completo ante ti, no sólo física sino también psicológicamente. Hasta este momento sólo he revelado mis fortalezas. Ahora que estamos casados, puedo exponer ante ti todo mi ser, y tengo fe en tu compromiso de que tú me seguirás amando igual."

El doctor Henry Brandt, psicólogo cristiano y estimado amigo mío, acostumbraba decir cuando presentábamos juntos los seminarios de vida familiar: "¡No existe una desnudez comparable a la desnudez psicológica!" Y ahí radica la dificultad. El matrimonio no es todo dulzura y esplendor; es la revelación de la otra cara de la naturaleza de su cónyuge: su desnudez. Lo que puede haber permanecido oculto en la personalidad va a brotar ahora a la luz, y eso puede poner a prueba el compromiso de amor.

La ventaja de la virtud antes del matrimonio

Debo introducir en este momento un punto de vista bíblico: el de mantener la pureza hasta el matrimonio. Estoy plenamente consciente de las estadísticas humanistas que sugieren que "hoy día el setenta por ciento de los jóvenes practican las relaciones sexuales prematrimoniales". En lo personal tengo mis dudas en cuanto a esas estadísticas porque: (1) a los relativistas humanistas les gusta falsificar los datos para promover su propio punto de vista relativista; (2) es posible que sus cálculos no incluyan a los cristianos practicantes; y (3) ellos meten en un solo canasto a los que son sexualmente promiscuos y los jóvenes que sólo han experimentado uno o dos contactos sexuales al principio de su vida sexual, pero que están resueltos a no repetir esa práctica y que no han tenido relaciones sexuales con la persona con quien al fin se van a casar. En realidad, la triste verdad de que la tasa de divorcios más elevada se da entre los que han convivido sexualmente antes del matrimonio indica que la virtud y la rectitud moral sin duda tienen su recompensa.

Desde una perspectiva práctica referente a la etapa de adaptación de los recién casados (la cual, según el estimado de la mayoría de los consejeros, dura entre tres y siete años), estoy convencido de que las adaptaciones felices son mucho más frecuentes entre los que se abstuvieron de la actividad sexual entre sí antes del matrimonio. La expresión sexual entre recién casados inexpertos es tan entusiasmante, que puede facilitarles el paso por esos tiempos de adaptación con un mínimo de conflicto, a pesar de la manifestación de las diferencias y en especial, de las debilidades. Cuando la única persona en el mundo con quien uno puede expresar sus necesidades sexuales puede traerle a uno tan gran placer, eso reduce a una dimensión tolerable el efecto de la revelación de las debilidades humanas en otros campos. Para el momento en que el éxtasis sexual juvenil ha disminuido un poco, ambos cónyuges han madurado, "conocen a su pareja", y se aman de todos modos. Como veremos, uno de los puntos clave para una adaptación pronta y duradera es concentrarse en las fortalezas del cónyuge a lo largo del matrimonio, y evitar el fijarse demasiado en sus debilidades.

Pero, ¿por qué se casan las personas?

Para que no piense que esto es un idealismo poco realista, pregúntese por qué es que las personas se casan. En realidad no es ni más fácil ni más barato que vivir solo. Pero cuando los asuntos se examinan en su totalidad, nos casamos porque tenemos necesidades fundamentales que no pueden satisfacerse si uno vive independiente. Así como Adán, cuando vivía en medio del jardín del Edén — el ambiente más magnífico jamás creado sobre la tierra —, no se sintió realizado sino hasta que Dios creó para él una compañera especial, tampoco los seres humanos de hoy nos sentimos realizados a solas.

Nuestras necesidades más importantes sólo pueden ser satisfechas por una persona del sexo opuesto. Necesitamos de una compañía íntima, expresión sexual, un nido que sea nuestro, el consuelo y la alegría de los hijos, y así sigue la lista. Pocas personas discreparían de la afirmación de que los miembros de una pareja se necesitan el uno al otro. Las evidencias las tenemos en el alto número de divorciados (o de personas que han enviudado) que en algún momento buscan a otra persona con quien compartir su vida. Así nos hizo Dios; después de seis mil años de historia de la humanidad, el matrimonio siempre ha sido y sigue siendo la relación principal en que participa la mayoría de los seres humanos. No hay ninguna otra relación que se le acerque siquiera.

El hecho de que los opuestos se atraen, no sólo en lo sexual sino también en lo temperamental, no debe desilusionarnos ni desalentarnos en cuanto a esa relación instituida por Dios. Al contrario, debe inspirarnos cuando buscamos la ayuda de Dios para adaptarnos a nuestra pareja. Me parece que el casarse con alguien del temperamento opuesto es una bendición, no una desventaja. Dos personas de temperamentos opuestos que aprenden a aceptarse y a adaptarse el uno al otro lograrán juntos mucho más de lo que cada uno de ellos pudiera lograr por su parte. Las diferencias complementarias de los sexos constituyen un ejemplo tangible y claro del beneficio de que gozan los que son completos opuestos.

8

Mezclas de temperamentos opuestos

Durante los veinticinco años que llevo ayudando a popularizar en los Estados Unidos la teoría de los cuatro temperamentos, he hecho dos aportes a ese campo que todavía me parecen singulares. El primero y más importante de ellos es la forma en que el Espíritu Santo de Dios, después que una persona se convierte, puede ayudar a fortalecerla en sus aspectos débiles, de modo que las fortalezas naturales de su temperamento le harán posible realizar su potencialidad. El segundo aporte es que he defendido el principio de que nadie es cien por ciento de un solo temperamento, sino que todos somos una combinación de temperamentos. Representamos por lo menos dos temperamentos, y algunas personas, según los millares de exámenes que he aplicado, tienen tres temperamentos: uno primario y dos secundarios.

Todo ser humano puede identificar a seis personas que, mediante los genes en el momento de su concepción, contribuyeron a su configuración física y temperamental: su padre, su madre y sus cuatro abuelos. Por eso, a veces un niño no se parece en nada a sus padres, pero sí a uno de sus abuelos. Lo mismo sucede con el temperamento. Es importante observar que el temperamento no tiene nada que ver con la fecha de nacimiento de una persona, pero sí está ligado por completo a la fecha de su concepción. El temperamento de una persona es dispuesto por Dios en la forma en que se combinan los genes durante el proceso de la concepción. Lo que esa persona es en el vientre es lo que será en la vida. He entrevistado a suficientes madres como para confirmar que "el que patea en el vientre patea en la vida." Asimismo, un niño que en el vientre es pasivo y dócil, por lo general, será una persona llevadera en su vida.

Por eso nunca les he hecho mucho caso a esos críticos que tratan de acusarme de que proclamo una teoría basada en el horóscopo. Esa falsa doctrina se deriva del día en que la persona nació, no del momento de su concepción. Incluso si los astros tuvieran algo que ver con nuestra conducta, el factor de predicción no sería para nada confiable porque estaría fuera de lugar con respecto al calendario por nueve meses. La concepción fue el día más importante de su vida, porque ese día usted llegó a ser una persona viviente con un alma eterna, con libre albedrío, con una combinación de temperamentos, y con el potencial embrionario para transmitir a sus hijos ese precioso don. Pero para que eso ocurra es necesario que usted tenga un cónyuge, una pareja del sexo opuesto que sea a la vez complementario con sus necesidades y compatible con ellas. Y es de eso de lo que trata este libro.

Sería muchísimo más sencillo informar, como enseñaban los antiguos, que sólo existen cuatro temperamentos. Si bien estoy de acuerdo en que uno de esos cuatro predomina en la personalidad de cada individuo, todos tenemos un temperamento secundario que, en cierta medida, influye sobre nuestra conducta. Cuando el autor de los Proverbios, y después Hipócrates, reconocieron por primera vez los cuatro temperamentos, las razas estaban en una condición más pura y las personas tendían a reflejar sólo una categoría fundamental. Hoy día, en cambio, las nacionalidades y las razas se han entremezclado tanto que nadie es cien por ciento de un sólo temperamento. En los exámenes, la mayoría de las personas dan resultados que indican un predominio del cincuenta y cinco al setenta por ciento de cierto temperamento, con uno secundario que va del treinta al cuarenta y cinco por ciento. Tomemos por ejemplo a mi esposa y a mí. Yo soy escocés, francés e irlandés; ella es galesa y escocesa. Es obvio que hay por lo menos cuatro nacionalidades diferentes que contribuyen a nuestra configuración, lo cual produce mi temperamento de colérico-sanguíneo y el suyo de flemática-sanguínea (con un tinte de melancólica).

Un psiquiatra confirma las mezclas

Durante el año de permiso sabático de nuestro pastorado

en San Diego, mi esposa y yo visitamos cuarenta y seis países del mundo para realizar nuestros seminarios de vida familiar para misioneros. Cuando un psiquiatra de Sydney, Australia, se enteró de que llegaríamos a su ciudad, concertó de antemano una cita para llevarme a almorzar. Dijo que tenía algo importante que contarme.

Después que disfrutamos de la vista de la hermosísima bahía de Sydney, pasó a explicarme que él era experto en las Pruebas de Color Lucher. En varias oportunidades había viajado a Londres para recibir capacitación especial en ese campo, y había usado dicha prueba muchas veces en la evaluación de sus pacientes. Parece ser que hay doce colores que, al hacerse el examen, revelan cada uno de los temperamentos. Cada persona sometida al examen terminaba con una mezcla de colores que hacían doce posibilidades, correspondientes a las doce mezclas de temperamentos.

Sacando un ejemplar muy usado de mi libro *El varón y su temperamento* (que yo sabía que ya había llegado a Australia), abrió el capítulo sexto y dijo: "Después de diagnosticar la combinación de temperamentos de una persona basándome en sus preferencias de colores, paso a la correspondiente explicación de temperamentos que usted da en este libro y le leo su descripción de esa combinación temperamental. Casi invariablemente contestará: 'Ese hombre me está describiendo a mí perfectamente. ¡Así soy yo!'"

Desde luego que se debiera investigar más a fondo este asunto, pero resulta interesante que la prueba de colores pueda revelar las combinaciones de temperamentos. Eso no debe sorprendernos, ya que el temperamento influye en casi todo lo que hacemos o escogemos, incluso nuestras preferencias naturales por los colores. Pero a mí me parece fascinante que un examen de personas basado en cuatro colores culmina en doce mezclas que nos permiten identificar las doce mezclas de temperamentos.

Aunque no quisiera hacer la atracción natural de temperamentos más complicada de lo necesario, considero esencial señalar que es una excesiva simplificación el mantener que los sanguíneos atraen a los melancólicos y los coléricos atraen a los flemáticos (y viceversa). La investigación me ha llevado a creer que lo más frecuente es que seamos atraídos por la combinación de temperamentos que mejor complementa a la nuestra. Si bien surgen muchas excepciones porque suele haber una sutil diferencia entre las tres mezclas combinadas de cada uno de los cuatro temperamentos, a menudo encontraremos que las siguientes combinaciones se juntan.

Los sanguíneos-coléricos atraen a los melancólicos-flemáticos

Por regla general, la más fuerte de las combinaciones de persona extrovertida, el sanguíneo-colérico, se sentirá atraído hacia el temperamento melancólico-flemático. Esto une al activista y amante de la diversión, con la persona llevadera y de pensamientos profundos. Emocionalmente, la persona más explosiva e irritable suele casarse con una de hondos sentimientos y propenso al temor. Basta imaginarse cómo el sarcasmo bien articulado del extrovertido enojado, que con frecuencia dice lo primero que se le ocurre, puede aplastar el espíritu del melancólico-flemático, quien con facilidad se ofende y que trae al matrimonio una débil imagen de sí mismo.

Los sanguíneos-melancólicos atraen a los melancólicos-sanguíneos

No es insólito encontrar que una persona con el temperamento más expresivo emocionalmente, la combinación sanguíneo-melancólico, se case con alguien de temperamento melancólico-sanguíneo. Ambos son, por naturaleza, personas muy emotivas e inclinadas a interesarse por los demás. A uno de ellos le encanta hacer felices a los demás; al otro le gusta que lo hagan feliz. Es de desear que sus cambios radicales de estado de ánimo, desde el éxtasis hasta la depresión, no tengan lugar el mismo día, de modo que cada uno pueda ejercer una influencia alentadora sobre su cónyuge. Estas mezclas que se unen en el matrimonio les permiten comprenderse el uno al otro y aceptar mutuamente sus cambios de estado de ánimo. Ambas son personas dadas a expresarse verbalmente; el sanguíneo-melancólico habla a su antojo lo que le viene a la mente, ya sea que ofenda o no a su pareja. La melancólica-sanguínea se acuerda de cada error, cada ofensa o acción descuidada de su esposo, y los dos están siempre al borde de las lágrimas. Los melancólicos-sanguíneos pueden llorar por el vuelo de una mosca; en efecto, las lágrimas son su primera reacción emocional a cualquier cosa triste o desilusionante, incluso un recibo perdido, números de teléfono que se olvidan, y dependientas impertinentes en las tiendas. Para ellos un día no está completo si no han podido llorar a gusto.

Los sanguíneos-flemáticos atraen a los melancólicos-coléricos

Esta combinación reúne a la personalidad más fácil de amar, y posiblemente la más encantadora, con el temperamento más serio de todos. Al sanguíneo-flemático, amante de la diversión, no le importa si los estudios van bien o no, con tal de pasarla bien. El otro mide el éxito de su día según la cantidad de trabajo que haya realizado. Estos dos personajes estarán de continuo lastimándose el uno al otro, a menos que aprendan el arte de la adaptación. Los sanguíneos-flemáticos, a quienes les encantan los elogios y la aprobación, recibirán mas bien críticas y condenas de parte de sus cónyuges melancólicos-coléricos. He observado a mujeres sanguíneas-flemáticas perder su encanto ante el continuo bombardeo de la desaprobación de su esposo melancólico-colérico. Los varones sanguíneos-flemáticos tenderán a reaccionar a las críticas amargas desarrollando una aventura amorosa fuera del matrimonio, a veces sólo para herir a su esposa.

Los coléricos-sanguíneos atraen a los flemáticos-melancólicos

El tenaz y persuasivo colérico-sanguíneo, por lo general, se casa con alguien del introvertido temperamento flemático-melancólico. La persona de temperamento colérico-sanguíneo, sea hombre o mujer, será el líder automático de la familia, lo cual puede producir en su cónyuge un resentimiento silencioso. Un flemático-melancólico suele ser mucho más capaz de lo que él mismo se da cuenta. Por lo tanto, si deja que su cónyuge orientado hacia la actividad lo motive, logrará mucho más de lo que lograría por sí mismo. Pero si llega a resentirse de cómo su cónyuge lo acicatea, se plantará en sus talones y se negará a moverse. Es el antiguo caso de "la fuerza irresistible que da contra un objeto imposible de mover".

Los coléricos-melancólicos atraen a los flemáticos-sanguíneos

Los coléricos-melancólicos son los que más trabajan sin cesar. Orientados hacia las metas, motivados y detallistas, son personas decididas, dominantes, dispuestas a tomar el mando, y están entre los que emiten más críticas verbales. Sin embargo, el cónyuge flemático-sanguíneo suele ser el temperamento con quien es más fácil llevarse bien. Es un pacificador por naturaleza, con quien es fácil congeniar; le encanta la diversión y tiene muy buen sentido del humor. ¿Alguien mencionó contrastes? La persona con más probabilidades de iniciar un pleito, con frecuencia se casa con el individuo que preferiría sobre todo hacer la paz y no la guerra. El éxito de su matrimonio, por lo general, estará determinado por si la diplomacia del uno modera las tendencias dominantes del otro.

Los coléricos-flemáticos atraen a los flemáticos-coléricos

El más dócil de todos los extrovertidos, el activista colérico-flemático, que es bien organizado y el más bondadoso de los tres estilos de colérico, es buena pareja para la persona de temperamento flemático-colérico, la cual posee algunas de las mismas tendencias latentes pero suele aguardar hasta que lo empujen para ponerse en marcha para lograr algo. Estas dos personas, si no predominan en su relación el resentimiento y la resistencia testaruda, pueden realizar una relación plena y con significado.

Esta es la descripción más breve posible de la mitad de las combinaciones de temperamentos mezclados que se atraen entre sí. Desde luego, las otras seis serían exactamente lo opuesto. Por ejemplo, los flemáticos-coléricos se sentirían atraídos por los coléricos-flemáticos, y así los demás.

No hay combinaciones incorrectas de temperamentos

No se sorprenda si usted y su cónyuge no son una de las combinaciones ideales arriba mencionadas. En realidad, sólo cuatro de las posibles doce son perfectos opuestos: sanguíneo-melancólico/melancólico-sanguíneo, o al revés; y colérico-flemático/flemático-colérico, o al revés. Todos los demás temperamentos predominantes son opuestos, pero sus temperamentos secundarios pueden ser similares. Además, es posible que usted no encaje en ninguna de esas categorías, ya que un sanguíneo-colérico puede casarse con alguien de temperamento colérico-melancólico o alguna otra combinación. No estoy alegando que las seis combinaciones mencionadas sean exclusivas, sino que tienden a predominar. En realidad, como ya lo he reconocido, mi esposa y yo somos una combinación colérico-sanguíneo/flemática-sanguínea, y por lo tanto no encajamos en el modelo presentado arriba.

De manera normal, los dos temperamentos primarios son los que cuentan. Por lo general, serán opuestos, pero ni siquiera eso se cumple siempre, porque la atracción de temperamentos no es la única motivación para casarse. Por ejemplo, las personas que están deseosas de huir de una vida familiar infeliz pueden tomar el primer tren de carga que pase por la estación. Esta misma semana una mujer de cincuenta años de edad admitió que se había casado a los quince porque quería desesperadamente escapar de su padre, quien había estado abusando de ella desde que tenía doce años. Es de lamentar, que en su prisa se casó con un hombre parecido a su padre y pasó los siguientes quince años viviendo una vida de pesadilla.

Me interesa mucho que usted no pase por alto el punto que quiero recalcar aquí: si bien por regla general ciertas combinaciones temperamentales opuestas se atraen entre sí, eso no determina una adaptación feliz ni garantiza una vida de armonía. Porque . . .

También van incluidos otros factores

Hasta ahora he dicho muy poco acerca de los otros factores que ayudan a constituir la conducta de la persona. El temperamento es una fuerte influencia sobre la conducta, pero es sólo una influencia entre varias. El trasfondo de la persona, su niñez y su educación ejercen también una poderosa influencia sobre ella, como también sus convicciones religiosas y morales, junto con la potente fuerza de la disciplina personal (o la falta de ella). Por eso dos personas de idénticas combinaciones temperamentales pueden manifestar conductas diferentes. El diagrama siguiente ilustra en cierta medida esas distintas influencias.

Ya hemos señalado la poderosa influencia del temperamento sobre nuestra conducta, influencia que se estima entre el veinte y el treinta y cinco por ciento. El segundo aspecto dominante es el que los psicólogos identifican como factores ambientales, que incluyen la crianza en la niñez, el amor o falta de amor recibido en la niñez, las influencias traumáticas (divorcio de los padres, lesiones, frecuentes mudanzas durante la adolescencia y otras), la educación, y otros semejantes. La tercera fuerza con mucho significado en la conducta humana es el compromiso religioso-moral de la persona. La psicología humanista da poca cabida a ese factor en la conducta humana, cosa que sólo pone de manifiesto la pobreza intelectual de la llamada "ciencia". He descubierto que las convicciones religiosas pueden en realidad ejercer una influencia asombrosa en la vida de la persona, y constituyen el único poder que conozco para generar cambios significativos.

Permítame darle unos ejemplos. Dos personas de idénticas combinaciones temperamentales con parecidos trasfondos ambientales pueden ir recorriendo senderos opuestos, basados en sus conceptos religiosos. Tomemos por ejemplo un cristiano dedicado de carácter noble, que está comprometido con la fidelidad, la verdad, el honor, y los otros aspectos de valor moral que nos enseñan las Escrituras. Ahora comparemos esa persona con otro que es producto de una educación humanista secular, que es la tendencia que hoy predomina en la mayoría de las instituciones de educación pública desde el jardín de infantes hasta la universidad. La "autonomía autorrealizada" o egocéntrica, que se enseña durante esos diecisiete años o más, por lo general, producirá un seguidor del relativismo moral; es decir, una persona que rechaza los absolutos morales e insiste en que cualquier cosa que parezca correcta es permisible. Una persona así tendrá un cociente de egoísmo mucho más alto que alguien a quien se le ha enseñado sólo la ética moral cristiana del amor, que consiste en dar y en servir.

La fórmula de la conducta

Temperamento heredado
Crianza de la infancia
Experiencias de la vida
Actitud mental
Disciplina personal
Amor de los padres
Motivación
Educación
Salud
Hábitos

= *Su conducta*

Es por esta razón que siempre lo mejor para los cristianos es buscar un cónyuge cristiano, y que los relativistas morales cortejen a otros que compartan sus gustos amorales. El pedirle a un relativista moral que se comprometa a amar, honrar y proveer fidelidad sexual "hasta que la muerte los separe" es un cruel engaño, en especial en la cultura de nuestros días, entre los que han adoptado el estilo de vida humanista y desprovisto de moralidad. Como lo señaló el doctor Alan Bloom en su libro sobre el fin del pensamiento norteamericano, el relativismo ha producido el concepto de que la moral, la decencia, el compromiso y el honor "no cuentan mucho". Un pastor amigo mío contó acerca de una muchacha universitaria que se crió en su iglesia, "tan bonita como puede llegar a ser una muchacha de veintiún años". La pregunta que ella le formuló lo hizo adquirir repentina conciencia de la perspectiva moral de la generación joven. "Reverendo, necesito su consejo. ¿Cómo puedo lograr que el hombre con quien estoy viviendo se case conmigo?" Cuando él le preguntó qué significaba para ella la virginidad, ella replicó: "¡Hoy día, eso de ser virgen no significa mucho!"

¿Dónde fue que esa joven adquirió tales conceptos? Seguro que no en la Escuela Dominical, ni en la iglesia, ni en su hogar cristiano. Fue resultado directo de una educación humanista en nuestras escuelas públicas seculares, que nosotros los cristianos apoyamos mediante nuestros impuestos. Esa es sencillamente una de las muchas razones por las que hoy día es preferible mandar a los hijos a una escuela cristiana o darles la educación en el hogar.

Dos personas de idéntico temperamento y con ambientes similares vivirán de diferente modo, sobre la base de una sola fuerza de influencia. La actitud que uno tenga respecto a la virtud afectará de forma significativa la adaptación matrimonial si la pareja tiene las mismas convicciones y experiencias morales y espirituales. Dos personas con un compromiso religioso parecido deben experimentar mucha más facilidad en adaptarse uno al otro que unas personas que no tienen tal compromiso.

Ahora miremos de nuevo el diagrama de la página 59. Hay que considerar otro factor importante: la fuerza siempre presente de la disciplina personal. La mayoría de los entrenadores deportivos, maestros de música y otros instructores estarán de acuerdo en que "la disciplina es la clave de todo." Con frecuencia es incluso más importante que el talento. Una persona dotada en el campo que sea está destinada al fracaso a menos que desarrolle la disciplina personal, y eso es particularmente cierto en lo que se refiere a la adaptación interpersonal.

Las personas que agreden a su cónyuge no siempre son de temperamento colérico-melancólico, es decir, del temperamento más explosivo y airado de todos. Muchos coléricos-melancólicos nunca le han pegado a otra persona al enojarse, como tampoco muchos coléricos-sanguíneos, que son el segundo temperamento más explosivo. ¿Por qué? Son demasiado disciplinados, y una acción así violaría sus convicciones morales y espirituales. Necesitamos comprender que la agresión conyugal es el epítome del egoísmo indisciplinado. Parece ser un fenómeno cada vez más extenso en nuestra sociedad moderna, porque el humanismo nos enseña así: "Haz las cosas a tu modo", "Sé quien en realidad eres", "Tú te lo mereces".

La disciplina exige negación de sí, dominio propio y tenacidad. Esas características no se hallan en todos los temperamentos, ni aparecen siempre en la crianza que uno recibe en su niñez; sino que son producto del ministerio del Espíritu Santo en la vida del cristiano. En Gálatas 5:22-23 se nos dice que parte del "fruto [o resultado] del Espíritu es . . . templanza", es decir dominio propio. Como lo he dejado claro en todos mis otros libros sobre el temperamento, el individuo que en realidad quiere fortalecer sus aspectos débiles se someterá al ministerio de una vida gobernada por el Espíritu Santo.

Dos cualesquiera podrán adaptarse

Con frecuencia hay matrimonios que preguntan: "¿Cuál es la combinación temperamental ideal para el matrimonio?" Mi respuesta es siempre la misma: "¡Cualesquiera que ustedes dos tengan!" No hay dos combinaciones de temperamento perfectas, porque todas tienen tanto fortalezas como debilidades (como quince de cada una). Y como todos tenemos por lo menos dos temperamentos, uno primario y otro secundario, entonces todos tenemos, en un grado o en otro, hasta treinta fortalezas y treinta debilidades. Si a eso añadimos las demás influencias sobre el temperamento de la persona, uno puede ver de inmediato que es imposible escoger la combinación ideal de temperamentos. El Creador ha seleccionado cada uno de los cuatro temperamentos para su propio beneplácito. Sólo necesitamos hacer que nuestro temperamento sea aceptable a Él. Cuando las parejas pasan por dificultades, tienden a pensar que el problema radica en sus combinaciones temperamentales antagónicas, pero eso es sólo un síntoma de un problema mucho más profundo, que abordaremos en la siguiente sección de este libro.

Una pareja de obreros cristianos me fueron remitidos por su pastor, el cual se quejó: "Yo ya no puedo hacer nada más por ellos." Él era un colérico-melancólico, ella una melancólica-colérica, pero pensaban que representaban temperamentos idénticos. Eso no es inusitado, ya sea porque las personas no comprenden a cabalidad los temperamentos o porque no se conocen a sí mismos por completo. Como los dos razonaban muy bien y eran muy críticos, se estaban destruyendo el uno al otro con sus palabras. Si bien los coléricos tienden más a la expresión verbal que los melancólicos, las mujeres tienden más a la expresión verbal que los hombres, de modo que los dos estaban acostumbrados a decir lo que pensaban. Llenos de un espíritu de crítica, se estaban aniquilando mutuamente con la lengua. El comprender los temperamentos les ayudó sólo de un modo marginal, porque lo que necesitaban era reconocer su pecado personal en vez de ocuparse tanto cada uno del pecado de su cónyuge. El consejo que les di lo guardaré para un ejemplo posterior, pero me alegra decir que hoy día se aman mucho y siguen comprometidos de manera activa en la obra del Señor.

Eso no hace sino subrayar la buena noticia de que cualquier combinación de temperamentos pueden hacer una adaptación feliz, *si es que quieren.*

9

Cómo fortalecer los aspectos débiles de su temperamento

Sólo hay una fuente de poder que puede modificar nuestra conducta de un modo tan significativo que dará la impresión de que hemos cambiado nuestro temperamento. Como se explicó ya, el temperamento es una dimensión permanente de nuestra vida; es como la apariencia física, la cual puede modificarse en cierta medida pero nunca cambia en realidad. Como dice la Biblia, a cada uno de nosotros Dios lo ha hecho "de modo formidable y maravilloso". Si usted nació para medir un metro ochenta de altura, esa medida no variará mucho a lo largo de su vida. Si usted nació siendo un colérico-melancólico, durante toda su vida y hasta el día de su muerte seguirá siendo un colérico-melancólico.

Casi puedo oír cómo usted exclama: "¡Pero yo conozco personas que han cambiado!" Esa es una afirmación que escucho constantemente, pero las personas no logran darse cuenta de que lo que están observando es sencillamente *el fortalecimiento de los aspectos débiles de una persona*, lo cual parece reflejar un cambio. Supongamos que un flemático-sanguíneo es formado en una familia austera y sumamente estricta. Su temperamento introvertido, combinado con una fuerte tendencia hacia el temor, hará que él, al crecer, llegue a ser una persona reservada al extremo y temerosa. En una etapa posterior de su vida, con el poder de Dios y con el adecuado estímulo por parte de su cónyuge, saldrá de su concha y se volverá mucho más sociable. Pero la combinación temperamental no ha cambiado. El Espíritu Santo fortaleció las debilidades del temor y la protección de sí mismo, dando la impresión de un cambio.

Dios le ha otorgado a cada persona ciertos talentos y fortalezas en el momento de su concepción. Éstos pudieran incluir su temperamento, su coeficiente intelectual, su figura corporal, su apariencia, y otras características. Ya que todos somos miembros de la raza adámica, se entiende que a causa de la caída de nuestros padres hemos heredado también deficiencias, que a menudo se llaman debilidades de temperamento: defectos congénitos, predisposiciones, y así por el estilo. Por supuesto, la persona total no es sencillamente el temperamento ni la configuración física; sino que esos dos factores, junto con las otras influencias que ya hemos examinado — incluso la voluntad, la disciplina personal y el compromiso religioso o espiritual —, van creando a la persona en su conjunto, como mezcla única de fortalezas y debilidades.

No hay nada que tenga una influencia más poderosa sobre un temperamento desafortunado, sujeto a la conducta negativa, que una auténtica experiencia de conversión, ya que esta hace que entre el poder de Dios en la vida de una persona. Tal vez usted proteste: "Pero yo conozco cristianos que no han cambiado." Yo también. Pero eso no es culpa de Dios. A esas personas se les dio suficiente poder de lo alto para realizar cambios significativos en su conducta, pero no lograron usar ese poder. Por consiguiente, pueden experimentar una vida de ansiedad y angustia, o incluso de tragedia.

Uno de los peores malentendidos en el mundo cristiano es el concepto de que la vida del creyente cambia de manera automática, como si la persona que "invoca el nombre del Señor" experimentara una metamorfosis instantánea. Cuando invocamos con sinceridad el nombre del Señor Jesucristo, Él viene a nuestra vida, nos limpia de todo pecado, y nos provee la potencialidad para el cambio; pero sólo la potencialidad. A partir de ese punto debemos emprender una vida completa de cooperación con el Espíritu Santo, el cual habita dentro de nosotros para hacer realidad el plan transformador de Dios.

¿Alguna vez se ha puesto a pensar en las abundantes provisiones que Dios le ha concedido a todo creyente? Primero recibimos la salvación y la purificación; luego viene a morar dentro de nosotros el Espíritu de Dios, quien "está con nosotros para siempre". Además, Dios nos ha dado su Palabra, la cual puede ejercer un efecto muy potente sobre nuestra vida espiritual *con tal que la usemos*. La Biblia se parece a la comida: No nos aprovecha si no la ingerimos. El cristiano que con regularidad dedica tiempo a leer la Palabra de Dios, estudiarla, memorizarla y meditar en ella, podrá "fortalecerse en el Señor y en el poder de su fuerza". En cambio, el cristiano que descuida la Palabra de Dios se debilitará, y tanto que su cambio de conducta será mínimo, tan mínimo que muchas personas se preguntarán si de veras alguna vez fue cristiano.

Dios nos ha dado la potencialidad para el cambio mediante el Espíritu Santo que habita en nosotros, la Biblia, la iglesia (la cual es parte indispensable de la vida del cristiano), la hermandad cristiana, libros como éste, grabaciones y otros. Pero así como todos los seres humanos nacen físicamente como niños pequeños, así también todos los cristianos, al nacer de nuevo, son niños espirituales, que requieren de la leche de la Palabra para ir creciendo fuertes en el Señor. En 1 Juan 2:12-14 se nos presentan tres etapas del crecimiento espiritual que son idénticas a las tres etapas del crecimiento físico: niños, jóvenes y padres. (Estudie con detenimiento ese pasaje.)

Pero así como los niños pequeños nunca se desarrollarán si no reciben la alimentación adecuada, lo mismo sucede con los niños espirituales. Por eso muchos cristianos que hemos conocido a lo largo de los años no han crecido nunca. La potencialidad para el crecimiento espiritual y para la madurez temperamental ha estado presente en ellos todo el tiempo, pero no lo han aprovechado. Sólo cuando usemos los recursos de Dios podremos volvernos lo suficiente fuertes como para efectuar cambios en nuestro temperamento.

Si esperamos que Dios lo haga todo por nosotros como un don gratuito, parecido a su don de la salvación, podemos olvidarnos del asunto. Él nos impartió la salvación gratuitamente porque no había manera posible de que nos salvásemos a nosotros mismos, y ni siquiera de que aportáramos una pizca de gracia para lograr nuestra salvación. ¡Todo lo hizo Él! Pero cuando comenzamos a abrirnos paso por el sendero hacia la madurez espiritual, Él espera que pongamos de nuestra parte.

Así como un niño pequeño debe succionar la leche para alimentar su cuerpo, y en cierto momento comer el pan y la carne que Dios ha provisto, también nosotros necesitamos alimentarnos de la Palabra de Dios para madurar espiritualmente. Nos salvamos gratis, con sólo recibir el don de la vida eterna que Dios nos da, al "invocar el nombre del Señor"; pero el crecimiento "en la gracia y el conocimiento del Señor" depende de nuestro esfuerzo constante. Dios nos ha dado la potencialidad para el cambio; ahora nosotros debemos ejercer nuestro libre albedrío para responder a esa provisión de Dios.

Ahora revelo mi secreto de consejería

Esta historia nunca la he contado, pero me parece que es el momento apropiado para incluirla a modo de ilustración. Durante los treinta y tres años que fungí como pastor, pasé bastante tiempo dando consejería. Me gusta mucho predicar a grandes multitudes, pero también me encanta ayudar a las personas a nivel individual. La mayor parte de mis estudios de postgrado, incluso mi doctorado en el Seminario Bautista del Oeste, se centraron en la consejería, y he estudiado casi todas las principales técnicas imaginables, desde Freud hasta Rogers y la terapia de la realidad. El doctor Henry Brandt, uno de los primeros psicólogos cristianos que sometieron todos los sistemas de consejería a las Escrituras para comprobar su validez, me ayudó a desarrollar mi propio estilo bíblico. Debe de haber sido eficaz, porque, aunque nunca me he anunciado ni he tratado de hacerme promoción de manera deliberada como consejero, han acudido como seis mil personas a mi oficina o a mi casa. Con mucha frecuencia, una persona en dificultades ha remitido a sus amigos atribulados a mí para que los aconseje. Admito que no a todos los que han llegado a mí les he podido ayudar; ningún consejero lo logra, porque para que haya cambios importantes se necesita la cooperación del paciente.

Yo ingresé al campo de la consejería en una época en que estaba de moda que las personas angustiadas buscaran un consejero que les diera terapia todas las semanas por un período de hasta nueve meses, después dos veces al mes durante un año, después una vez al mes durante por lo menos otro año más. Cobrando setenta y cinco dólares por entrevista, un consejero podía vivir con comodidad. Como pastor, no cobraba por mi servicio de consejería, ya que la iglesia a la que servía me pagaba un salario. A veces eso me molestaba, pues me daba cuenta de que las personas rara vez valoran lo que reciben gratis.

Pero un día el Señor me dio una idea increíble que lo revolucionó todo. A los que recibían consejería comencé a cobrarles . . . ¡no dinero, sino *tiempo*! Les explicaba que la primera entrevista era gratis, pero que a partir de entonces estaban obligados a pasar por lo menos veinte minutos al día acatando la receta espiritual que les escribía, o si no, me negaría a verlos más. Como un médico que prescribía una receta y esperaba que el paciente la tomara con fidelidad entre una y otra visita al consultorio, yo sabía que si acataban mi receta espiritual por lo menos cinco días por semana, se mejorarían.

La receta, que era muy sencilla, comenzaba con la asistencia a la iglesia. Si asistían a la iglesia una vez por semana, yo los hacía incrementar a dos veces por semana, convencido de que el oír la enseñanza de la Biblia es provechoso para todos. Luego les recetaba leer cada día cuatro capítulos de la Biblia, y que llevaran un diario espiritual (según lo que esbozo en mi libro *Cómo estudiar la Biblia por sí mismo*. A continuación venía un versículo para memorizar cada semana, y la lectura de uno de mis libros (por lo general un libro sobre los temperamentos o alguno que se centrara en el problema que estaban enfrentando). Por último les daba una fórmula sencilla para orar todos los días.

Cualquier pastor con experiencia reconocerá lo que estaba haciendo: discipulando a los que llegaban en busca de consejo. Cada semana hablábamos acerca de sus problemas y considerábamos todos los asuntos relacionados con su tarea, pero además verificaba su progreso con la receta y añadía otra para la semana siguiente. No me resultaba sorprendente encontrar que los pacientes no se volvían dependientes de la consejería; más bien, su salud espiritual general iba mejorando. Nunca atendía a una persona más de siete veces, porque para ese momento (o incluso antes), ya la persona podía obrar sola y seguir creciendo en la Palabra de Dios, ya fuera mediante la participación en un estudio bíblico de un grupo pequeño o desarrollando un estudio personal.

La verdad es que la mayoría de los creyentes no necesitan un consejero para crecer en Cristo. Cada creyente puede hacer eso por su cuenta, y así lo hacen la mayoría de los cristianos. Todos los miembros del pueblo de Dios pasan por problemas, algunos de ellos tan graves como para requerir de la atención de un consejero; pero la mayoría de los cristianos recurren con prontitud a la Palabra de Dios en busca de orientación, y son sustentados y fortalecidos por el Espíritu Santo que habita en ellos. Poco a poco Dios los va cambiando, y les va dando poder para hacer frente a su situación.

Uno de los secretos mejor guardados en el cristianismo de hoy es la dinámica tangible de Dios para cambiar la vida de las personas después de su conversión. Con toda sinceridad, nunca he visto una combinación temperamental desafortunada que el poder de Dios no pueda modificar . . . *si es que* la persona está dispuesta a ser transformada. Y esa potencialidad para el cambio nos lo garantiza . . .

El poder de la cruz

> *La palabra de la cruz es locura a los que se pierden; pero a los que se salvan, esto es, a nosotros, es poder de Dios.*
>
> I Corintios 1:18

Después de Juan 3:16, el versículo arriba citado es una de las proclamaciones más importantes que se hacen en la Biblia. Dios está declarando que su poder hoy día no se manifiesta en la sabiduría humana, y ni siquiera en las señales y los milagros. Está arraigado en la vida transformada de los que escuchan el mensaje de la cruz, se inclinan ante el Salvador, y lo reciben. Eso puede producir un milagroso cambio, que ni siquiera los escépticos más ciegos pueden quedarse sin reconocer.

La mayoría de los creyentes quisieran que Dios demostrara de algún modo su poder en una forma tan eficaz que cualquier persona con dudas se viera obligada a admitir la presencia de Dios en nuestro universo. Pero parece que en esta etapa de la historia no es ese el plan de Dios. Como dice Lucas 16:29: "A Moisés y a los profetas [la Biblia] tienen; óiganlos." Dios sigue realizando milagros hoy día, pero no son lo que yo llamaría "milagros de laboratorio", es decir, esos milagros tan espectaculares que hasta un ateo tendría que reconocer como provenientes de la poderosa mano de Dios. Más bien, Dios ha optado usar dos cosas para impulsar a las personas a creer en Él: la Palabra de Dios y el poder de la cruz, que se puede ver en la vida transformada de los nuevos creyentes.

Cuando una prostituta, un drogadicto, un homosexual, un ninfómano o un delicuente obstinado recibe a Cristo y comienza a vivir una vida transformada, allí se demuestra el poder de la cruz. Muchas personas se han convertido al presenciar tales transformaciones, porque ningún otro poder en la tierra habría podido cambiar a aquella persona. Esta transformación completa no debería sorprendernos, sino que debemos esperarla, sobre la base de 2 Corintios 5:17:

> *Si alguno está en Cristo, nueva criatura es; las cosas viejas pasaron; he aquí todas son hechas nuevas.*

Un ejemplo del poder de la cruz

Charles Colson, que primero fue famoso por su participación en el escándalo de Watergate, es ahora todavía mejor conocido por el viraje que dio en su vida y por su ministerio en favor de los reos endurecidos en las cárceles de todos los Estados Unidos. Anteriormente fue Ayudante Especial del Presidente de su país, y tenía una oficina en la Casa Blanca; pero después de su conversión, el poder de la cruz lo ha elevado a un puesto más eminente. Me acuerdo cuando le conté a un abogado amigo mío, que había estado cerca de la administración de Nixon, acerca de la conversión de Colson, poco tiempo después que esta se dio a conocer. Mi amigo se enderezó en su silla y exclamó: "¡Imposible!" Y a continuación hizo una afirmación denigrante acerca de la vida y el carácter de Colson. Nos pusimos de acuerdo en que íbamos a esperar a ver qué pasaba. El tiempo ha demostrado que mi amigo estaba equivocado. El texto bíblico que declara que "nada hay imposible para Dios" ha demostrado su validez una vez más.

Ese ejemplo se puede llevar un paso más allá. La Confraternidad Carcelaria, ministerio fundado por Charles Colson, junto con el ministerio a los presos de Bill Glass en Texas y otros ministerios parecidos dirigidos a los prisioneros, da a conocer el mismo fenómeno. De los delicuentes que tienen una experiencia de conversión y que son discipulados en la Palabra de Dios, casi el ochenta y cinco por ciento no regresan jamás a la cárcel después de cumplir su pena. Si usted tiene alguna idea acerca de la desalentadora tasa de reincidencia (el regreso de delincuentes endurecidos a la cárcel, después de su liberación, por cometer delitos adicionales), estará enterado de que el ochenta y cinco por ciento *sí* regresan a la cárcel. ¿Qué es lo que hace la diferencia? ¡El poder de la cruz!

La adicción a las drogas puede ser sometida a la misma prueba. Un amigo mío tiene un ministerio con los adolescentes que usan drogas. Me cuenta que los mejores programas del gobierno estadounidense, incluso los que tienen mucho dinero, logran una tasa de éxito de sólo el quince por ciento de jóvenes que se mantienen alejados de las drogas después de concluir su tratamiento. En cambio, mediante el programa de mi amigo, los jóvenes van a un campamento y se convierten a Cristo. Luego se les ayuda con medicamentos a despojarse del hábito de la droga, y se les prepara en la Palabra de Dios. Sólo el quince por ciento vuelve a usar las drogas.

Son todavía más patentes los resultados que se manifiestan cuando el poder de la cruz transforma a personas homosexuales. La única agencia en los Estados Unidos que resulta eficaz para inducir a los homosexuales a cambiar su estilo de vida es la iglesia de Jesucristo. Ese cambio comienza con el ofrecimiento que hace el evangelio de una experiencia de conversión.

La homosexualidad es con mucha probabilidad el vicio más esclavizante que puede atrapar a un ser humano. Es tan esclavizante que la mayoría de los consejeros seculares resultan incapaces de ayudar siquiera a los que quieren volverse heterosexuales. Hace varios años fui entrevistado, junto con un psiquiatra de Los Ángeles, en un diálogo radial de micrófono abierto acerca de la homosexualidad. Fue evidente que él se sintió amenazado cuando aseguré que había visto a treinta homosexuales que habían desechado ese estilo de vida después de aceptar a Cristo como su Salvador. Primero me acusó de mentir. Después confesó la impotencia de su profesión, al decir: "He estado practicando la psiquiatría por treinta y tres años, y nunca he visto a un homosexual cambiar; es más, no conozco a ningún otro consejero en el valle de Los Ángeles que haya visto a alguno cambiar."

Esa es una confesión trágica, en especial en una época en que más del setenta por ciento de los que contraen el sida son homosexuales. Uno pudiera imaginarse que la amenaza de una muerte temprana y dolorosa impulsaría a una persona a renunciar a un estilo de vida malsano; pero la enorme influencia que ejerce la homosexualidad sobre la persona parece invencible. Aun así, muchos han abandonado ese modo de vida después de aceptar a Cristo.

Cuando narré esa historia en otro programa radial en San Francisco, por supuesto que los homosexuales que hicieron llamadas telefónicas al programa me desafiaron. Esa noche, después de haber predicado en una iglesia grande de esa zona, una pareja me esperó después de mi mensaje para contarme su secreto de familia. Mientras estrechaba la mano de aquel hombre, su esposa exclamó: "Reverendo LaHaye, en este momento está usted viendo al número treinta y uno que ha abandonado ese modo de vida." Allí estaban los dos, él cargando a un niño de cuatro meses mientras ella sostenía de la mano a su hijo de dos años. Él había conocido a Cristo en esa iglesia hacía más de cuatro años. Después se habían conocido, se habían enamorado y se habían casado. Esa historia la he relatado varias veces, y la última vez que saqué cuentas fue cuando le estreché la mano al que confesó ser el "número cuarenta y tres". El poder de la cruz es innegable.

Durante una elección reciente en el estado de Vermont, mientras hacía campaña en favor de un candidato cristiano, un apuesto y joven padre de familia, con una esposa muy hermosa, preguntó si podía darme un abrazo. Luego me contó que mi libro sobre la homosexualidad había sido usado por Dios diez años atrás para llevarlo a los pies de Cristo. "Ahora soy evangelista, y parte de mi ministerio es con los homosexuales." Y no está solo. Más de cincuenta ministerios, entre ellos Éxodo Internacional, algunos con capítulos en todos los estados del país, se especializan en sacar a los homosexuales de ese modo de vida. Cada uno de esos ministerios tiene su propia técnica de consejería, pero todos tienen la misma fuente de poder: la cruz de Cristo.

Pasaba lo mismo en el primer siglo

Esto no debería resultarle sorprendente al cristiano que conoce su Biblia. Fijémonos con cuidado en el siguiente pasaje:

> *¿No sabéis que los injustos no heredarán el reino de Dios? No erréis; ni los fornicarios, ni los idólatras, ni los adúlteros, ni los afeminados, ni los que se echan con varones, ni los ladrones, ni los avaros, ni los borrachos, ni los maldicientes, ni los estafadores, heredarán el reino de Dios. Y esto erais algunos; mas ya habéis sido lavados, ya habéis sido santificados, ya habéis sido justificados en el nombre del Señor Jesús, y por el Espíritu de nuestro Dios.*
>
> I Corintios 6:9-11

Pablo menciona una asombrosa lista de pecados que habían esclavizado a esos corintios antes que experimentaran el poder de la cruz. Habían sido fornicarios, idólatras, adúlteros, homosexuales, injuriosos, borrachos, estafadores, y así sigue la lista. Los convertidos del tiempo del Nuevo Testamento no eran unos jóvenes de buena conducta que sencillamente estaban esperando que Pablo y los apóstoles llegaran a anunciarles el evangelio. Cierto es que unos cuantos eran como el centurión de Hechos 10 y como el eunuco etíope; pero la mejor manera de describir a la mayoría de los cristianos de la Iglesia primitiva es decir que antes de ser liberados del poder de las tinieblas y ser introducidos al poder de la cruz eran unos degenerados.

Fijémonos con cuidado a qué iglesias les escribió Pablo: a los colosenses, a los gálatas, a los efesios, a los corintios. Cada una de esas ciudades era un bastión de la depravación moral. Esas personas, a causa de sus religiones paganas, antes de haberse convertido se habían envuelto en vicios sexuales que, por lo general, mantienen puestas sus garras sobre las personas durante toda la vida, acortándoles sus años. Pablo dice: "Y esto *erais* algunos." Pero ahora que han llegado a la cruz, han sido transformados: "lavados . . . santificados . . . justificados en el nombre del Señor Jesús, y por el Espíritu de nuestro Dios."

En su carta a los colosenses, Pablo desafía a los creyentes de este modo: "Haced morir . . . fornicación, impureza, pasiones desordenadas, malos deseos y avaricia"; es decir, algunos de los hábitos más esclavizantes de los cuales puede ser presa una persona sobre esta tierra. ¿De dónde esperaba él que sacaran ellos el poder para un cambio tan radical en su manera de vivir? Del mismo lugar de donde Dios espera que nosotros lo recibamos: del poder de la cruz, el Espíritu Santo que habita dentro de nosotros, y la Palabra de Dios.

Resumen

Si usted es cristiano, usted tiene dentro de sí la capacidad para el cambio. No importa cuál sea su combinación temperamental, sus antecedentes familiares o sus propias experiencias, usted tiene el poder para cambiar su vida. Tal vez sea egoísta, irritable, desconsiderado, poco amoroso, criticón, exigente, temeroso o mal encaminado sexualmente; pero como cristiano, ahora tiene a su disposición el poder divino de un Dios que puede transformar vidas.

Si usted no es cristiano, usted carece de ese poder. Por mucho que quiera superar sus debilidades, no puede comenzar a recorrer el camino de la renovación sin el poder de Dios. Dé el primer paso y diga la oración del pecador: "Señor, ten piedad de mí, que soy pecador"; y entonces invite de manera personal a Jesucristo a que entre en su corazón como su Señor y Salvador. Formalmente, en un acto de oración, entréguele su vida a Él, y entonces permita que Él tome el mando de su vida. Una vez que haya pronunciado esa oración por fe, estará preparado para demostrar que es "una nueva criatura", para quien "las cosas viejas pasaron, he aquí todas son hechas nuevas" (incluso las debilidades de temperamento). Como veremos en la segunda sección del presente libro, el proceso no es ni automático ni fácil. Pero dado que ahora usted está conectado a la fuente divina de poder, ahora todo es posible. Según el doctor Henry Brandt: "Usted puede usar su trasfondo (incluido su temperamento) como pretexto para su conducta actual, sólo hasta el momento en que se hace cristiano. A partir de entonces, aquello ya no es una excusa válida."

10

Otras diferencias

En años recientes, el movimiento feminista ha tratado de intimidar a mucha gente para que no admitan lo que es obvio: Que los hombres y las mujeres son diferentes. Esto lo pudimos ver durante la guerra del Golfo Pérsico, en las noticias que constantemente se pasaban por televisión. Los noticieros filmaban a algunas mujeres trabajando como mecánicas en aviones y camiones en el desierto de Arabia Saudita; otras (como las que eran pilotos de helicópteros) aparecían lo más cerca que, en el ejército estadounidense, pueden llegar las mujeres en situaciones de combate. En efecto, hubo dos mujeres pilotos cuyas naves fueron derribadas. Parece que los congresistas liberales de los Estados Unidos (en especial algunas mujeres congresistas) no quedarán satisfechos sino hasta que haya mujeres que regresen a su hogar en bolsas para cadáveres, al igual que los hombres. Se resisten a enfrentar la realidad de que los hombres y las mujeres son profundamente diferentes.

No estamos en absoluto sugiriendo que las mujeres sean inferiores a los hombres; sólo son diferentes. En realidad, en algunos campos las mujeres son superiores. En su libro *¡Esto es ser hombre!*, el doctor James Dobson nos ofrece estas perspectivas:

> Los hombres y las mujeres difieren en lo anatómico, lo sexual, lo emocional, lo psicológico y lo bioquímico. Somos diferentes, literalmente, en cada célula de nuestro cuerpo, ya que cada sexo es portador de un patrón cromosómico único. Hoy día se escribe mucho acerca de las llamadas operaciones de cambio de sexo, en virtud de las cuales hay hombres que se transforman en mujeres o viceversa. Admitimos que es posible alterar mediante la cirugía los órganos genitales externos, y que se puede usar silicón para rellenar los pechos o redondear un cuerpo huesudo. Después se pueden inyectar hormonas para feminizar o

> masculinizar al individuo transformado. Pero no se puede hacer nada para cambiar la asignación de sexo, realizada por Dios en el instante de la concepción. Esa determinación está en cada célula, y lleva el letrero de "hombre" o "mujer" desde el primer momento de la vida hasta el momento de la muerte. La Biblia lo dice con énfasis: "Varón *y* hembra los creó" (Génesis 1:27, cursiva añadida). ¡No un sólo sexo, sino *dos*!
>
> Además, estoy firmemente convencido de que cada sexo exhibe características emocionales únicas que tienen una dotación genética. Las influencias culturales no pueden explicar esas peculiaridades. En los últimos años son pocos los psicólogos que han tenido la valentía de expresar ese punto de vista, porque el movimiento feminista lo ha percibido como insultante. Pero el ser *diferentes* de los hombres no hace que las mujeres sean *inferiores* a los hombres. Hombres y mujeres son creación original de Dios, y unos y otros llevan las fortalezas y debilidades que hacen contrapeso y se superponen entre sí. Es un hermoso diseño, que no debe ser desmontado.[1]

Luego el doctor Dobson nos hace dirigir la atención hacia la diferencia física más significativa entre hombres y mujeres: el ciclo menstrual. Esta diferencia no es sólo física, ya que comprende a la mujer como un todo y, mediante ella, influye sobre el esposo. Durante ese tiempo ella pasa por un cambio emocional y psicológico además de físico. Incluso algunas mujeres experimentan una crisis espiritual. Es decir, pueden sentirse seguras en el conocimiento de Dios y de su salvación, hasta que les viene la regla y entonces las abruma la inseguridad del creyente, principalmente porque en ese momento se sienten inseguras acerca de muchas cosas. El doctor Dobson hace una hermosa comparación entre el ciclo menstrual de la mujer y las estaciones del año:

> Se ha dicho, con mucho acierto, que las cuatro semanas del ciclo menstrual son análogas a las cuatro estaciones del año. La primera semana después de la regla pudiera lla-

---

1 Dr. James C. Dobson, *Straight Talk to Men and Their Wives*, pp. 161-162.

marse la primavera del calendario fisiológico. Cada día se secretan nuevos estrógenos (hormonas femeninas), y el cuerpo de la mujer comienza a recuperarse del invierno reciente.

La segunda semana representa el verano del ciclo, cuando la vida es tranquila. Durante esta fase la mujer tiene más confianza en sí misma que en ninguna otra época del mes. Es un tiempo de máxima energía, entusiasmo, afabilidad y estima propia. Los niveles de estrógeno dan razón de mucho de este optimismo, y llegan a su punto más alto hacia la mitad del ciclo, cuando tiene lugar la ovulación. Lo típico es que la relación entre el esposo y la esposa esté en su mejor momento durante estos días de verano, cuando están en su cima el deseo sexual y la posibilidad del embarazo.

Pero ¡ay!, después del verano debe venir sin falta el otoño. Los niveles de estrógeno van disminuyendo constantemente a medida que el cuerpo de la mujer se prepara para otro período de menstruación. Se secreta una segunda hormona llamada progesterona que reduce el efecto del estrógeno y da inicio a los síntomas de la tensión premenstrual. Es una fase triste del mes. La propia estimación se va deteriorando día a día, y trae consigo depresión y pesimismo. Una sensación de abotagamiento y pesadez suele producir no sólo incomodidad sino también el concepto de que "estoy fea". La irritabilidad y la agresividad se vuelven cada vez más evidentes al avanzar la semana, y llegan a su clímax inmediatamente antes de la menstruación.

Luego viene el invierno y el período del flujo menstrual. Las mujeres difieren notoriamente en cuanto a la intensidad de estos síntomas, pero en su mayoría experimentan algún tipo de incomodidad. Las que son más vulnerables incluso encuentran necesario pasar uno o dos días en cama durante esta temporada de invierno, y sufren de calambres y un malestar general. Poco a poco va pasando el asedio, y vuelve la refrescante novedad de la primavera.[1]

Se ha escogido esta diferencia peculiar para enfatizar que los hombres y las mujeres funcionan en formas distintas;

---

1 Dobson, p. 163.

sienten diferente y piensan diferente por una razón muy buena: ¡*son* diferentes! El grado o expresión de esa diferencia variará según el temperamento de la mujer. Pero si no se toma en cuenta el contraste entre los sexos, va a complicar el proceso de adaptación. Lo mejor es aceptarlo. Después de todo, somos atraídos al sexo opuesto a causa de las diferencias.

Hasta nuestros cerebros son diferentes

La investigación moderna ha revelado el hecho de que los cerebros de hombres y mujeres no son iguales por completo. "La nueva investigación está arrojando un panorama complejo del cerebro, en el cual las diferencias de estructura anatómica parecen conducir a ventajas en el rendimiento en ciertas tareas mentales."[1] Se sugiere que estas diferencias físicas en el cerebro bien pudieran explicar las variaciones que cada año se ponen de manifiesto en las calificaciones de los exámenes de admisión a las universidades.

> Si bien estas diferencias siguen siendo punto de intensas controversias, la mayoría de los investigadores concuerdan en que las mujeres en general muestran ventaja sobre los hombres en ciertas destrezas verbales. Por ejemplo, en promedio, las niñas comienzan a hablar más temprano que los niños, y las mujeres tienen más fluidez con las palabras que los hombres, y cometen menos errores de gramática y de pronunciación.
>
> Por otro lado, en promedio, los hombres tienden a salir mejor que las mujeres en ciertas tareas espaciales, como el dibujar mapas de lugares donde han estado y el hacer rotar en la mente figuras geométricas imaginarias, destreza que es útil en las matemáticas, la ingeniería y la arquitectura.
>
> Por supuesto, las ventajas de cada sexo son sólo en el promedio. Hay hombres a nivel individual que rinden tan bien como las mejores mujeres en los exámenes verbales, y hay mujeres que rinden tan bien como los mejores hombres en tareas espaciales.[2]

---

1 Daniel Goleman, "Subtle but Intriguing Differences Found in the Brain Anatomy of Men and Women", periódico *The New York Times*, 11 de abril de 1989, p. C1.

2 Goleman, p. C6.

En resumen, podemos reconocer ahora dos grandes diferencias entre hombres y mujeres: una de ellas es su sexualidad, y la otra es el tamaño y función del cerebro. Investigaciones posteriores pudieran revelar otras variantes significativas, pero estas dos, que ejercen su influencia sobre casi todos los demás órganos de nuestro cuerpo, bien pudieran dar razón de las muchas diferencias entre hombres y mujeres que, en el matrimonio, suelen ser motivo de gran disensión.

Las grandes fuentes de conflicto entre los sexos

Un estudio reciente sobre los conflictos entre hombres y mujeres lo realizó el doctor David. M. Buss de la Universidad de Michigan. Se le considera "el estudio más completo que se haya realizado hasta ahora", y abarcó a seiscientos hombres y mujeres. El doctor Buss identificó ciento cuarenta y siete fuentes bien definidas de conflicto entre hombres y mujeres. Si bien en general tanto hombres como mujeres compartían su desagrado por la infidelidad, en la mayoría de los demás temas diferían en la prioridad que les asignaban. A continuación damos una lista abreviada de sus objeciones.

Lo que a una mujer le molesta de un hombre

La infidelidad: La mayoría de las mujeres (antes que ocurra) insisten en que no pueden perdonarla.

Las exigencias sexuales: El hacerla sentirse usada sexualmente; el tratar de obligarla a tener relaciones sexuales o exigirlas.

El aire de superioridad: El hacer caso omiso de sus opiniones sólo porque se trata de una mujer; tratarla como si fuera inferior o tonta; hacerla sentirse insuficiente.

El encerramiento emocional y los excesos: Que el hombre oculte sus emociones para hacerse el fuerte; tomar o fumar demasiado.

La falta de atención: La poca confiabilidad; no pasar suficiente tiempo con ella o no llamarla cuando había prometido hacerlo; pasar por alto sus sentimientos o no decirle que la quiere.

El ser poco cuidadoso: Tener malos modales; por ejemplo eructar o dejar levantado el asiento del inodoro; no ayudar con la limpieza de la casa; molestarla por lo mucho que tarda en vestirse.

Lo que a un hombre le molesta de una mujer

El rechazo sexual: El negarse a tener relaciones sexuales; el no responder a las insinuaciones sexuales; ser provocadora en lo sexual.

El mal humor: Ser regañona o mostrar alguna otra forma de mal humor.

El centrarse demasiado en sí misma: Hacer de su apariencia física un problema demasiado grande; preocuparse por la cara y el pelo; gastar demasiado dinero en ropa.[1]

Mis propias observaciones

Los hallazgos del doctor Buss y sus compañeros reflejan las observaciones que yo mismo he hecho en mi trabajo con miles de matrimonios cada año que asisten a mis seminarios familiares de dos días. Durante la sesión de preguntas y respuestas, se invita al público a entregar preguntas por escrito, a las cuales respondo verbalmente. La lista que doy a continuación refleja las fuentes de conflicto o de desilusión entre las parejas, principalmente cristianas, con quienes trabajo.

Lo que las mujeres objetan más de sus esposos

1. Es demasiado agresivo en lo sexual.

Las necesidades sexuales de hombres y mujeres suelen salir a flote hacia el final del primer año de matrimonio o después del primer hijo. El primer año resulta tan emocionante que la mayoría de las esposas logran mantenerse a la altura de los deseos sexuales de su joven esposo. (Sin embargo, hace poco una joven que tenía tres meses de casada me preguntó: "¿Por cuánto tiempo debo esperar que él siga queriendo tener relaciones todos los días?" Otra dijo: "¿Es anormal hacerlo cuatro veces en un sólo día?").

Por lo general, después del primer año la mayoría de las parejas se establecen en la expresión física de su amor unas

---

1 Daniel Goleman, "Study Defines Major Sources of Conflict Between Sexes", periódico *The New York Times*, 13 de junio de 1989, p. C14.

tres veces por semana, dependiendo en gran medida del ciclo mensual de la esposa. La diferencia no es tanto de frecuencia como de sincronización y de expresión emocional. A la mujer le gusta lo romántico. Prefiere expresiones múltiples de ternura y amor, hasta besos y caricias durante la primera parte de la noche. Y luego le encanta que esa noche romántica llegue a su clímax en las relaciones sexuales.

El esposo amoroso puede querer adaptarse a los deseos de ella, pero él tiene un motor emocional que puede acelerar desde cero hasta ochenta kilómetros por hora en menos de cinco segundos. De manera que, a menos que él esté dispuesto a practicar el dominio de sí, ella sentirá que pasa la noche entera tratando de quitárselo de encima. Esa es una diferencia que hay que afrontar sin egoísmo. A veces la esposa debiera ceder al deseo instantáneo de él, pero la mayor parte de las veces él debiera enfriar los motores y aprender a ser romántico. Sin duda la esposa debe cuidarse de no esquivarlo toda la noche y después poner el pretexto de que "está cansada" para mandarlo a dormir insatisfecho. Tal vez ella pueda echarse un sueñito poco después de la cena para estar más despierta o bien adelantar la hora de hacer el amor.

El metabolismo tiene aquí parte de la responsabilidad. Es decir, con frecuencia hay "pajarillos" que gustan de dormirse temprano, que se casan con "buhos" trasnochadores. El interés sexual de la persona sigue de manera natural su metabolismo. Los "pajarillos" muestran más interés por el amor durante las horas de la mañana, mientras que los "búhos" son más excitables en la noche.

El estudio científico del doctor Buss, como también mis propias observaciones a lo largo de los años, concuerdan en que la expresión sexual es sumamente significativa. De manera histórica, ese ha sido el propósito del matrimonio. Pero los cónyuges deben aprender a adaptarse cada uno a las necesidades e intereses del otro. La clave para la satisfacción sexual, que no es muy complicada, se puede lograr en tres pasos sencillos.

1) Estudien el tema leyendo por lo menos dos libros: *El acto matrimonial*, por el presente autor, y *El placer sexual ordenado*

por Dios por el doctor Ed Wheat, un médico. Todos los casados necesitan saber acerca de su propia sexualidad, y de la de su cónyuge.

2) Comuníquense con franqueza y con frecuencia acerca de sus respectivas necesidades sexuales y sus sentimientos. Gran advertencia: El tema sobre el que a la mayoría de las parejas se les hace más difícil dialogar es el sexo, en especial si carecen de una vida sexual vibrante. En efecto, a fin de determinar si una pareja tiene una vida sexual dinámica, basta con determinar si a él o a ella le resulta fácil hablar del asunto. Cierta mujer me confesó que ella y su esposo "no habían conversado sobre su vida sexual en veinticinco años". No debiera sorprendernos que la intimidad no fuera satisfactoria para ninguno de los dos. Cuando usted no está de buen ánimo como para tener relaciones sexuales, es mejor que se lo diga clara y de forma directa a su cónyuge, en vez de animarlo a que siga adelante. La buena comunicación es esencial.

3) Por amor desinteresado, trate de adaptarse a las necesidades de su cónyuge. El órgano sexual más importante que usted tiene es el cerebro. Si en un espíritu de amor, usted se puede decir a sí mismo "sí puedo", entonces podrá. Pero si declara "no puedo", su cerebro mandará a desactivar sus glándulas y no podrá. El egoísmo no sólo destruye el amor sino que además mata la expresión del amor . . . para ambas personas.

2. No quiere ayudar en la casa.

Ya hemos señalado el resultado de la encuesta del periódico *USA Today*, según la cual el ochenta y dos por ciento de las mujeres cuyos esposos ayudaban en la casa "se casarían otra vez con el mismo hombre", lo cual es un treinta y tres por ciento más alto que el promedio nacional de mujeres que escogerían el mismo cónyuge. Esa es una prueba aplastante de que esa actitud tiene un efecto profundísimo sobre la mujer. Principalmente, demuestra que el trabajo de ella es importante y que su esposo cuida de ella. La esposa puede dejarle en claro a su esposo este punto, pero es él el que necesita actuar con consideración en este asunto.

3. Él no es el líder espiritual del hogar.

Las mujeres tienden a ser más idealistas que los hombres; y, por lo general, una mujer cristiana sueña con que su esposo cumpla la función que le prescribe la Biblia: la de sacerdote del hogar. Pocas esposas se opondrán a que su esposo lleve la batuta en cuanto a las oraciones en familia, la asistencia a la iglesia como familia o la oración en pareja. Y son muchas las que se desilusionan cuando él no lo hace.

4. Él no manifiesta respeto por mí ni por mis puntos de vista.

Buss llama a esto "aires de superioridad", y da exactamente en el clavo. Las mujeres son más emotivas e intuitivas, mientras que los hombres tienden a ser pensadores lógicos cuyas emociones (con la excepción del matrimonio y la compra de un auto) no los dominan a la hora de tomar decisiones (dentro de los límites de su temperamento, desde luego). Eso no hace que las decisiones de un hombre sean mejores que las de una mujer. Él puede tomar el sendero equivocado por la vía de la "lógica", y ella puede tomar la decisión correcta por la vía de los "sentimientos". Sin embargo es frecuente que los dos choquen, a causa de los medios por los cuales llegan a sus decisiones.

Por ejemplo, cuando un esposo pregunta: "¿Por qué te compraste ese vestido?", la mujer se está suicidando si contesta: "Es que me sentía deprimida mientras caminaba por las tiendas, pero cuando vi este vestido y lo compré, me sentí mucho mejor." ¡Él no podrá entender eso! Él no podrá reconocer que ella estaba respondiendo al sentimiento y la intuición. Sería mejor que ella dijera: "Hace seis meses que no me compraba un vestido nuevo, y necesitaba uno para la reunión de este viernes. Me encontré este en una rebaja, con el treinta por ciento de descuento, y me lo compré." Rara vez el esposo discutirá esto; no porque el razonamiento sea persuasivo, sino porque ella pudo ofrecer un "método para su locura" que era racional y lógico.

Una esposa no puede aguantar el que la pongan en ridículo, mucho menos si quien lo hace es su esposo. El desacuerdo o el debate se permite; pero el *ridículo* se convierte en un cruel látigo para una esposa. Es una forma de afirmar con beligerancia: "¡Eres una mujer tonta!" Esos pensamientos jamás deben transmitirse verbalmente. Un hombre sabio encontrará campos en los cuales puede jactarse de la inteligencia o capacidades de su esposa. Si lo hace así, aumentará la seguridad de ella, y como consecuencia, hará surgir cualidades aún más positivas. Ya que una mujer obtiene de su esposo la aceptación de sí misma, él debe hacer un esfuerzo por edificarla, en vez de derribarla, en especial ante la presencia de los hijos o de los amigos.

5. Él no disciplina de manera adecuada a los niños.

Hay esposos que dejan en manos de la esposa todo el esfuerzo de corregir a los hijos, pero esta objeción se puede aplicar por igual al padre furioso que disciplina a sus hijos con ira. Casi toda la disciplina que se aplica con ira es peligrosa: o es demasiada, o demasiado fuerte, o brota de un espíritu de maldad. Ya que la corrección debe instruir en lugar de crear enemistad, nunca debe ser impulsada por emociones negativas. Todo lo que sea menos que una reprensión amorosa es simple castigo.

Además, la disciplina debe ser una labor conjunta. Es decir, los esposos deben ponerse de acuerdo en cuanto a las reglas y su modo de hacer que se cumplan. Y si el progenitor que presencia "el delito" es el que inflige el castigo, entonces no es necesario que el papá se convierta en el monstruo gigante que comienza a castigar en cuanto entra a la casa. Mamá debe tener al día la disciplina cuando él llega, y permitirle a papá que se haga cargo a partir de ese momento. Sobre todo, el padre debe enseñar, dirigir, y (si es necesario) exigir que los hijos respeten a la madre.

El hombre que saca sus frustraciones para con su esposa dándoles rienda suelta a los niños cuando necesitan disciplina, no sólo está destruyendo su relación matrimonial sino además soliviantando a sus hijos. Si bien es cierto que la Biblia da una instrucción específica a la esposa de que respete a su esposo (Efesios 5:33), es difícil creer que un hombre pueda amar a su esposa (como lo manda el mismo versículo) sin demostrarle un respeto constante.

6. Lo único en que piensa mi esposo es su trabajo y los deportes.

Es una realidad reconocida que los hombres, en forma particular a medida que avanzan en edad, se preocupan más con pensamientos acerca de su vocación. En parte eso es instintivo. Ya que Dios ha hecho al hombre proveedor de su familia, será natural que piense mucho y con frecuencia acerca de su trabajo, su carrera, su futuro, y la seguridad de la familia. Si no lo hiciera lo tildaríamos de irresponsable. En cambio, la esposa tiende a cuidar de su "nido", como resultado natural de su intuición materna de protección. Por eso es posible que la mujer se interese más por el color de la cocina, el estilo de las cortinas o la calidad de la alfombra. Los esposos necesitan abordar estas conversaciones dejando que la esposa tome las decisiones finales acerca del hogar. Después de todo ella pasa más tiempo allí, y además el hogar es más un reflejo de la esposa que del esposo.

En amor, los dos necesitan exponer con franqueza lo que piensan y sienten acerca del hogar y la vocación. Es decir, así como el esposo debe obligarse a sí mismo a interesarse más por los asuntos del hogar, así también la esposa debe obligarse a sí misma a mostrar más interés y conocimiento de la profesión de su esposo, ya sea que ella tenga o no una vocación fuera del hogar. Cuantos más campos de interés mutuo logre crear una pareja, más tiempo podrán pasar los dos hablando y compartiendo. Eso se llama establecer lazos. Las parejas que tienen lazos fuertes pueden hablar de todo.

Sí, la mayoría de los hombres son fanáticos de los deportes, pero insto a las esposas a que se les unan. Apréndase las reglas fundamentales del juego, haga preguntas que le den nueva información, y métase en el centro de atracción de su esposo. No diga: "No me gusta el fútbol." Más bien pregúntese: "¿Entiendo ese deporte?" Recuerde que lo que menos nos gusta en la vida es de lo que menos sabemos. Mi esposa aborrecía el fútbol americano, hasta que aprendió a entender la crucial jugada del "tercer *down*". Ahora, cada vez que podemos, invitamos a casa a nuestras amistades para que vean con nosotros el partido en la televisión; y entonces ella reclama: "Vas a tener que ayudarme a preparar los refrescos y saladitos para que yo también pueda ver el partido." Y claro, ayudé a preparar los refrescos para el campeonato *Super Bowl*, aunque ir al supermercado y picar verduras no son mis pasatiempos favoritos. Pero, con toda sinceridad, yo quiero que ella siga siendo aficionada de ese deporte. ¡Y además, la amo! Éste es nuestro lema para las preferencias deportivas del cónyuge: "Si no puedes curarlos, únetele."

Lo que los esposos objetan más de sus esposas

Las esposas no son las únicas que expresan quejas acerca de sus cónyuges; también los hombres manifiestan por igual su descontento. He aquí mi lista de objeciones fundamentales, en orden de prioridad.

1. Mi esposa tiene muy poco interés por las relaciones sexuales.

La queja más común se basa en la diferencia de frecuencia. En la mayoría de los matrimonios, el esposo espera hacer el amor con más frecuencia que la esposa. En lugar de preguntarles a los matrimonios con cuánta frecuencia les *gusta* hacer el amor, mi encuesta preguntaba: "¿Con cuánta frecuencia *hacen* el amor?" Como tenía a las parejas separadas por grupos de edad, en intervalos de diez años, me resultó curioso descubrir que las esposas, casi sin ninguna variación, indicaban que tenían relaciones sexuales con más frecuencia que lo que indicaban su esposo. ¿Por qué? Los esposos pasan más tiempo pensando en eso, y anhelándolo, que sus esposas. Como en general el impulso sexual es más fuerte en los hombres que en las mujeres, para ellos es más importante. Mi impresión no científica al analizar los resultados de mi estudio sugiere que, según su edad, la esposa cristiana promedio calificaría su vida sexual como muy satisfactoria si tiene relaciones sexuales entre una y cuatro veces por mes. La mayoría de los hombres preferirían entre una y cuatro veces por semana (según su edad, por supuesto).

En realidad, esta diferencia no siempre se debe al impulso sexual. Puede reflejar las serias diferencias que se mencionaron con anterioridad. Para un hombre, hacer el amor es una experiencia intensamente física. Para la mujer es principalmente una experiencia emocional. Cierto que para ella el orgasmo es satisfactorio (y necesario) en lo físico tanto como para el hombre; pero para alcanzarlo, debe dedicar un tiempo más largo al calentamiento previo y al enfriamiento posterior. A una mujer no le gusta sentirse "usada físicamente" para satisfacer el deseo del esposo. Las relaciones sexuales nunca deben ser algo que el hombre "le hace" a su esposa, sino una experiencia que los dos comparten juntos, y que les da el mayor placer que pueden disfrutar a lo largo de su vida. Es un regalo de Dios, que busca nuestro bien. Pero para que la relación sexual sea todo lo que debe ser, debemos abordarla sin egoísmo, buscando la satisfacción del cónyuge más que la propia. Donde haya dos cónyuges interesados de manera primordial en proveer satisfacción y placer el uno al otro, habrá dos personas que gozan de una vida sexual muy satisfactoria. Y cualquiera que sea la frecuencia, les dará mutua felicidad.

NOTA PARA LOS HOMBRES: Si tuviera que volver a escribir mi libro *El acto matrimonial*, añadiría que los esposos deben invertir entre cinco y diez minutos más en las caricias previas que llevan al acto sexual, y entre quince minutos y una hora en el tiempo posterior de estar juntos, siempre que se pueda. Por lo general, el hombre tiene que aprender el arte del enfriamiento, porque después de la eyaculación sus emociones descienden instantáneamente muy por debajo del punto de congelación. En cambio las de su esposa no; ella sigue disfrutando de la ternura y las caricias del arrullo posterior. Para ella eso es casi una gratificación como la explosión del orgasmo. El adaptarse al estado emocional de ella le ayudará al esposo a comunicarle que la ama a *ella*, y no sólo a su cuerpo. Para una mujer, eso es de enorme importancia.

2. Mi esposa es muy criticona.

Los hombres con frecuencia agregan: "Mi esposa es tan quisquillosa que está acabando conmigo." Como hemos visto, las personas de temperamento melancólico son más analíticas que otras; y las mujeres son más dadas a la crítica que los hombres, en términos generales. Tal vez eso esté conectado con su instinto maternal de cuidar a los pequeños, pero para un esposo es algo enloquecedor.

¡Las críticas de la esposa ahogan la conversación! Es común

que las esposas se quejen en mi consultorio de consejería: "Mi esposo nunca me habla de su trabajo, sus amigos, su vida, ¡de nada!" Pero se les olvida añadir que el esposo, por lo general, replica: "¿Para qué voy a conversar contigo? ¡Tú criticas todo lo que yo digo!" Y, reducida a los términos más simples, esa es la razón por la que dos enamorados dejan de hablar. Antes del matrimonio, los jóvenes enamorados pueden platicar interminablemente acerca de lo que sea, o acerca de nada. Pero después del matrimonio, las mujeres tienden a lanzar críticas contra la forma en que el esposo maneja, come, corta el césped, cuida su ropero, limpia su escritorio o cuida del garaje. La verdad es que a ninguno de nosotros le gustan las críticas, y menos nos gustan si vienen de la persona que amamos. Si la crítica se convierte en majadería o si llega al punto de quitarle al esposo su confianza en sí mismo, pronto él se negará a conversar.

Es sabia la mujer que nunca critica en una forma que rebaje a su esposo. Las sugerencias se pueden dar con buen tacto. Por lo general, a los hombres les gusta expresar sus ideas; no para recibir consejos o críticas, sino para aclarar las cosas. Las sugerencias útiles son beneficiosas, pero el hombre resiente la crítica. Cuando un hombre expone sus objetivos y sus planes, no quiere que se los claven en la pared como si fueran un blanco. Si su esposa comienza a disparar dardos, él pronto quitará el blanco. Me he dado cuenta de que, con regularidad, una mujer que le roba el esposo a otra es una mujer que no se pone a cortar en pedacitos los sueños y metas de ese hombre; es una mujer que sabe escuchar.

3. Mi esposa gasta demasiado dinero.

Sin duda habrá escuchado la vieja expresión: "Mi esposa y yo estamos haciendo una competencia de por vida, a ver si yo logro hacer dinero con más rapidez de lo que ella puede gastarlo. Por el momento, ella va ganando." Muchas parejas pelean por asuntos de dinero y de hábitos de gastar. El mejor remedio es establecer un presupuesto y acatarlo. Si bien el gasto deficitario puede ayudar temporalmente a la economía, le pone a la familia una carga innecesaria. Si los gastos excesivos son un problema, siéntense y hablen al respecto con toda franqueza.

Si es posible, en el presupuesto se debe asignar un monto para que tanto el esposo como la esposa lo gasten como les parezca, una suma por la que no tengan que dar cuentas. Fuera de eso, los dos deben mantenerse dentro de las cantidades presupuestadas. Cuando surge una crisis, deben hablar del asunto en un espíritu de oración y llegar a un entendimiento conjunto.

La tarjeta de crédito es un incentivo muy peligroso a los gastos excesivos. Si usted no puede controlarla, destrúyala. ¿Qué es lo que determina si está o no en control? En términos muy sencillos, si usted tiene que pagar intereses por el uso de la tarjeta, necesitará ejercer la "administración tijeras". La mayoría de las compañías de tarjetas de crédito ofrecen el uso gratuito de la tarjeta durante los primeros treinta días, y ganan su dinero en base a un pequeño porcentaje que le cobran al comerciante. El detallista está dispuesto a pagar ese porcentaje porque le aporta ingresos instantáneos, y él sabe que habrá más personas que comprarán si pueden usar tarjeta de crédito. Pero después de los treinta días, comienzan los problemas para el cliente. Al estado de cuenta se le añade una tasa de interés exorbitante, que debería ser declarada ilegal, y muchas personas comienzan a quedarse atrás y sin esperanza. No permita que le pase eso. Las presiones económicas le ponen presiones innecesarias al matrimonio, impidiendo la adaptación y ocasionando conflictos sin sentido.

4. Mi esposa es demasiado malhumorada y emotiva.

Si se mide con criterios masculinos, el esposo podrá tener razón; pero es que las mujeres no son hombres. Son criaturas especiales de Dios que, en términos generales, son más emotivas que sus compañeros. Eso no las hace inferiores; sólo diferentes. Es feliz la mujer que se casa con un hombre maduro y considerado que está consciente de que cada veintiocho días, sin ninguna culpa de su parte (y para que puedan compartir algún día el concebir hijos), ella va a experimentar un tremendo cambio emocional. Su nuevo estado de ánimo podrá durar de dos a diez días. Si bien el dar a luz hijos puede aminorar el dolor físico, no siempre disminuye la severidad ni la extensión de esos estados de mal humor. El hombre debe aprender a vivir con esas alteraciones emocionales; primero marcándolas en su calendario a fin de preverlas, y luego mostrándose lo más amoroso y comprensivo posible, dispuesto a compartir las temporadas de dolor de ella así como sus tiempos de primavera y de verano.

La prueba de que las mujeres son más emotivas que los hombres (por si usted necesita pruebas) aparece en un estudio de tres años, publicado en diciembre de 1990 por la Asociación Psicológica Americana.

> . . . Las mujeres tienen el doble de probabilidad que los hombres de padecer depresiones muy fuertes . . . las cuales afligen a cerca de siete millones de mujeres estadounidenses, provocan anualmente treinta mil suicidios y le cuestan a la sociedad una suma que se estima en dieciséis mil millones de dólares al año, según informaron los investigadores. Durante cierto tiempo se ha sabido que este mal ataca a las mujeres de modo desproporcionado . . . las pruebas recogidas por los investigadores sugieren que las diferencias sexuales en cuanto a la frecuencia de la depresión son reales, y que los problemas particulares que las mujeres encuentran han sido poco apreciados por la profesión médica . . .
>
> El principal hallazgo del equipo de trabajo es que no hay un único factor que sea responsable por los índices dramáticamente más altos de depresión fuerte entre las mujeres. El informe dice que la diferencia tampoco se debe por completo a simples diferencias biológicas entre hombres y mujeres. En efecto, se halló que la menstruación, el embarazo, el aborto y la menopausia sólo se asociaban de manera moderada con la angustia emocional severa.
>
> En cambio la esterilidad sí era un gran factor de riesgo; en cierto estudio el cuarenta por ciento de las mujeres narraron que su incapacidad de concebir era "la experiencia más difícil de su vida".
>
> Otros factores de riesgo para las mujeres, identificados por el informe, son:
>
> *Estilos cognoscitivos y de personalidad.* Las mujeres son más propensas a patrones de conducta esquivos, pasivos y dependientes, y a procesos de pensamiento pesimistas y negativos; y tienen más probabilidad que los hombres de concentrarse en sentimientos depresivos en vez de desarrollar "estrategias de acción y dominio".

> *El matrimonio y los hijos.* Las mujeres casadas tienen tres veces más probabilidad que los hombres casados o que las mujeres solteras de estar deprimidas en un matrimonio infeliz, y en ellas la vulnerabilidad a la depresión aumenta al aumentar el número de hijos y conforme menor sea la edad de los hijos. Las mujeres que tienen más niños y más pequeños, tienden a deprimirse más que las que tienen menos hijos y más mayores.
>
> *El abuso sexual y físico.* Nuevas pruebas sugieren que el abuso contra las mujeres puede ser más frecuente de lo que antes se pensaba, y por lo tanto es posible que desempeñe en la promoción de la depresión, un papel que hasta ahora se había apreciado poco.[1]

El texto que acabamos de citar sugiere que los virajes mensuales del estado de ánimo no hacen que las mujeres sean más dotadas emocionalmente que los hombres, pero la mayoría de las mujeres — en especial las melancólicas, las sanguíneas y las flemáticas — son más expresivas en sus emociones que los hombres. Es una señal de profundidad emocional. En verdad es apropiado "llorar con los que lloran", y hasta Jesucristo lloró. De modo que a una esposa nunca hay que reprocharle el que muestre sus emociones; ni tampoco hay que criticarla sin razón si se siente demasiado consciente de sí misma. A veces una mujer entra a la edad adulta con falsos sentimientos de inferioridad, porque sus hermanos — o quizás un padre que ignoraba sus necesidades — la provocaban sin piedad. El solo hecho de que los acontecimientos que hacen que un varón pelee hacen que una niña o mujer llore, no quiere decir que la condición emocional de ella sea inestable. Eso sencillamente indica que ella es una mujer normal, y que hay que tratarla como tal.

No acostumbro llorar, aunque muchas veces habría deseado hacerlo. Parece que mis conductos lagrimales se secaron cuando tenía doce años, poco después de morir mi padre, y desde entonces nunca he llorado. Pero admiro a los que pueden mostrar sus verdaderos sentimientos de compasión por los

---

1 Malcolm Gladwell, "Women and Depression: Culture Called a Key Factor", periódico *The Washington Post*, 6 de diciembre de 1990, p. A1.

demás. Nosotros, los que padecemos de rigidez emocional, sencillamente canalizamos nuestras emociones en forma de urticaria; o si no, apartamos nuestro cobarde corazón de las personas que están sufriendo emocionalmente. A veces la única demostración de apoyo que en realidad transmite cuidado a las personas es la expresión emocional.

Una última palabra de consejo al hombre cuya mujer es muy expresiva emocionalmente: Déle gracias a Dios, protéjala cuando está sensible emocionalmente, trate de no ser la causa de su sufrimiento emocional, y nunca se ría de sus lágrimas. La mujer que puede derramar lágrimas con libertad por lo general se sentirá libre para expresar todo tipo de emociones . . . incluso algunas sin las cuales usted no podría vivir.

Otros aspectos donde hay diferencia

Todo hombre ha exclamado alguna vez: "¡Nunca podré comprender a las mujeres!" Y es porque piensa según su vocación de proveedor asignado por Dios, mientras que ella reacciona como la encargada de hacer el "nido" o atender el hogar, ya que Dios le ha asignado la tarea de la maternidad. Por consiguiente ella posee la intuición y los instintos necesarios para realizar bien su cometido. Y la lista continúa.

Si añadimos las diferencias de temperamento, más las tradiciones y la formación que ambos han recibido (buena o mala) cuando iban creciendo, más el amor de sus padres (o la ausencia de ese amor) que se derramó sobre ellos, más sus experiencias de la vida, y sobre todo sus motivos espirituales y su auténtico compromiso con la voluntad de Dios, la suma total explicará por qué dos personas pueden amarse una a la otra y aun así ser tan diferentes.

De manera que las personas que están casadas deben admitir lo siguiente: 1) Es normal ser diferentes; 2) El vivir en un mundo de contrastes no es malo por completo, ya que garantiza la variedad; 3) Hay que admitir que las diferencias producen conflicto; 4) Esas diferencias no tienen por qué matar a ningún matrimonio, por graves que sean; 5) Con la ayuda de Dios, dos personas que son diferentes pero complementarias pueden aprender a vivir felices el resto de su vida . . . si quieren.

Segunda parte

Cómo adaptarse al cónyuge de temperamento opuesto

El arte de la adaptación

Ahora que sabemos que los opuestos se atraen entre sí a causa de la buena impresión que causan sus diversas fortalezas, es hora de examinar por qué esos mismos opuestos suelen repelerse el uno al otro después del matrimonio, y qué es lo que pueden hacer respecto a ese problema.

Para este momento ya usted debe estar consciente de que nadie posee un cien por ciento de fortalezas. Eso reflejaría el hombre perfecto o la mujer perfecta, y la Biblia dice con claridad: "No hay quien haga lo bueno, no hay ni siquiera uno." También dice: "Todos pecaron, y están destituidos de la gloria de Dios." Por naturaleza todos somos una combinación tanto de fortalezas como de debilidades y, como hemos visto, son nuestras debilidades las que nos meten en problemas. Las debilidades opuestas de una pareja pueden incluso hacer que se les acabe el amor.

Hay dos razones para ello: 1) Las debilidades opuestas crean choques, desde choques de personalidad hasta conflictos de voluntad, ambición, deseo e impulso; 2) Es difícil aceptar las debilidades de otra persona cuando coinciden con lo que para uno es un aspecto de fortaleza. Si ambos cónyuges tienen debilidades en los mismos aspectos, por lo general, les resulta fácil aceptar y comprender esas debilidades. Pero cuando uno de ellos es débil allí donde el otro es fuerte, es posible que el "fuerte como una torre" desprecie al "pobre debilucho" y hasta adopte una actitud despectiva porque su cónyuge cede a esas debilidades.

El verdadero amor, como veremos, no es condicional. Es decir, no promete: "Mientras seas perfecto, te amaré." Más bien el verdadero amor no es afectado por la conducta del cónyuge; soporta, sin que importe el trato positivo o negativo.

Aun así, la adaptación a un cónyuge opuesto no es automática; es un arte. Los capítulos que siguen están dedicados a ayudarle a desarrollar ese arte.

El primer paso gigantesco en la adaptación matrimonial

Hacia el final de un interesante programa de Phil Donahue acerca de la crisis de los matrimonios, él recibió la indicación de que sólo le quedaban treinta segundos del programa. Se volvió hacia mí y me preguntó:

— Doctor LaHaye, ¿pudiera usted resumir en una palabra la principal causa del divorcio en nuestros días?

— Sí — dije —. Lo resumo en una palabra: ¡EGOÍSMO!

— Pero ¿no es cierto que toda persona es egoísta en alguna medida? — preguntó.

Me pareció que esa fue una de las observaciones más perceptivas de Donahue, ya que en efecto toda las personas son egoístas en alguna medida, según su temperamento y la formación recibida en la infancia. Y la medida en que una persona logre superar ese problema, determina el éxito y felicidad de su matrimonio. Hay personas que escogen su cónyuge con todas las razones equivocadas e introducen en la nueva unión sus planes egoístas, destruyendo las destrezas interpersonales y borrando muy pronto todo sentimiento de amor.

Es casi imposible, para la capacidad humana, el amar a una persona que es compulsivamente egoísta. En mi trato con personas que se han divorciado tres y cuatro veces, he notado que son personas muy egoístas; después de una experiencia desastrosa viene otra, y todas esas experiencias se le echan en cara a la otra persona. Esas personas parecen incapaces de reconocer que la culpa la tiene su egoísmo. Cierta famosa estrella de Hollywood, cuyo rostro y opiniones salen de manera continua en la prensa, ha estado casada ocho veces. En la actualidad está viviendo con un hombre que es mucho menor que ella. Ella declaró no hace mucho que no se volvería a casar por lo inestables que eran las relaciones interpersonales. Al parecer todavía no se le ha ocurrido pensar que el verdadero problema pueda ser su propio egoísmo.

Toda persona es un poco egoísta

Hasta cierto punto, Donahue tenía razón: Casi toda persona se prefiere a sí misma antes que a los demás. El egoísmo es inducido por nuestro temperamento; luego es aumentado o disminuido según la educación de la infancia, el amor (o la ausencia de él), las experiencias de la juventud, los estudios y otros factores. Cada temperamento tiene su propio modo de expresarlo, pero todos tienen el problema hasta cierto punto. Con frecuencia consideramos que una persona que ha sido criada como hijo único es más egoísta y presenta mayores riesgos para el matrimonio, porque no ha aprendido a compartir con otros niños durante sus años de maduración. Eso puede explicar por qué los hijos de familias más numerosas suelen presentar un menor índice de divorcios que los que han sido hijos únicos.

No hay nada más destructivo para un matrimonio que el egoísmo. "¡Yo insisto en que las cosas se hagan a mi manera!" "¡Yo quiero decir la última palabra!" "¡Yo puedo gastar nuestra dinero como me dé la gana!" "¡Pero yo quería que este verano pasáramos las vacaciones en la montaña!" Cuando el "yo" predomina, la persona casada se ciega. Las personas egoístas son rígidas e intolerantes respecto a los deseos de los demás, y son insensibles a las necesidades o sentimientos de la otra persona.

El diagrama de la página siguiente muestra los diversos grados de egoísmo.

Según ese diagrama, algunas personas son más egocéntricas que otras. Por eso unos cuantos no cristianos logran vivir un matrimonio feliz sin la ayuda de Dios. Parece que les ha tocado la suerte en el proceso de selección, al encontrar un cónyuge que sólo sea egoísta en un grado normal; por consiguiente es posible que los dos se adapten de forma adecuada el uno al otro. Pero la persona egoísta de manera compulsiva, por la razón que sea, es siempre un riesgo para el matrimonio. Con toda franqueza, no conozco ningún poder en la tierra que pueda transformar a una persona egoísta en un individuo amoroso, compasivo, consciente de los demás, excepto una auténtica experiencia de conversión; e incluso en ese caso es necesario que uno coopere con el Espíritu de Dios para recibir y desarrollar el espíritu de desprendimiento que sólo Dios puede proveer.

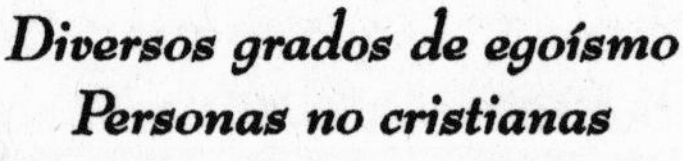

Diversos grados de egoísmo
Personas no cristianas

¿Qué es el egoísmo?

La persona egoísta piensa en sí misma en primer lugar, en último lugar, y siempre. Esa actitud se manifiesta con especial claridad en su conversación y su conducta, de manera particular en su hogar, terreno central de la vida. También puede revelarse en la propia vida de trabajo y de descanso, dañando todas las relaciones interpersonales. En resumen, el egoísmo es la antítesis del amor.

Los niños son el epítome del egoísmo. Cuando llegan a la casa procedentes del hospital donde nacieron, nunca se les ocurre concertar una cita con mamá para su alimentación de la primera noche. Más bien esperan hasta que ella esté profundamente dormida, todavía agotada por el parto, y luego desgarran el silencio de la noche con un alarido para pedir que se les alimente . . . y no dentro de diez minutos, sino en ese mismo instante.

Eso lo comprendemos y lo aceptamos . . . en los niños. Pero cuando la misma persona tiene veintiún años y todavía sigue exigiendo que sus necesidades y deseos le sean satisfechos de inmediato, lo calificamos de egoísta. Las personas así siempre son un riesgo para el matrimonio. Cualquier persona que esté considerando la posibilidad de casarse debe examinar con cuidado la forma en que su posible cónyuge trata a los demás, en especial a los miembros de la familia, ya que la consideración para con las demás personas resulta un indicador significativo de la futura armonía matrimonial.

Con frecuencia se me pregunta: "¿Qué edad hay que tener para casarse?" La respuesta no tiene nada que ver con la edad. Una persona de dieciocho o veinte años puede estar madura lo suficiente como para casarse, y he conocido personas de más de ochenta que eran demasiado inmaduras (o egoístas) como para casarse. Uno no tiene la edad correcta para el matrimonio sino hasta que sea lo suficiente altruista como para pensar más en las necesidades y deseos de otra persona que en los propios. Esas personas rara vez se divorcian y, por lo general, gozan de un matrimonio feliz, sin que importen los contrastes de temperamento u otras diferencias que puedan existir entre ellos. Los conflictos en cuestión de gustos y de actitudes no destruyen la armonía matrimonial. En cambio, las expresiones de egoísmo resultan fatales.

¿Cuál es la causa del egoísmo?

La primera causa que contribuye al egoísmo brota del banco de genes de nuestros padres, en la forma del temperamento: Es parte inevitable de la naturaleza adámica resultante de la caída original. La forma en que nuestros padres nos hayan amado y disciplinado (o hayan fallado en hacerlo) en nuestros primeros años tendrá un efecto profundo sobre el grado de egoísmo generado por el temperamento. Así, dos personas de idéntico temperamento pueden reflejar diversos grados de egoísmo cuando crecen. Debemos recordar que la conducta depende de muchas cosas, entre ellas el temperamento, la crianza de la infancia y el amor, la experiencia de la vida, y la madurez espiritual.

Los sanguíneos son egoístas de nacimiento. Nunca les pasa por la mente la idea de que no todos los quieren. Les gusta ser el centro de atracción, y cautivan a los demás con su interminable conversación. Pero si uno los oye hablar por un buen rato, descubrirá que la persona favorita de ellos son ellos mismos. La mayor parte de lo que dicen gira en torno a sus propios intereses y deseos. Los impulsa la necesidad de ganarse la aprobación de los demás. Incluso cuando quebrantan sus votos matrimoniales, la indulgencia consigo mismos nunca los mueve a considerar el trauma que ha experimentado su cónyuge, sino hasta que ya es demasiado tarde. Los sanguíneos altruistas son poco comunes. Sólo una vida llena del Espíritu puede modificar este temperamento.

Los coléricos son propensos al egoísmo compulsivo. Saben que tienen razón (aun cuando no la tengan) y nunca titubean en imponerles su voluntad a los demás. Ya que tienen poca necesidad de ser aprobados por los demás, en realidad no les importa lo exigentes o antipáticos que resulten. Insensibles a sus amigos y compañeros, rara vez tratarán de esconder su egoísmo. Una de las razones por las que tienen tan pocos amigos duraderos es lo muy egocéntricos e irracionalmente exigentes que son con respecto a todos sus conocidos.

Los melancólicos, con frecuencia absortos en sí mismos, suelen casarse para dejar que otra persona les llene sus necesidades (verdaderas o imaginarias); debemos admitir que eso nadie puede hacerlo, y por lo tanto se sumen en la infelicidad poco después de su boda. Desde luego, no eran en realidad felices *antes* de la boda. Cualquier médico podrá informar que entre sus pacientes hay más melancólicos que personas de otros temperamentos. En el instante en que sienten un dolor, todos sus pensamientos se vuelven hacia adentro. El mundo debe detenerse hasta que se alivie su malestar; pero, por lo general, encuentran otras penas mientras van de camino a resolver la primera.

En casos extremos se sabe que adoptan la posición fetal, con lo cual reflejan su deseo de regresar a la única época de su vida en que se sentían seguros y en que otra persona satisfacía todas sus necesidades. Es difícil convivir con estas personas, a menos que aprendan a ser “conscientes de los demás”. Interpretan a su modo todo lo que uno diga, y suponen que uno las está atacando o criticando, cuando en realidad uno tal vez ni siquiera está pensando en ellas. Pero no admiten eso y pueden hasta considerarlo una ofensa. Es casi imposible complacerlos. ¡Por fortuna el Espíritu de Dios puede ayudar a superar el egoísmo del melancólico!

Los flemáticos son, por lo general, cónyuges agradables por ser tan simpáticos, gentiles y diplomáticos; no tienden a expresar con libertad sus impulsos egoístas. Ya que son introvertidos por naturaleza, temen a las consecuencias que se derivarían si expresaran en palabras o en acciones sus deseos egoístas. Donde con más facilidad se percibe su egoísmo es en su modo de manejar el dinero y en sus amplias tácticas de autoprotección. Buscan refugio a toda costa, y rara vez manifiestan temores o vacilaciones. Por eso casi nunca aceptan oportunidades de hacerse ver en público. Preferirían dejar de usar su talento antes que correr el riesgo de hacer el ridículo o pasar vergüenza, y con frecuencia limitan a su familia y a su cónyuge al impedir que se comprometan en actividades o negocios valiosos, debido a su obsesión por la autoprotección. Su actitud llevadera hace que sea más fácil vivir con un flemático que con otros tipos de personas, pero tanto él como su cónyuge vivirían mucho más felices si permitieran que el Espíritu de Dios venciera ese egoísmo.

El psicólogo cristiano David Field, en su libro *Marriage Personalities* [Personalidades en el matrimonio], presenta dos causas principales del egoísmo: 1) La egolatría, y 2) la baja autoestima. Él asegura que ambas cosas son "un grave problema en muchos matrimonios".

Explica Field que las personas ególatras son narcisistas, y procuran atraer hacia sí mismas una cantidad excesiva de atención. A menudo menosprecian a los demás, para intentar hacerse promoción a sí mismos. "Insisten en que su punto de vista es siempre el correcto."[1]

> Los ególatras la pasan mal en el matrimonio. Sus intereses tienden a centrarse en actividades externas, tales como el trabajo y los pasatiempos, en vez de centrarse en el hogar. Esto no significa que no les importe el matrimonio,

---

1 David Field, *Marriage Personalities* (Eugene, Oregón: Harvest House), 1986, p. 128.

> sino más bien que sacan más satisfacción de sus propios logros que de su relación con los demás.
>
> El ejemplo más evidente de egolatría es Don Macho en el matrimonio machista. La mayoría de los matrimonios activo-resistente tienen también un cónyuge ególatra en el papel de resistente. A veces les he dicho a los cónyuges ególatras que ellos se parecen mucho a una piedra en la licuadora. Para ellos, cualquier persona que no encaje bien con sus planes es fuente de irritación.
>
> El ególatra tiene varios temores que influyen en su falta de confianza en los demás. Teme no ser tan significativo como quisiera ser. Teme no ser tan independiente como quisiera ser. Y le teme muchísimo a la posibilidad de ser dominado por otras personas. Para él, el ser susceptible a otras personas es ser dominado por ellas. Teme que su vulnerabilidad sea usada en contra suya, y por eso se resiste a la cercanía aun cuando, en muchos casos, en realidad la desea. No puede imaginarse el comunicarle a otra persona su futuro, sus sentimientos, sus pensamientos y sus metas. Aunque sus temores sean infundados, es muy difícil convencerlo de ello. La única persona en quien a fin de cuentas confía es en él mismo.[1]

El doctor Field dice que los responsables del problema de la baja autoestima son los padres que esperan demasiado de sus hijos, y que por esta razón los hacen parecer ineptos o poco valiosos. Ese tipo de ideas, si se siembran en la niñez, pueden con frecuencia extenderse hacia la edad adulta. Al disciplinar a los niños, los padres deben comunicar con claridad que no están objetando *al niño como un todo* sino una conducta específica y objetable por la cual se debe administrar corrección. Un padre o madre puede ocasionar daños irreparables cuando se lleva las manos a la cabeza y gime: "¡Pedrito! ¿qué voy a hacer contigo? ¿Nunca puedes hacer nada como se debe?" ¿Qué niño se va a poner a discutir con su padre o su madre? Si papá lo considera un imbécil, seguirá siendo imbécil hasta que sea adulto, en particular si es un melancólico. Las exigencias

---

1 Ibíd., p. 128.

irrazonables que se hacen a los niños durante sus años de maduración pueden ser devastadoras para su imagen propia. Advierte Field: "Todavía cuando sea adulto, esto puede tener un efecto negativo bien definido sobre su matrimonio."[1]

> Cuando sospecho de la existencia de este problema, le pido a la persona que me diga qué le gusta de sí misma. Por lo general, el individuo se siente muy incómodo; le resultaría mucho más sencillo si pudiera decirme lo que *no* le gusta. Su dignidad y valor no se basan en el valor personal interno, sino en su rendimiento externo. Tal vez en realidad tenga mucho éxito en los negocios o los deportes, pero eso no basta. Siente que tiene que ser perfecto para compensar sus defectos que siente por dentro.
>
> Una mujer con una baja imagen propia suele abordar el matrimonio sobre la base de lo que puede obtener, y no según lo que ella quiere. Ella no cree que pueda atraer al individuo que puede hacer realidad sus sueños, de manera que se contenta con un término medio. Después de todo, si no se siente bien consigo misma, ¿por qué otra persona va a sentirse bien con ella? Si la baja autoestima es aguda, es incluso posible que piense que no merece ser feliz o tener éxito. Entonces puede resultarle muy incómodo permitir que otras personas la amen, porque ella no se ama a sí misma.[2]

Un ejemplo clásico de esto lo encontré en una ciudad del sur de los Estados Unidos. Sentada frente a mí estaba una "belleza sureña" muy hermosa, de algo más de cuarenta años. Después de una breve conversación preguntó con suavidad: "¿Pudiera decirme por qué estoy empezando a tener tantas sospechas acerca de mi esposo?" Ella hacía veinticinco años que estaba casada con el apuesto gigante sentado junto a ella, y lo amaba mucho. Lo típico era (según la descripción de ella) que él se mantuviera ocupado hablando con la mujer del otro lado de él. Entonces ella reveló este importante dato: "Mi esposo asegura que nunca me ha sido infiel, pero él es muy atractivo para el

1 Ibíd., p. 131.
2 Ibíd., p. 131.

sexo opuesto, y temo que alguna mujer se lo robe." Yo le pregunté ingenuamente qué estaba haciendo ella al respecto. Con un leve sonrojo, replicó: "Lo seduzco todas las mañanas antes que se vaya al trabajo."

Poniendo la cara más objetiva que pude, pregunté cómo reaccionaba él. Ella frunció el ceño y murmuró: "Eso es lo que me molesta. Está empezando a esquivarme, lo cual no hace sino acentuar mis temores de que tal vez ha encontrado a otra." Calculando que él andaría cerca por los cincuenta años, le aconsejé: "Es posible que ese no sea el problema en lo absoluto. El hacer el amor es algo que entusiasma a un hombre de la edad de él, pero hacerlo seis o siete días por semana puede resultar demasiado, incluso para el hombre más vigoroso." Por increíble que parezca, ella nunca había considerado esa posibilidad. Claro que no. Estaba demasiado centrada en sí misma como para pensar en él. Su actitud seductora, que la mayoría de los esposos acogerían con gusto dos o tres veces por semana, estaba inspirada no por el amor de entrega (*ágape*) sino por el amor a sí misma.

El egoísmo equivale a falta de amor

Sin duda aquella "belleza sureña" amaba a su esposo, pero no tanto como se amaba a sí misma. Le encantaba ser conocida como esposa de él, exhibir la buena apariencia de su esposo, y ser tratada como "toda una dama". Pero es de lamentar, que lo quería a él por las razones equivocadas. Él existía como cónyuge para dar sentido a la vida de ella. Las necesidades de él venían en segundo o en tercer lugar . . . o no se consideraban en absoluto.

Dice la Biblia: "Nada hagáis por contienda o por vanagloria; antes bien con humildad, estimando cada uno a los demás como superiores a él mismo; no mirando cada uno por lo suyo propio, sino cada cual también por lo de los otros" (Filipenses 2:3,4). El verdadero amor es un sentimiento de entrega, de acción, de compartir, que procura ante todo beneficiar a otra persona, y no obtener ventajas para sí. Una de las razones por las que disfruto tanto de la Navidad es porque me da la oportunidad de ver a mis hijos casados escoger regalos para sus cónyuges.

Aunque dos de ellos trabajan en ministerios cristianos y viven con un presupuesto muy limitado, cada año expresan su amor ahorrando durante meses antes de la festividad, a fin de presentar un regalo abundante en amor. Un objeto que produzca agrado vale cualquier precio. El amor sencillamente no puede esperar para entregarse.

El diagrama de la siguiente página se basa en la descripción más magnífica del amor que existe en todo el mundo: 1 Corintios 13:4-7. Tome nota de esas palabras, y examine el contraste entre ellas y el egoísmo.

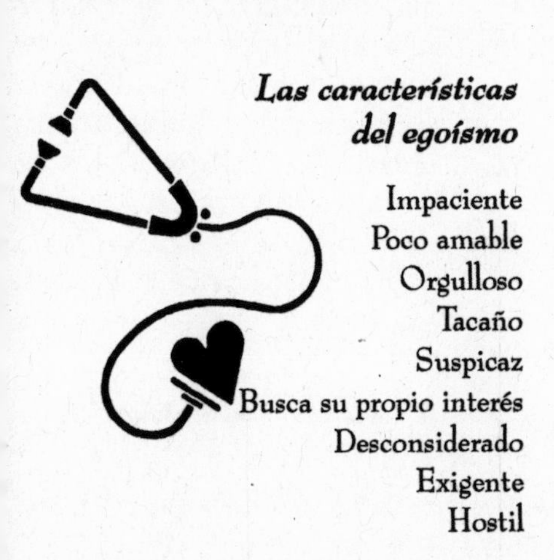

Contraste entre el amor y el egoísmo

En miles de personas que han buscado mi consejo he presenciado sufrimientos que se infligen a sí mismas. Cierto juez muy experimentado me dijo que la mayoría de las personas a quienes él les concedía el divorcio habrían podido evitar la discordia matrimonial si no hubieran sido tan egoístas. Recordemos que el egocentrismo es una actitud de la mente; y, como el amor, es un sentimiento. Ninguna de las dos puede verse, pero ambas se demuestran mediante nuestras acciones. El diagrama que sigue se explica por sí mismo:

Cómo superar el egoísmo

El darse demasiada importancia a uno mismo es cosa que se puede superar y puede ser reemplazada por el amor; pero sólo con la ayu-

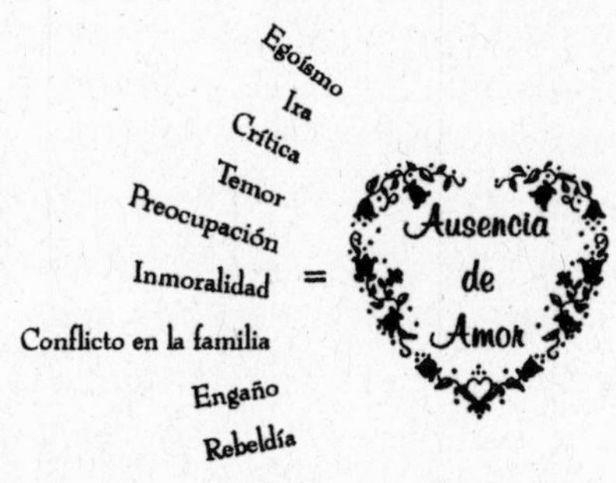

Las características del amor

Sufrido
Benigno
Sincero
Generoso
Humilde
Cortés
Confiado
Bondadoso
Desinteresado

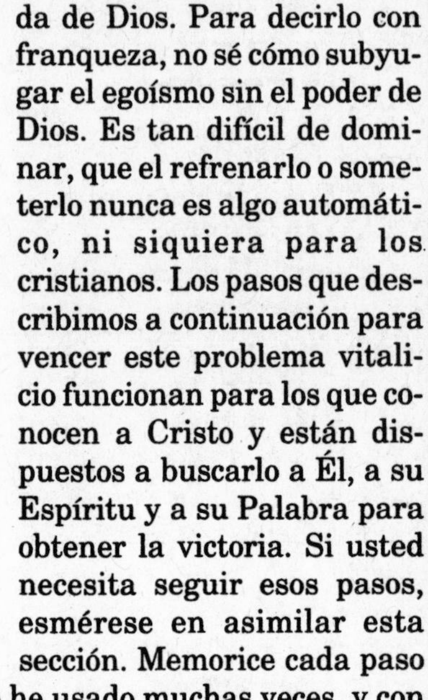
da de Dios. Para decirlo con franqueza, no sé cómo subyugar el egoísmo sin el poder de Dios. Es tan difícil de dominar, que el refrenarlo o someterlo nunca es algo automático, ni siquiera para los cristianos. Los pasos que describimos a continuación para vencer este problema vitalicio funcionan para los que conocen a Cristo y están dispuestos a buscarlo a Él, a su Espíritu y a su Palabra para obtener la victoria. Si usted necesita seguir esos pasos, esmérese en asimilar esta sección. Memorice cada paso y úselo cada día. Este método lo he usado muchas veces, y con éxito, en el consultorio de consejería.

1. *¡Enfrente y confiese como pecado todo pensamiento o acción egoísta!*

> *Si confesamos nuestros pecados, él es fiel y justo para perdonar nuestros pecados, y limpiarnos de toda maldad.*
>
> I Juan 1:9

Este primer paso es como una valla gigantesca; hay que saltarla o nunca terminaremos la carrera. La persona que pone excusas o trata de justificar su egoísmo será esclavo de ese hábito para siempre. El decir que la culpa de nuestro egoísmo la tiene el temperamento o el haber sido criado como hijo único es cosa que no funcionará. Como cualquier otro hábito de pecado, el egoísmo debe ser enfrentado con realismo como pecado.

2. *Pídale a Dios en oración que le quite este terrible hábito y que llene su vida con el Espíritu Santo.*

> *Y esta es la confianza que tenemos en él, que si pedimos alguna cosa conforme a su voluntad, él nos*

> *oye. Y si sabemos que él nos oye en cualquiera cosa que le pidamos, sabemos que tenemos las peticiones que le hayamos hecho.*
>
> I Juan 5:14,15

Este versículo garantiza que cada vez que le pidamos a Dios algo que esté dentro de su voluntad específica, Él lo hará. Sabemos que es voluntad de Dios el que superemos nuestra tendencia natural hacia el egoísmo. Por lo tanto, cuando le pidamos con sinceridad que ahogue este hábito, podemos tener la seguridad de que lo hará.

El egoísmo es una actitud de la vida que se convierte en hábito vitalicio, y en algunas personas es una compulsión. Se puede romper, pero no sin esfuerzo. Como lo enseña el versículo citado, si le pedimos a Dios que realice su voluntad en nuestra vida, podemos estar seguros de que lo hará así. La Biblia es clara: Dios definitivamente se propone que superemos el hábito vitalicio del egoísmo. Pero el pedírselo una sola vez no va a suprimir una actitud mental tan arraigada. Hay que ser persistente en pedirle a Dios, después de cada vez que uno lo confiesa, que quite ese hábito. Poco a poco, el amor del Espíritu Santo y el estudio fiel de su Palabra lo irán venciendo.

3. Sustituya el egoísmo por un servicio generoso a los demás.

> *Someteos unos a otros en el temor de Dios.*
>
> Efesios 5:21

Una prueba de una vida llena del Espíritu es un espíritu sumiso. El egoísmo busca su propio interés, mientras que una persona con espíritu sumiso procurará servir a los demás. Cada vez que sea posible, trate de sustituir todo pensamiento o acción egoísta por una conducta considerada y generosa, dirigiendo su actitud hacia afuera en vez de hacia adentro.

4. Practique el dar con generosidad.

> *Mas cuando tú des limosna, no sepa tu izquierda lo que hace tu derecha, para que sea tu limosna en secreto; y tu Padre que ve en lo secreto te recompensará en público.*
>
> Mateo 6:3,4

Las personas egoístas siempre tienen un problema a la hora de dar, ya sea a Dios o a los hombres. Comience por dar el diezmo a su iglesia local, y luego, según sus posibilidades, dé sumas adicionales a otros ministerios dignos de su apoyo. Dios no sólo lo bendecirá a usted económicamente, como lo ha prometido a los que lo honran con "sus primicias", sino que también se le irá haciendo cada vez más fácil el contribuir para el bien de otras personas.

Cierto hombre egoísta a quien le di consejo todavía poseía un tren eléctrico de juguete de cuando era niño. Después que Dios lo convenció de su egoísmo, descubrió un niño en un hogar pobre que repetidas veces había pedido un pequeño tren de juguete. No sé quién fue el que más disfrutó la experiencia cuando ese tren viejo y sin uso cambió de dueño: el hombre o el niño con su "tren nuevo". No mucho tiempo después, mi amigo me llamó y me preguntó si conocía alguna familia que necesitara un auto. Había decidido que su auto en excelente estado, que había pensado entregar como pago inicial para comprarse otro, pudiera ser apreciado por una familia necesitada. Por lo visto estaba captando el mensaje. Poco tiempo después, su esposa se me acercó al final del culto y me dijo: "¡No sé qué fue lo que le hizo a mi esposo, pero es un hombre diferente!" Yo sencillamente lo había desafiado a que fuera uno que da en vez de uno que recibe. Él aceptó el desafío, y hoy él y su esposa han descubierto, tal como lo prometió nuestro Señor, que "más bienaventurado es dar que recibir".

5. Dé amor cada día a su cónyuge y a sus hijos.

> *Y sobre todas estas cosas vestíos de amor, que es el vínculo perfecto.*
>
> Colosenses 3:14

El egoísmo no desaparecerá por completo hasta que usted haya aprendido a expresar amor. Tenga presente que, así como el egoísmo produce más egoísmo, así el amor genera amor. Tome la resolución de que, con la ayuda de Dios, se convertirá en un dador, comenzando por su propia familia. Llene su hogar con elogios, muestras de cortesía, regalos y amabilidad sin límites. Eso enriquecerá su propia vida y creará una atmósfera de amor que llenará todos los rincones de su hogar.

6. *Apréndase de memoria Filipenses 2:3,4 e incorpore esa verdad a su modo de vida.*

> *Nada hagáis por contienda o por vanagloria; antes bien con humildad, estimando cada uno a los demás como superiores a él mismo; no mirando cada uno por lo suyo propio, sino cada cual también por lo de los otros.*

El salmista nos reta a esconder la Palabra de Dios en nuestro corazón, para que no pequemos contra Él. Las personas egoístas pecan a causa de una actitud mental egocéntrica. Sustituya eso con la actitud que el Espíritu Santo nos amonesta a mantener en Filipenses 2:3,4. El aprenderse de memoria estos versículos de la Escritura y el repetirlos cada día en oración ayudará a establecer una "conciencia de los demás" que desplace su antiguo patrón de conducta.

7. *Entréguese a Dios para ayudar a los demás.*

> *Así también vosotros consideraos muertos al pecado, pero vivos para Dios en Cristo Jesús, Señor nuestro. No reine, pues, el pecado en vuestro cuerpo mortal, de modo que lo obedezcáis en sus concupiscencias; ni tampoco presentéis vuestros miembros al pecado como instrumentos de iniquidad, sino presentaos vosotros mismos a Dios como vivos de entre los muertos, y vuestros miembros a Dios como instrumentos de justicia.*
>
> Romanos 6:11-13

Las personas más felices del mundo son las que ayudan a otras personas. Los más desdichados son los egoístas. Entréguese a servir a las criaturas vivientes que Dios más ama: los seres humanos. Con ese empeño no sólo le agradará a Dios, sino que también ayudará a sostener a otras personas, y en ese proceso adquirirá una sensación de realización personal que no se puede obtener en ningún otro nivel.

8. Practique la amabilidad con las personas con quienes se relacione.

> *Antes sed benignos unos con otros, misericordiosos, perdonándoos unos a otros, como Dios también os perdonó a vosotros en Cristo.*
>
> Efesios 4:32

Hoy día las personas andan sedientas de amabilidad. Redoble sus esfuerzos por ser considerado, y comience en su propio hogar. Tal vez al principio tenga que practicar esta forma de reaccionar de un modo consciente cuando se cruza con otros, pero con la ayuda de Dios podrá desarrollarla hasta que sea un modo de vida. El espíritu de amistad siempre genera una sonrisa amistosa, un cálido abrazo y acciones de bondad.

9. ¡Lea la Palabra todos los días!

Todos los cristianos se benefician de una lectura diaria y constante de la Palabra de Dios. Todos necesitamos tener en nuestra mente los pensamientos de Dios, y eso sólo ocurrirá si llenamos nuestra mente con su Palabra, la cual nos revela su modo de ver las cosas. Tenga un sencillo cuaderno como del tamaño de su Biblia, y lleve en él un diario en el que anote cada día por lo menos una idea especial que haya recibido de la Palabra de Dios. Luego, revise de cuando en cuando esos pensamientos, porque ellos le enriquecerán la mente. Haga un plan para leer de uno a cinco capítulos de la Biblia cada día, por lo menos cinco días a la semana.

Resumen

El reemplazar un hábito de toda una vida no es cosa fácil; se necesita tiempo. Y no se sorprenda si dos victorias van seguidas de una derrota. Pero cada vez que detecte que los viejos hábitos de egocentrismo se están infiltrando otra vez en su modo de vida, vuelva a aplicar estos pasos para lograr la victoria sobre el egoísmo. Con la ayuda de Dios, cambiarán su vida.

El segundo paso gigantesco: La causa y la cura de la incompatibilidad

Una mujer cuya ceremonia de matrimonio yo había efectuado quince años atrás, y ahora madre de cinco hijos, recurrió a mí en busca de consejería, y casi de inmediato dijo: "Roberto y yo pensamos divorciarnos. Somos incompatibles." Luego añadió: "¡Sencillamente no puedo aguantar que me toque!"

Por poco me echo a reír a carcajadas. Mientras ella hablaba, mi mente se remontó a un culto de domingo por la noche, dieciséis años antes de ese encuentro, en que ella y su novio eran tan "compatibles" que tuve que mandar a un ujier a la fila de atrás de la iglesia para que se sentara entre los dos. ¡No había otra manera de evitar que se estuvieran acariciando! Pero quince años después, y teniendo ya cinco hijos, ella se aterrorizaba ante la idea del contacto físico.

Esa experiencia me enseñó que la incompatibilidad es una conducta aprendida. Si un par de tórtolos, en que cada caricia envía ondas sísmicas emocionales que recorren el cuerpo del otro, pueden aprender a volverse incompatibles, ¿entonces por qué no pueden un par de "intocables", con la ayuda de Dios, aprender a volverse compatibles de nuevo?

El impulso natural hacia el sexo opuesto es tan fuerte, que debe existir una razón clara cuando dos personas que antes eran compatibles llegan a distanciarse. El motivo más frecuente de distanciamiento (después del egoísmo) es consecuencia del choque de dos emociones predominantes: la ira y el temor. Si esas dos fuerzas opuestas chocan con suficiente frecuencia, hasta los más enamorados se volverán incompatibles.

Las personas irritables atraen a las temerosas

Los temperamentos contrastantes que se atraen entre sí con más fuerza (los sanguíneos con los melancólicos, y los coléricos con los flemáticos) traen al matrimonio emociones negativas contrastantes. Los sanguíneos y los coléricos padecen de un problema con la ira; los otros dos son predominantemente temerosos. Por consiguiente, una persona propensa a la ira tiende a casarse con una persona sujeta al temor, y viceversa. El choque de esas dos emociones terminará por destruir su mutuo amor y hará que se vuelvan incompatibles.

Cuando un joven y una señorita que parecen encajar muy bien entre sí se casan, su recién descubierto amor hará que su ira y su temor naturales pasen a un segundo plano. Durante un tiempo después de la boda, el acto matrimonial resulta tan emocionante que los sentimientos de amor parecen inundar el panorama. Pero después de la luna de miel, cuando regresan al mundo real de las decisiones y las correcciones, las presiones comienzan a intensificarse. Y tarde o temprano, AQUELLO sucede: la primera riña que tiene la pareja, disparada por un choque de voluntades o por las expresiones de enojo de uno de los cónyuges. Tan pronto como el cónyuge irritado estalla, el cónyuge temeroso se encoge en su caparazón de autoprotección, lo cual crea una gran separación entre los dos. Esto, desde luego, no es fatal; sencillamente acaban de experimentar su primer "pleito de enamorados".

Por lo general, viene luego la reconciliación, y la pareja se vuelve a unir en amor; pero ahora hay una diferencia. Su primera explosión ha creado una capa delgada de tejido cicatrizante. Se han enseñado el uno al otro una lección: "¡Si me empujas demasiado lejos, exploto!" "Si tú explotas, me escondo en mi caparazón o salgo corriendo a casa de mamá." Después de la reconciliación, el amor siempre puede penetrar aquel tejido cicatrizante; pero cuando una conflagración viene seguida de otra, las palabras crueles maltratan y rompen, y el temperamento temeroso se vuelve a retirar a su caparazón protector. Un ciclo de reconciliación seguido por estallidos de ira y por retiros temerosos va formando entre ellos un tejido cicatrizante tan grueso, que el amor se muere o se vuelve demasiado débil como para traspasar ese tejido. La incompatibilidad resulta inevitable.

En ese momento los personas ya no están viendo todo color de rosa, sino que comienzan a verse el uno al otro en forma objetiva . . . o negativa. La persona temerosa trata de escudarse mediante el retraimiento, o bien mediante las críticas mentales o verbales contra su cónyuge; el nivel de frustración del cónyuge irritable va subiendo y siguen más explosiones. La frialdad sexual entre ellos no hace más que complicar el problema.

Es importante comprender aquí que los de temperamento irascible no son siempre los hombres, si bien los hombres airados suelen ser más violentos y ruidosos en la expresión de sus sentimientos hostiles que las mujeres enojadas. En el caso de la pareja incompatible que mencionamos antes, quien se encolerizaba era la mujer. Roberto era un introvertido llevadero, esforzado y confiable, que se sumía en el silencio cuando su esposa explotaba. "¡Sencillamente no sé qué hacer o qué decir cuando se pone así!", declaraba él. Ella volvía a estallar a causa de la pasividad de él.

A la larga, tanto la ira como el temor resultan más fuertes que el amor. La Biblia le dice al esposo que ame a la esposa y no sea áspero con ella. ¿Por qué? Porque la aspereza anula el amor. Según la Biblia: "El temor del hombre pondrá lazo"; pero "el perfecto amor echa fuera el temor." He aconsejado a mujeres que tenían tanto temor de ser maltratadas al hacer el amor, que sus funciones corporales normales se interrumpían y no lograban consumar el acto conyugal. En el caso de los hombres, a veces el temor a no lograr la erección o a tener una eyaculación prematura hace que ocurra precisamente lo que temen.

El amor es un sentimiento natural. Una persona normal y sana podrá amar a otras personas a menos que se lo impida la ira o el temor. Una vez vi el agua de un canal de riego en Arizona que corría con libertad a lo largo de muchos kilómetros hasta que de pronto se topaba con una represa. Entonces se detenía abruptamente. El amor y la compatibilidad son así: Fluyen de manera natural a menos que choquen contra la represa de la ira o el temor.

Esas dos emociones no son sencillamente el resultado del temperamento de la persona. El trasfondo personal, la crianza en la infancia y la motivación espiritual también determinarán su predominio. Un flemático-melancólico propenso al temor, criado en una hogar cristiano lleno de amor, tendrá mucho menos problemas con el temor que aquel que es criado en un ambiente cruel o donde hay abusos. Lo mismo es aplicable a una persona propensa a la ira que ha vivido en un hogar cristiano consecuente, donde no se permitía al niño dar rienda suelta a su enojo. Cuando esa persona se case, será capaz de dominar sus emociones naturales. Es por esta razón que las parejas deben tener un noviazgo tan largo como para que cada uno pueda prever las reacciones emocionales del otro. Sin embargo, no basta sólo con conocer la potencialidad de expresión emocional negativa. A veces se necesita llegar al matrimonio para que se ponga de manifiesto lo que la persona en realidad es.

La ira y el temor: emociones primarias

Todos los seres humanos poseen una variedad de emociones, pero la principal de ellas es la ira o el temor. Esas dos emociones son tan prominentes que, para cuando había dado consejería a más de mil quinientos personas le comenté a mi esposa: "Toda persona que llega en busca de consejo, o está enojada o está temerosa. Las únicas excepciones son los que tienen los dos problemas a la vez." Ahora que he dado consejería a otras cuatro mil quinientas personas, esa observación ha quedado confirmada. Dependiendo, desde luego, del trasfondo personal y la educación recibida en la infancia, esos dos problemas tienden a acosar a las personas a lo largo de toda su vida, incluso en su matrimonio. El diagrama que sigue servirá para ilustrar cuáles temperamentos tienden hacia cuál de esos dos problemas.

Las combinaciones de temperamentos representan la predisposición de la persona hacia esos problemas emocionales. Además de la educación en la infancia y la madurez espiritual, hay que tomar en cuenta el resultado de los hábitos. Cualquier persona joven propensa a la ira, que durante sus años impresionables ha visto adultos que muestran resentimiento y furia, va a desarrollar un fuerte hábito de explotar lleno de ira cuando se le lleva la contraria. Cada vez se va a afianzar un poco más en ese hábito. Pero la tendencia inicial de reaccionar con ira o con temor es en gran medida resultado del temperamento heredado de la persona.

Problemas emocionales inducidos por el temperamento

Ira	*Temor*	*Ira/Temor*
Col-Sang	Flem-Mel	Sang-Mel
Sang-Col	Mel-Flem	Sang-Flem
Col-Mel	Flem-Sang	Mel-Col
Col-Flem		Mel-Sang
		Flem-Col

Muchas personas me han preguntado cómo fue que llegué a convencerme tanto de la teoría de los temperamentos. Poco después que descubrí que las personas que llegaban a mi consultorio de consejería tenían un problema ya fuera de ira o de temor (o ambos), un pastor amigo mío me dio un libro que ofrece una descripción detallada de los cuatro temperamentos. Cuando lo leí, comprendí por primera vez por qué las personas reflejaban uno u otro de esos dos problemas. Como hemos visto, los sanguíneos y los coléricos tienen una predisposición natural a la ira, mientras que los melancólicos y los flemáticos la tienen al temor.

Durante esa misma época, había descubierto que la vida llena del Espíritu era el remedio para superar las debilidades humanas. Por consiguiente, apliqué esa enseñanza a la superación de las debilidades inducidas por el temperamento. En efecto, el título inicial que le di a mi primer libro, por increíble que parezca, era *Cómo superar sus debilidades mediante la plenitud del Espíritu Santo*. Poco antes de mandarlo a la imprenta (en esa época yo era tan poco conocido internacionalmente que me vi obligado a publicarlo por mi cuenta), mi hija Linda me advirtió: "Papá, no puedes ponerle a tu libro un título tan largo." Y tenía razón. Después de mucho debatir, a ella se le ocurrió el título: *El temperamento sujeto al Espíritu*. Por demás está decir que ese libro cambió mi vida. Y por los comentarios que he recibido, Dios lo ha usado en la vida de muchas de las más de un millón de personas que lo han leído.

Todo eso ocurrió hace veinticuatro años, cuando había dado consejería a cuatro mil personas menos que ahora. Hoy día estoy más convencido que nunca de que la mayoría de las personas tienen por naturaleza una predisposición hacia la ira o hacia el temor, debido principalmente a su temperamento. Lo interesante es que la cura para ambos problemas es la misma. Por eso voy a describir en detalle cada uno de esos dos problemas, y dejaré lo de la cura para el final del capítulo.

Por qué la ira es un sentimiento dañino

Para comenzar tenemos que distinguir entre la indignación justa y el tipo de ira personal al que aquí me estoy refiriendo. La Biblia da cabida a la primera. En Efesios 4:26,27 se nos dice: "Airaos, pero no pequéis; no se ponga el sol sobre vuestro enojo, ni deis lugar al diablo." Ese tipo de indignación tiene su lugar. La diferencia entre la ira personal que la Biblia condena, y la indignación justa, es que la primera de ellas es egoísta. Cuando nos indignamos con razón por alguien o algo fuera de nosotros mismos, nos estamos oponiendo a un principio o a una práctica injusta.

Nuestro Señor expresó indignación justa cuando expulsó del templo a los cambistas porque estaban degradando la casa de su Padre. Pero no se enojó cuando lo abofetearon, ni cuando lo coronaron de espinas, ni cuando lo crucificaron. Eso habría sido personal, egoísta y pecaminoso, pero Él no tenía pecado. El cristiano que piensa en el catastrófico número de abortos, de pornografía, de perversión, y otras señales de degeneración moral en nuestra sociedad, y no siente una justa indignación, no tiene bases morales. La Biblia nos dice que Dios aborrece el pecado; esa es una indignación justa (o sin pecado) ante el principio del mal moral. El tipo de ira que la Biblia condena se basa en el *egoísmo* y va dirigida hacia una persona, no hacia un principio.

Las seis razones que damos a continuación explican por qué es incorrecto permitirse a uno mismo la ira contra una persona.

1. ¡La Biblia dice que la ira es pecado!

En el Sermón del Monte (que muchos consideran como la enseñanza más hermosa de toda la literatura), nuestro Señor dice así:

> *Oísteis que fue dicho a los antiguos: 'No matarás'; y cualquiera que matare será culpable de juicio. Pero yo os digo que cualquiera que se enoje contra su hermano, será culpable de juicio.*
>
> Mateo 5:21,22

La gravedad del pecado de la ira se hace patente en este texto, por cuanto el Señor la pone al mismo nivel que el asesinato. A los ojos de Dios, una persona que odia a otra, aunque sea por un corto tiempo, es culpable de asesinar a ese individuo. ¡No es de extrañar que un sentimiento así destruya el amor! Yo vivo en la capital mundial de los asesinatos, Washington D.C., donde se cometen más asesinatos por persona que en cualquier otra ciudad. Es una ciudad sumamente llena de ira. La violencia en el hogar, las guerras de pandillas, el abuso contra los niños, los asesinatos políticos, los crímenes callejeros . . . todo eso abunda en la capital de los Estados Unidos. La ira conduce al asesinato, y por eso Dios la condena.

Muchos pasajes bíblicos denuncian la ira. Si busca la palabra "ira" en una concordancia bíblica, se asombrará de su frecuencia. Proverbios 29:22 lo dice todo: "El hombre iracundo [o la mujer iracunda] levanta contiendas, y el furioso muchas veces peca." La ira es un sentimiento que causa estragos e incita a cometer otros pecados, ya sea en el hogar o en el trabajo.

2. La ira nos distorsiona el juicio.

Cierto famoso jugador profesional de fútbol americano se enojó tanto con su entrenador durante una reunión del equipo, que lo insultó en presencia de los otros jugadores. El entrenador a su vez se enfureció a tal punto, que expulsó al jugador de la reunión, gritando: "¡Nunca volverás a jugar para mí!" La disensión entre los dos fue tan grave, que hubo que intercambiar a ese jugador por otro, lo cual le costó caro tanto al equipo como al jugador. El jugador fue enviado como defensa a un equipo de segunda categoría, y su equipo original no logró ese año ganar los puntos necesarios por falta de una buen defensa.

Una conducta parecida se da en los matrimonios y entre los miembros de una familia, y destruye las relaciones personales. En muchos de esos casos, sólo la gracia y el poder de Dios pueden sanar esas relaciones. Muchas parejas divorciadas lamentan la ira que echó a perder su unión.

3. La ira provoca palabras hirientes.

El nervio más corto del cuerpo es el que va entre el centro emocional y la lengua. Su centro emocional, ubicado entre las sienes y detrás de la frente, tiene forma de nuez y sirve como la computadora emocional de su cuerpo, ya que está conectado neurológicamente con todos los órganos del cuerpo. Después de los nervios que van a los párpados, el nervio más corto llega hasta el órgano más poderoso para ayudar o herir a las personas: La lengua. Cuando está motivada por la ira, la lengua es siempre destructiva. Ese órgano, que Dios nos dio para que comunicáramos edificación o palabras útiles de amor, cuando se usa con ira despoja a los que amamos de todo respeto propio y hace que los cónyuges den lugar a su propia debilidad: El temor.

En Colosenses 3:8.9 se nos llama a despojarnos de los sentimientos hostiles, y que ocasionan tres formas de hablar que son dañinas:

> *Pero ahora dejad también vosotros todas estas cosas: ira, enojo, malicia, blasfemia, palabras deshonestas de vuestra boca. No mintáis los unos a los otros, habiéndoos despojado del viejo hombre con sus hechos.*

El diagrama de la página siguiente debe resultar esclarecedor.

¿Por qué las personas dicen "blasfemias" (en el sentido de calumnias) contra Dios o contra otras personas? ¿Será por amor? Claro que no. Es porque están enojados. ¿Por qué las personas dicen cosas deshonestas acerca del sexo opuesto? ¿Por la buena opinión que tienen? Difícilmente. En la mayoría de los casos, nunca han desarrollado una relación viable con una persona del sexo opuesto en toda su vida; por eso hablan de una forma despectiva. Y cuando se enojan, inclusive los que en general dicen la verdad pueden mentir. Según Proverbios 26:28: "La lengua falsa atormenta al que ha lastimado." En otras palabras, las mentiras que hieren a los demás son motivadas por la ira. Se trata de un proceso que ya todos conocemos: El rechazo lleva a la ira, la ira destruye los buenos sentimientos, y el resultado es una forma de hablar calumniosa, obscena o mentirosa.

Cualquier juez podrá decirle que, para el momento en que una pareja enojada se presenta ante su tribunal, ya se han devastado el uno al otro con la boca, cosa que es capaz de echar abajo hasta las relaciones más vibrantes, con frecuencia para siempre.

4. La ira destruye la salud.

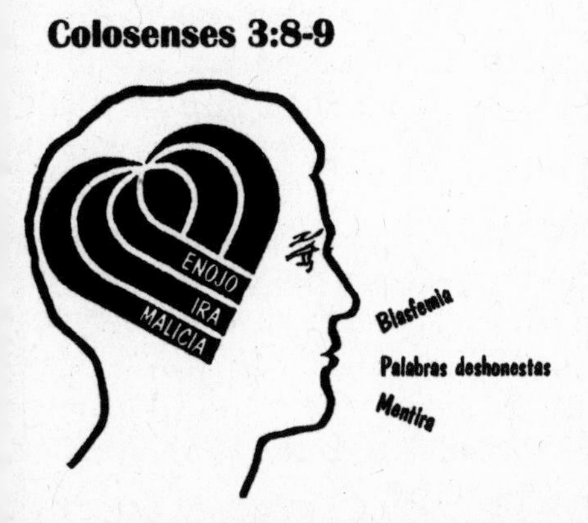

La mayoría de las personas no tienen la menor idea de la influencia tan fuerte que tienen los sentimientos sobre su bienestar físico. Las enfermedades que matan — ataques cardiacos, presión sanguínea alta, derrames y otros — son mucho más potentes entre personas que tienen problemas de ira y de temor. Cuando alguien dice: "¡No soporto a esa persona!", tiene razón. El revestimiento de las paredes de su estómago no puede soportar el alto contenido de ácido generado por la ira, y eso le ocasiona úlceras sangrantes. En Columbus, Ohio, cierto médico que era especialista en úlceras cuestionó mi cita del doctor Henry Brandt según la cual "el noventa y siete por ciento de las personas a quienes he atendido a causa de úlceras sangrantes las tenían porque estaban enojadas". El especialista alegó: "¡Creo que es más bien el cien por ciento!" Yo dejaré que esos dos especialistas se peleen por esa diferencia de un tres por ciento.

Éste es el punto: La persona que usted comienza a odiar

puede arruinarle su salud. El doctor S. I. McMillen, en su excelente libro *Ninguna enfermedad*, enumera cincuenta y una dolencias que las personas se pueden acarrear a sí mismas de forma innecesaria por guardar la ira. Entre ellas están las úlceras, los ataques del corazón, la presión sanguínea alta, la colitis, los cálculos en los riñones, y los males de la vesícula biliar.

Uno de los casos trágicos que recuerdo es el de un hombre que confronté con su enojo, mientras almorzábamos en un restaurante. Ese hombre replicó con moderación: "¡Señor LaHaye, es que yo soy así! Soy violento. Cuando estaba en la Marina, eso me sirvió para abrirme camino y pasar de ser un muchacho de diecisiete años hasta llegar al rango más alto que tiene la Marina. Ahora que estoy jubilado y me he dedicado a la venta de seguros, mi meta es alcanzar ingresos por un millón de dólares durante mi primer año." Por lo visto tenía frente a mí a un colérico-melancólico con un fuerte problema de hostilidad que se negaba a enfrentar. Cuando le advertí que iba a destruir a su familia (esa era la razón de nuestra reunión), repuso: "Señor LaHaye, ese es su trabajo. Dígale a mi familia que se adapte o que se vaya." Cuando le advertí que su cuerpo no podía aguantar para siempre ese tipo de tensión, se echó a reír: "¡Ahí sí que le gané! Hace dos semanas me hicieron un examen físico completo, y los médicos dicen que estoy en perfecta salud."

No sabíamos ninguno de los dos que siete meses después, cuando estalló en cólera en la oficina a causa de un error de una secretaria a quien se le olvidó un cero en una póliza de seguros (reduciéndola de dos millones quinientos mil dólares a doscientos cincuenta mil), la cara se le puso roja como una remolacha y se le reventó un vaso sanguíneo en la cabeza, lo cual le derramó sangre sobre el cerebro. Eso hizo que pasara doce años sentado como un niño sin mente, mirando la televisión todo el día. En un único momento de ira pasó de ser una de las personas más inteligentes que conocía, a un incompetente que no podía trabajar.

Con toda justicia, es probable que él tuviera una debilidad congénita en ese vaso, el cual se habría perforado tarde o temprano; pero estoy seguro de que su ira hizo que la vena se reventara mucho antes de lo necesario. La ira es un sentimiento destructivo que puede arruinarle a uno la salud y destruirle las funciones corporales normales. Si tiene alguna duda al respecto, por favor lea el mencionado libro *Ninguna enfermedad* del doctor S. I. McMillen. La ira que genera un resentimiento a largo plazo puede ocasionar disfunciones sexuales en personas que por lo demás están sanas por completo: la frigidez en la mujer y la impotencia en el hombre.

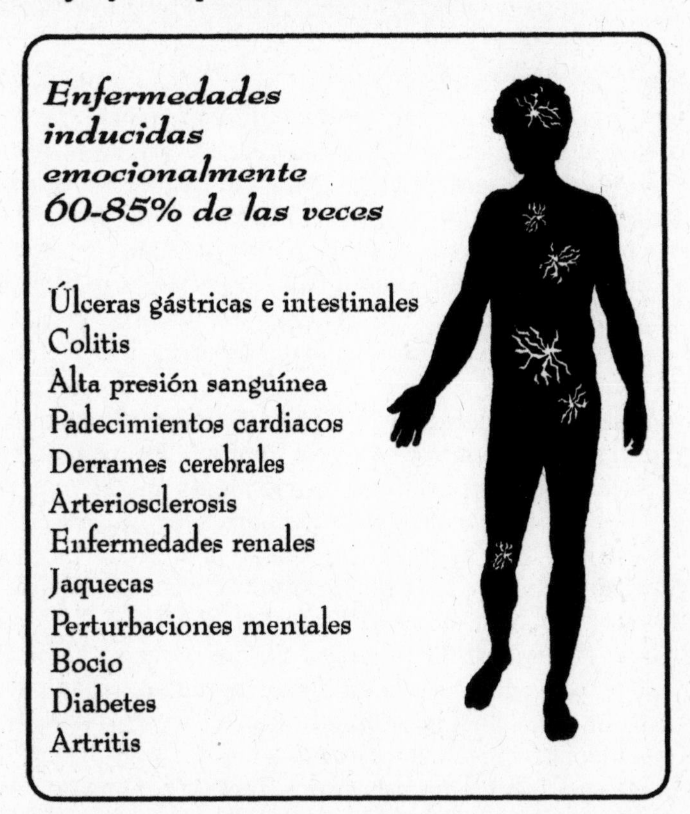

5. La ira contrista al Espíritu Santo

Dios quiere que todos los cristianos caminen en el Espíritu, es decir, que vivan sujetos al Espíritu. En el siguiente capítulo explicaremos lo que eso significa; aquí bastará con decir que una vida sujeta al Espíritu es imposible para un cristiano iracundo. Ninguna otra cosa, excepto el egoísmo, puede destruir de manera tan grave la espiritualidad del cristiano como la ira. Sólo examinemos Efesios 4:30-32:

> *Y no contristéis al Espíritu Santo de Dios, con el cual fuisteis sellados para el día de la redención. Quítense de vosotros toda amargura, enojo, ira, gritería y maledicencia, y toda malicia. Antes sed benignos unos con otros, misericordiosos, perdonándoos unos a otros, como Dios también os perdonó a vosotros en Cristo.*

En este contexto, contristar al Espíritu es algo que ocurre cuando uno se permite a sí mismo albergar cinco emociones hostiles y un patrón dañino en el hablar. Fijémonos en los sentimientos que contristan al Espíritu: 1) *la amargura*: las personas abrigan amargura a causa de los insultos, mientras que este texto nos enseña el perdón; 2) *el enojo*: es como una llama encendida por largo tiempo; 3) *la ira*: la erupción de los sentimientos internos; 4) *la gritería*: el hablar a gritos, con insultos o palabras de mal tono; 5) *la maledicencia*: decir cosas malas como "te odio" u "ojalá nunca nos hubiéramos casado"; 6) *la malicia*: la enemistad de corazón, un odio tan fuerte que lo empuja a uno a maltratar al otro. Esos sentimientos airados que son la culminación de un pensamiento negativo a largo plazo, son como un paralelo de la comparación que hace nuestro Señor entre la ira y el asesinato, que lo pone a uno en peligro del fuego del infierno. No podemos fijar nuestra mente en cosas positivas (Filipenses 4:8) o en "las cosas de arriba", y al mismo tiempo en el enojo. Una u otra de esas dos cosas va a dominar. A menos que se confronten en forma adecuada como pecado, los pensamientos de enojo son los que van a prevalecer, hasta que dejemos de contristar en nuestra mente al Espíritu Santo.

El pasaje bíblico que con más fuerza condena el enojo habitual está en Proverbios 22:24,25:

> *No te entremetas con el iracundo, ni te acompañes con el hombre de enojos, no sea que aprendas sus maneras, y tomes lazo para tu alma.*

Fijémonos en las dos consecuencias del contacto cercano con una persona iracunda: 1) su modo de ser es contagioso; y 2) esa persona pone un "lazo para tu alma". Ningún cristiano podrá dar la talla de su potencialidad en Cristo si no permite que el Espíritu de Dios venza su ira. Moisés es un ejemplo perfecto. Durante toda una vida de lucha contra la ira, en una ocasión se enfureció tanto que lanzó al suelo las tablas recién hechas de los Diez Mandamientos, y las quebró. Después de eso Dios lo perdonó y siguió usándolo, pero por último Moisés traspasó el límite. Cuando Dios le dijo que "hablara a la peña" para que de ella saliera agua, él se enojó tanto con el pueblo que lo que hizo fue golpear la peña con su vara. Entonces Dios dijo: "¡Ya es suficiente!"

Por eso, en vez de introducir a los hijos de Israel en la Tierra Prometida, Moisés se vio obligado a dejar a Josué la responsabilidad del liderazgo. El gran legislador murió antes de tiempo, por no haber dominado su ira. Más de un cristiano ha acortado de forma innecesaria su vida por permitir que en su corazón perdure la ira, que "contrista al Espíritu Santo" y pone "lazo para tu alma". En otras palabras, bajo el ímpetu emocional de la ira, hacemos cosas que le desagradan a Dios y que dañan nuestra vida espiritual, física y familiar.

6. La ira destruye el amor.

Toda persona quiere amar y ser amada. Pero la persona que inicia el matrimonio abrigando amargura para con alguien que influyó en su historia personal, llegará en algún momento a perder el amor por su cónyuge, quien no tiene culpa alguna de haber provocado esa ira.

Las personas llenas de ira descansan de ella durante suficiente tiempo como para enamorarse, pero después del matrimonio la ira regresa trayendo la venganza. Se trata de un hábito arraigado que, si se le provoca lo suficiente, apuntará contra la persona amada. Y eso echa a andar el síndrome ira/temor que se mencionó antes, lo cual conduce a la incompatibilidad.

En Proverbios 10:12 se nos instruye así: "El odio despierta rencillas; pero el amor cubrirá todas las faltas." Por eso se deteriora la relación entre dos cónyuges de los cuales uno es iracundo y el otro temeroso. Cada vez que estalla la ira al manifestarse la debilidad del cónyuge, el amor se muere un poco. Pero note el contraste: "El amor cubrirá todas las faltas." Esa afirmación, que indica que el amor es ciego a las faltas y errores, aparece por lo menos cuatro veces en la Biblia. Una de ellas es en 1 Pedro 4:8: "El amor cubrirá multitud de pecados."

Las personas iracundas no suelen ser inclinadas a perdonar, ya que tienden a acordarse de insultos, afrentas o errores durante largo tiempo. Necesitan desesperadamente aprender el arte bíblico del perdón, y su cónyuge se beneficiará muchísimo de ese aprendizaje. En Efesios 4:32 se nos manda: "Sed benignos unos con otros, misericordiosos, perdonándoos unos a otros, como Dios también os perdonó a vosotros en Cristo."

Una señora me detuvo al final de un seminario y me preguntó:

— ¿Puede explicarme por qué es que no logro responderle emocionalmente a mi esposo?

Primero le pregunté si sería que él la trataba mal, que era iracundo y cruel. Pero me sorprendió al añadir:

— Mi esposo es el hombre más bondadoso, simpático y amable que haya conocido en mi vida.

¡Algo andaba terriblemente mal! Pensaba que todas las mujeres respondían bien a la ternura, pero ella no. En efecto, agregó:

— Cada vez que se acerca a mí con cariño, siento que me sofoca. Ni siquiera me gusta que me bese.

Entonces le pregunté lo que era obvio:

— ¿Alguien abusó de usted cuando era niña?

— Sí, cuando estaba en cuarto grado — me contestó.

— ¿Y usted no ha perdonado al hombre que lo hizo?

De repente la invadió un furioso torbellino de ira:

— ¿Y por qué iba a perdonarlo? — rugió —. ¡Lo que merece es que lo maten por tratar así a niñas indefensas!

Yo estaba de acuerdo por completo con ella, pero le contesté:

— Usted nunca va a aprender a responderle en forma normal a su esposo hasta que logre perdonar a ese hombre.

Se trataba de un hombre a quien ella no conocía, y no lo había visto bien como para identificarlo después.

— Pero es que él no merece ese perdón — dijo ella.

Yo estaba de acuerdo, pero le dije:

— Pero esa no es la razón por la que se nos manda perdonar

a los demás. Debemos perdonar como Dios nos perdonó a nosotros en Cristo.

Tres años después esa mujer buscó la ayuda de Dios para perdonar a aquel degenerado, y hoy día puede disfrutar de su esposo "bondadoso, simpático y amable". La ira destruye, pero el perdón cura y nos capacita para amar como Dios nos lo ha mandado.

En la mayoría de los matrimonios duraderos se necesita mucho perdón. Como ninguno de nosotros es perfecto, tarde o temprano vamos a tratar a nuestro cónyuge con egoísmo o crueldad. En el momento en que nos negamos a perdonar, comenzamos a morir. Sin duda recuerda el dicho de que "errar es humano, perdonar divino". Eso es muy exacto. No necesitamos que Dios nos ayude a errar, pero sí lo necesitamos para perdonar. Uno de los mejores títulos de libros que jamás haya visto anunciado dice: *Amar o perecer*. El amor y las muchas formas de la ira no pueden coexistir en el corazón humano. O perdona y sigue amando, o su amor perecerá. Y un matrimonio sin amor suele ser peor que no tener matrimonio en absoluto.

Insisto en que uno no tiene por qué ser dominado por la ira, ya que Dios ha provisto una cura que voy a esbozar al final de este capítulo. Sin embargo, consideremos primero el otro problema que destruye las relaciones matrimoniales: el *temor* en sus muchas formas.

El problema del temor

No debería sorprendernos el que el temor sea un problema de gran envergadura, ya que la Biblia lo aborda muchas veces. Hay en la Biblia trescientos sesenta y cinco "no temas / no temáis", uno para cada día del año. Nuestro Señor se refiere a este problema en Mateo 6:25-34 (parte del magnífico Sermón del Monte), y en efecto le dedica más tiempo que al tema de la ira. Lo que Jesucristo hace es, en resumen, aconsejarnos que no estemos ansiosos ni preocupados (que son formas de temor) por "qué habéis de comer o qué habéis de beber", o qué nos vamos a poner, sino que más bien confiemos en Dios en cuanto a nuestro futuro. A los que le temen a lo desconocido, Jesucristo los llama "hombres de poca fe". Es evidente que la fe es el antídoto contra el temor.

Muchas personas se engañan en lo referente al temor, porque no produce estallidos violentos como la ira. Sin embargo, es igual de poderoso y destructivo, si no para los demás, sí para la persona que teme. El temor es un capataz cruel que inhibe todos los aspectos de nuestra vida. Es la emoción paralizante que restringe los sentimientos normales de amor, confianza y bienestar. Pone en acción formas de pensar negativas, y con ello genera ansiedad, preocupación, y las otras emociones negativas que pueden ir creciendo como una gigantesca bola de nieve hasta que consumen por completo la vida de la persona.

Hace varios años, *Selecciones del Reader's Digest* publicó un artículo sobre el temor, escrito por un pastor. Durante diez años él había venido escribiendo una columna diaria de preguntas y respuestas para un periódico que era leído por un millón de personas. Basándose en las millares de preguntas, ofreció la siguiente afirmación perspicaz:

> El enemigo privado número uno en la vida del ser humano no es ni el pecado ni el dolor; ¡es el TEMOR! Los temores más comunes son el temor a nosotros mismos, el temor al fracaso, al desastre y a la pobreza, que hacen de la vida una amargura. Después del temor viene esa preocupación insistente que carcome, que nos va desgastando y nos incapacita. La preocupación es un pequeño riachuelo que se cuela en la mente como un veneno lento, hasta que nos paraliza. Si no se le pone a raya, logra cavar una zanja en la cual desaguan todos los otros pensamientos.

Esta descripción del temor es sumamente exacta. Y eso no disminuye de manera automática con la edad o la madurez. Los pensamientos de temor se convierten en un modo de vida, y hasta pueden acortar esa vida.

El diagrama que viene a continuación, usado con permiso del doctor Jay Adams, proviene de su excelente libro *Competent to Counsel* [Competentes para aconsejar]. Muestra el ciclo completo de las actividades de la vida. Fijémonos en el círculo inferior, que muestra el temor, la preocupación y la ansiedad en el centro del pensamiento de la persona. Podemos ver allí cómo eso alcanza a todas los aspectos de la vida de la persona. El temor no está relacionado sólo con una faceta de la vida, como por ejemplo la vocación, sino con los sentimientos. Como un cáncer en la sangre, va invadiendo todo nuestro ser.

Las actividades de la vida

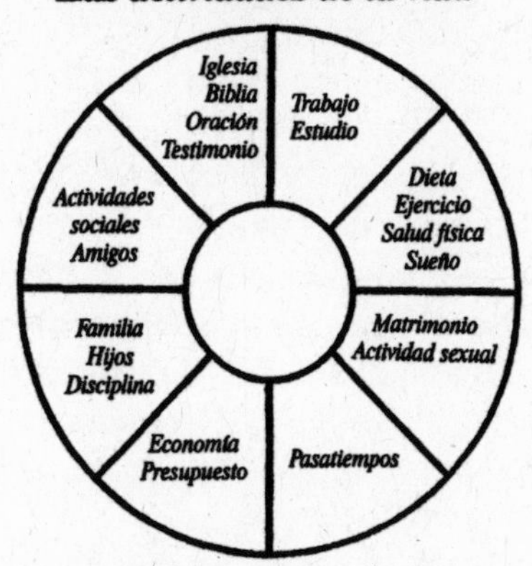

Cómo las afecta el temor

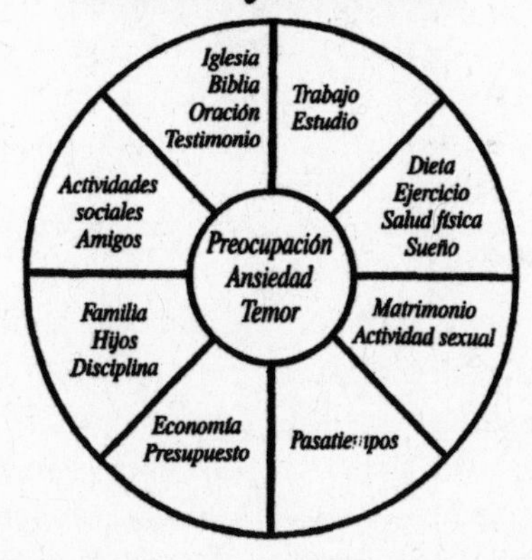

Al examinar el diagrama, comenzará a apreciar cómo el temor es capaz de introducirse en todo. Por ejemplo, muchos jóvenes inteligentes interrumpen sus estudios al graduarse de la secundaria. Cuando uno les pregunta, ya después que han pasado los treinta años, por qué fue que no asistieron a la universidad, por lo general, contestan: "Cuando tenía diecinueve años, me dio miedo no poder salir bien en la universidad" o "Temía no poder costear mis estudios." Ahora que han trabajado con otras personas, con muchos que sí obtuvieron un diploma universitario y algunos de los cuales no eran tan inteligentes como ellos, admiten que no se trataba de falta de inteligencia sino de falta de confianza en sí mismos.

En la vida de una iglesia, muchas personas excelentes, algunas de ellas muy consagradas a Dios, nunca llegan a servirle; no porque sean carnales y despreocupadas, sino porque el temor las sobrecoge. Sin duda eso ocurre en lo referente a dar testimonio. Hay decenas de personas a quienes les encantaría hablarles del Señor a sus amigos y vecinos, pero nunca lo hacen; no porque sean indiferentes, sino porque el temor es más poderoso que su interés. La Biblia dice: "Todo lo que no proviene de fe, es pecado" (Romanos 14:23). Por eso usted nunca debe dejar que el temor le impida realizar los deseos de Dios para su vida.

Toda persona sentirá temor al realizar por primera vez cualquier actividad peligrosa; eso no es de extrañar. El trauma de manejar un auto, de pilotar un avión o de zambullirse desde un trampolín de tres metros, genera una reacción de temor. Pero los que dejan que el temor les impida ingresar en una nueva esfera de actividad, han traspasado el límite entre el temor normal y el destructivo.

El temperamento y el temor

Después de reconocer que toda las personas experimentan temor, preocupación y ansiedad en ciertas situaciones de la vida, debemos admitir que hay personas que tienen un problema más grande que otras con el temor. Y las diferencias pueden detectarse desde la más tierna infancia. Observe a los niños en su próximo programa de Escuela Dominical o de Escuela Bíblica de Vacaciones. Si se asustan ante la idea de ponerse de pie frente al grupo, esa puede ser la experiencia más aterradora de todo el año. Algunos niños, en especial los sanguíneos y los coléricos, no titubean en actuar frente a los demás, y les importa poco lo que los demás puedan pensar de ellos. No es igual con los melancólicos y los flemáticos. A los niños con esos temperamentos les da miedo alejarse de su mamá; temen que se les hiera o se les abandone. Cuando llegan a la adolescencia se horrorizan de que sus compañeros puedan rechazarlos, y eso les ocurre con mucho más frecuencia que a los coléricos y a los sanguíneos.

He reflexionado mucho acerca de las diferencias entre los temores de los melancólicos y los de los flemáticos. En muchos sentidos son temores similares y generan los mismos efectos negativos, pero los de los melancólicos parecen más intensos y tienen una mayor influencia de inhibición. Los flemáticos permiten que el temor suprima sus actividades, pero rara vez se turban tanto. Los melancólicos que tienen temor a los aviones se ponen a sudar frío y no pueden comer ni dormir de sólo pensar en eso. En cambio el flemático se planta con terquedad y declara: "No quiero ir." Está dispuesto a hacer lo que sea por evitar circunstancias que le producen temor.

En lo vocacional, el flemático es sumamente consciente de su propia seguridad. Cada vez que una oportunidad lo pone a escoger entre ingresos altos y seguridad, el flemático escoge esta última. El melancólico apenas si puede hacer la elección. Ambos son impulsados por el temor. Los melancólicos casi nunca cambian de profesión: ¡es demasiado intimidante! A los flemáticos es más fácil persuadirlos a que hagan algo que a los melancólicos, pero la nueva iniciativa debe ofrecer más seguridad que su situación actual. Tengo la sospecha de que los melancólicos escogen toda una vida de iniciativas académicas porque allí se sienten seguros, ya que han pasado estudiando como dieciocho de sus primeros veintitrés años de vida. (Otra razón, claro, es que son sumamente inteligentes y tienen una inclinación natural por lo académico).

Los temores del melancólico lo hacen inseguro. Aunque el flemático de modales moderados encuentra dificultad en sentirse lo suficientemente capaz como para llevar adelante con decisión algo que quiere o necesita, su temor es menos intenso que el del melancólico, el cual se rechaza a sí mismo y sus capacidades. Los melancólicos parecen más centrados en sí mismos que los flemáticos, lo cual complica sus temores. Recordemos que una persona centrada en sí misma se preocupará por todo, hasta por su preocupación. Cierta mujer melancólica me dijo: "Supongo que se dio cuenta de que hoy no tomé la Santa Cena. Fue porque, después de confesar todos mis pecados, temí que pudiera haber uno o dos que se me hubieran olvidado." Aunque podamos admirar su sensibilidad espiritual, nos abruma su temor de desagradar a Dios. No es de extrañar que esas personas vivan tan tristes. "*La congoja en el corazón del hombre lo abate*" (Proverbios 12:25).

Por qué el temor es un sentimiento dañino

Al igual que su alternativa —la ira—, el temor es un sentimiento muy dañino, y debilita en particular a las personas creativas. Las seis razones que se dan a continuación, aunque no son exhaustivas, subrayan la gravedad del problema.

1. La Biblia dice que el temor es pecado.

En Romanos 14:23 se resumen muchos pasajes bíblicos sobre este asunto, cuando se afirma: "Todo lo que no proviene de fe, es pecado." La Biblia ofrece muchos ejemplos de personas que destruyeron sus vidas a causa del temor. ¿Se acuerda de los doce espías que fueron a la Tierra Prometida? Diez de ellos volvieron con un informe negativo, porque habían visto gigantes en el país. Dos de los espías, Josué y Caleb, rindieron un informe positivo, seguros de que Dios les iba a entregar la tierra. Es lamentable que tres millones de israelitas se negaran a ingresar en Canaán, por lo cual pasaron los siguientes cuarenta años en el desierto. Todos los adultos de más de veintiún años que participaron en esa decisión temerosa iban a ir muriéndose. Y entonces la siguiente generación, incluidos Josué y Caleb — los dos hombres fieles de Dios —, entró a tomar posesión de la tierra.

Las medidas drásticas a las que recurrió Dios para castigar a los hijos de Israel por su falta de fe debieran hacernos ver lo destructivo que es el temor, en especial cuando se traduce en falta de fe. Dios comprende muy bien que nos asustemos cuando enfrentamos un peligro o algo desconocido. Fue Él quien puso dentro de nosotros una manera humana natural de reaccionar ante el peligro, y que a veces puede servir para salvarnos la vida. Pero Dios se opone a esa forma de temor que nos impide realizar su voluntad. Ese tipo de temor es pecado.

Dios elogió a los dos espías, Josué y Caleb, por la que fe poseían. Ellos dos habían tenido la misma vista panorámica de Canaán que los diez espías temerosos: habían visto una tierra donde fluía leche y miel *pero* donde había algunos gigantes de tres metros. Los diez, sin hacer caso de las abundantes cosechas del país, llegaron a esta conclusión: "Éramos nosotros, a nuestro parecer, como langostas; y así les parecíamos a ellos." El temor agranda las dificultades y minimiza los recursos. Josué y Caleb vieron a los gigantes, pero tuvieron presente que Dios estaba con ellos. Los diez espías temerosos sólo pudieron vislumbrar problemas sin Dios.

Muchos cristianos pasan cuarenta años en el lado de allá del desierto, porque todo en la vida lo ven con ojos de temor, lo que equivale a ver la vida sin Dios. Josué y Caleb fueron bendecidos por Dios, no porque fueran más apuestos o más simpáticos, sino porque, mediante la fe, superaron sus temores naturales.

2. El temor esclaviza.

Alguien ha descrito este sentimiento negativo como "la cárcel del temor". El apóstol Pablo en Romanos 8:15 se muestra de acuerdo con ello: "Pues no habéis recibido el espíritu de esclavitud para estar otra vez en temor." La esclavitud del temor inhibe a las personas de hacer lo que es correcto y apropiado. Lo que es peor, puede impedirles que actúen en conformidad con la voluntad perfecta de Dios.

Un médico tenía programado llevar a su esposa a Europa para una convención de médicos. Cuando comenzaron a abordar el avión, el temor a volar que dominaba a esa mujer la atrapó en tal medida que puso las dos manos en la puerta del avión y rehuyó entrar. A fin de cuentas, mi amigo tuvo que dejar atrás a su esposa. Esa mujer es una líder de estudios bíblicos, y trabaja mucho ganando almas, pero está obsesionada con el temor.

La esposa de otro amigo le tiene un temor grandísimo a los ascensores. Cuando viajan, sólo está dispuesta a hospedarse en hoteles donde pueda llegar a la habitación por las escaleras. Por demás está decir que el temor de esas dos mujeres añade tensión a sus relaciones interpersonales, por cuanto limita de manera innecesaria su estilo de vida.

Hace poco, una joven pareja con tres meses de casados me buscó para recibir consejo. Como no habían podido consumar sexualmente su matrimonio, la esposa había sido examinada con cuidado por un ginecólogo, el cual le dijo que físicamente ella estaba en capacidad de experimentar la relación sexual. Pero cada vez que su esposo trataba, ella se paralizaba de miedo.

Hay millones de cristianos que quedan inmovilizados por el temor ante la posibilidad de dar una clase de Escuela Dominical, de orar en público o de dar testimonio de su fe. A la mayoría les encantaría poder hacerlo, pero los domina el temor. Muchas personas flemáticas o melancólicas muy capaces, espiritualmente consagrados a Dios, casi nunca llegan a servir a Dios; no porque no lo amen, sino porque el temor es más poderoso que el amor.

En los primeros tiempos de nuestro matrimonio, mi esposa nunca quiso ser maestra de un grado superior al sexto. En su adolescencia había recibido capacitación para ministrar a los niños, de modo que se sentía cómoda con ellos; en cambio le aterrorizaba la idea de enseñar a adultos. Y ese era sólo uno de sus temores. De niña había estado una vez a punto de ahogarse, y el agua le causaba un tremendo espanto. Desde luego, "los opuestos se atraen"; por eso se casó con un hombre que era miembro del equipo de natación tanto en la secundaria como en la universidad. Cuando nos trasladamos a San Diego, California, capital mundial de los deportes acuáticos, le enseñé a nuestros cuatro niños a ser expertos en esquí acuático; pero Beverly se negaba siquiera a intentarlo. Sí se aventuró lo suficiente como para aprender a manejar la lancha, pero los deportes acuáticos nunca encabezaron su lista de experiencias favoritas.

Sus temores pusieron una traba en nuestro matrimonio, y con frecuencia eran motivo de que me enojara; eso no lograba sino intensificar su temor. A veces hasta discutíamos por cómo atender a las visitas en nuestra casa. Yo quería invitar a comités, directivos o grupos de la iglesia a que vinieran a tomar café, y aunque a ella le gustaban las personas, temía cómo fueran a juzgar sus capacidades como ama de casa. Si yo quería invitar a un grupo, ella siempre ponía cuarenta y nueve excusas, la mayoría de ellas relacionadas con lo de limpiar la casa de pies a cabeza. A veces sencillamente invitaba a las personas y después le informaba a ella que vendrían. Como se imaginarán, eso no ayudaba mucho nuestro matrimonio. Cuando ya las personas regresaban a su casa, ella admitía que había disfrutado en atenderlos; pero eso no hacía cambiar en nada su modo de reaccionar la próxima vez. Como lo dice la Biblia: "el temor esclaviza"; y esa esclavitud les impide a muchos cristianos recibir una recompensa completa en el cielo, y puede impedir que su matrimonio sea "un poco del cielo aquí en la tierra".

3. El temor inhibe la comunicación.

Cualquier persona que haya participado en una lección de oratoria está consciente de que algunas personas quedan petrificadas cuando se trata de presentaciones en grupo, pero que las que por temor tienen atada la lengua, por lo general, son quienes tienen más que decir. Toda persona experimenta nerviosismo cuando comienza una clase así, pero los temerosos nunca logran adaptarse.

En un contexto de consejería, he descubierto tanto hombres como mujeres que son demasiado temerosos para contarle a su cónyuge sus secretos más íntimos, o incluso para exponer lo que en realidad opinan acerca de asuntos importantes. No es que les falten sentimientos fuertes; es que el temor les impide exponer lo que en realidad está en su corazón. Con frecuencia, en el ambiente acogedor de la oficina de un consejero, se abren por primera vez porque la presencia de un tercero elimina el temor. Cierta mujer admitió que nunca le había dicho a su esposo que lo amaba porque tenía miedo de que él diera por sentado su amor y entonces se interesara por otra.

El temor, como la ira, se basa en el egoísmo, y no debiera tener lugar en la relación de una pareja cristiana.

4. El temor destruye la salud.

Son difíciles de sobrestimar las fuerzas destructivas del cuerpo humano que se deben al temor. En su libro ya mencionado *Ninguna enfermedad*, el doctor S. I. McMillen enumera cincuenta y una enfermedades que las personas acarrea sobre sí de manera innecesaria debido al temor; entre ellas están la artritis, los problemas del corazón, la alta presión sanguínea, y otras enfermedades que acortan la vida. El temor es tan peligroso como la ira acumulada, ya que tanto el uno como la otra ejercen una presión indebida sobre el cuerpo y pueden hacer que uno o más de los órganos vitales sufran un colapso, sumiendo a ese individuo propenso al temor en una enfermedad que lo limitará de por vida.

Una vez conocí a un administrador de una escuela pública que era un melancólico-flemático muy dotado. Su esposa me dijo que él se sentaba en un sillón y se ponía a preocuparse de que le diera un ataque del corazón, hasta que en efecto el corazón comenzaba a acelerarse y pasaba por todos los síntomas de un ataque. Los médicos le aseguraron a ella: "Es pura imaginación. El corazón lo tiene perfectamente sano." A fin de cuentas murió de un ataque del corazón . . . sentado en su sillón, mientras pensaba que le daría un ataque.

Se pudieran dar muchísimos ejemplos de cristianos que han destruido su salud de manera innecesaria a causa del temor. Cierta persona me reveló: "Sencillamente no puedo ponerme a pensar en el futuro. Si lo hago, llego a turbarme tanto que me enfermo." Ese temor no toma en cuenta a Dios como un factor en la ecuación. El temor se fija en las realidades de la vida y pronto se olvida de Dios. He de admitir que inmediatamente antes de la venida de Cristo habrá tiempos peligrosos (2 Timoteo 3:1-5), pero eso no debe hacernos temer. Nuestro Señor en persona dijo: "Y oiréis de guerras y rumores de guerras; mirad que no os turbéis." En otras palabras, debemos confiar *en Él*, y no en el resultado de las circunstancias precarias de la vida.

He descubierto un magnífico antídoto al temor, que se repite siete veces en la Palabra de Dios. Fijémonos bien en esto:

> *Esforzaos y cobrad ánimo; no temáis, ni tengáis miedo de ellos, porque Jehová tu Dios es el que va contigo; no te dejará, ni te desamparará.*
>
> Deuteronomio 31:6

Esa promesa se la hizo Dios en primer lugar a Moisés, y luego a los hijos de Israel. La extendió a Josué y a otras cuatro personas del Antiguo Testamento. En esencia, Dios estaba ordenando: "Ve . . . y yo estaré contigo." Dos mil años después apareció en escena nuestro Señor, y nos proclamó la Gran Comisión de ir a todo el mundo y predicar el evangelio. Y añadió: "Y he aquí yo estoy con vosotros todos los días, hasta el fin del mundo."

El mensaje de Dios para los cristianos de todos los tiempos es el mismo: "Ve, y yo estaré contigo." Si Él está presente, ¿a qué temeremos?

5. El temor apaga al Espíritu Santo.

Así como la ira contrista al Espíritu y le impide al cristiano caminar en el Espíritu, el temor apaga o ahoga el Espíritu (1 Tesalonicenses 5:19). Cada vez que un cristiano es usado por Dios, el Espíritu Santo actúa mediante él. Pero el temor "apaga al Espíritu" y le impide al creyente ser la clase de persona que Dios quiere que sea. A muchos de esos miembros de nuestras iglesias que son propensos al temor les gustaría cantar en el coro, encargarse de una clase de la Escuela Dominical o testificar de Cristo. Pero no hacen ninguna de esas cosas, no porque tengan una mentalidad mundana, sino porque con su temor apagan al Espíritu.

6. El temor destruye el amor.

Uno no puede amar por mucho tiempo a una persona a quien teme. Usted habrá conocido a personas que les temían a sus padres, y cómo eso en cierto momento destruyó la relación de amor entre ellos. Cuando esos personas llegan a la edad adulta, rara vez sienten cariño por sus padres. En contraste, cuanto más amamos a Dios, menos miedo le tenemos. Debe ser a eso a lo que se refería el apóstol Juan cuando escribió: "El perfecto amor echa fuera el temor."

Lo mismo sucede en el matrimonio. Si usted le teme a su cónyuge, llegará el momento en que eso destruirá su amor. No quiere decir que una mujer que pesa cincuenta kilos no deba tener un sano respeto por la fuerza superior de su esposo de ciento veinticinco kilos. Pero si ella teme que él va a ser cruel o infiel, el amor irá disminuyendo hasta llegar a desaparecer.

¿Se entiende ahora lo que quiero decir cuando afirmo que la ira y el temor causan incompatibilidad? ¿Cómo puede un matrimonio mantener sentimientos tiernos el uno para con el otro cuando uno de ellos es dado a explosiones de ira que le ocasionan al otro un temor asfixiante? Cuanto más temor manifieste el uno, mayor será la ira del otro, y así se complica el problema. Es un círculo vicioso que llega a destruir los sentimientos positivos y amorosos.

Esa es la mala noticia. Ahora viene la buena: ¡Ese ciclo se puede romper! Con la ayuda de Dios, es posible superar tanto la ira como el temor.

Cómo superar la ira y el temor

Después de pasar años tratando de ayudar a muchas personas en más de setecientos seminarios y en el consultorio de consejería, he desarrollado una fórmula sencilla para superar tanto la ira como el temor. Sé que funciona porque (1) es bíblica por completo, (2) muchos han atestiguado de que la probaron y funcionó, y (3) mi esposa y yo hemos visto cómo esa fórmula ha hecho cambiar nuestra vida, sacándola a ella del temor y a mí de la ira.

Apréndase de memoria esta fórmula sencilla y así entrará en un nuevo modo de vida.

1. Enfrente su ira o temor como pecado.
(Efesios 4:30-32; Romanos 14:23)

El paso gigantesco hacia la victoria sobre cualquier pecado consiste en reconocerlo como pecado. Mientras siga justificando su ira o su temor, seguirá esclavizado. Una vez invité a almorzar a un maestro de Biblia, y con amabilidad le hice notar que su explosión de ira en la clase el domingo anterior era una conducta inaceptable. Él replicó: "Pastor, es que yo soy así. Soy de origen alemán y nací colérico, y a veces me enojo y estallo." Un tiempo después tuvimos que retirar de la clase a ese hermano, y contemplé cómo por ser tan iracundo, hizo que cinco de sus hijos se marcharan de la casa; cómo torturó a su esposa durante años, y cómo experimentó sin razón una muerte prematura: todo porque rehuyó enfrentar su ira como pecado.

Un médico me confió en el hospital local: "Reverendo, esta mujer está destruyendo su propio cuerpo a causa de sus temores compulsivos. Usted puede ayudarle mejor que yo." Entonces traté de confrontarla con gentileza con su hábito de toda la vida — preocupación, ansiedad y temor —, el cual estaba destruyendo su cuerpo, su matrimonio y su vida espiritual. Le recordé lo que nos dice la Biblia: "[Echa] toda [tu] ansiedad sobre [Dios], porque él tiene cuidado de [ti]." Pero ella no quería escuchar nada de eso, y respondió indignada: "¡Alguien tiene que preocuparse por estas cosas!" Siguió preocupándose, lo cual hizo que con mucho dolor, con grandes gastos y sin necesidad, llegara demasiado temprano a la tumba.

Más vale enfrentar la ira y el temor, y luego aceptar el nombre que Dios les pone: *pecado*.

2. Confiese su ira o temor como pecado.

Una vez que ha enfrentado el problema, sólo le falta unos momentos para recibir el perdón de Dios mediante la confesión. En 1 Juan 1:9 dice con claridad que, cualquiera que sea el pecado en nuestra vida, si lo confesamos en el nombre del Salvador, Dios lo perdonará.

3. Pídale a Dios que le quite su hábito de temor o de ira.

Por el poder de Dios que está dentro de usted al ser cristiano, ya no es esclavo de un hábito como los no creyentes. Podrá ser *víctima* de un hábito, pero no su esclavo. Con la ayuda de Dios puede salirse de una vida con ese tipo de emociones paralizantes. En 1 Juan 5:14,15 se nos promete que siempre que le pidamos a Dios algo que forme parte de su voluntad, Él lo hará. Como sabemos que Él desea que obtengamos victoria tanto sobre la ira como sobre el temor, podemos tener la seguridad de que Él nos capacitará para romper el hábito, sin importar lo arraigado que esté.

4. Pida ser lleno del Espíritu.

Una vez que hemos cumplido las condiciones para ser llenos del Espíritu (o "controlados" por Él), todo lo que falta es pedir. Nuestro Señor dice:

> *Pues si vosotros, siendo malos, sabéis dar buenas dádivas a vuestros hijos, ¿cuánto más vuestro Padre celestial dará el Espíritu Santo a los que se lo pidan?*
>
> Lucas 11:13

5. Perdone a la persona a quien le guarda rencor o amargura.

La Biblia nos dice que "si en [nuestro] corazón hubiése[mos] mirado a la iniquidad", el Señor no nos escucharía cuando oramos (Salmo 66:18). Si hay alguien que lo ha rechazado, lo ha maltratado u ofendido, perdónelo. Ese es un mandato de Dios. El abrigar amargura en el corazón es como el cáncer: llega a invadir a la persona por completo. ¿Se acuerda de aquella señora que en su niñez fue víctima de abuso? Ella no pudo responderle de manera normal con amor a su esposo hasta que perdonó al abusador. Y lo mismo debe hacer usted si hay alguna persona que sea objeto de su ira o amargura.

6. Déle gracias a Dios en fe por la victoria sobre el temor o la ira.

La fe es apropiarse de las promesas de Dios antes que se hagan realidad. Como acto de fe, obedezca lo que dice en 1 Tesalonicenses 5:18 y dé gracias por la victoria que espera. Esa acción de gracias es "la voluntad de Dios".

7. ¡Repita, repita, y . . . repita!

Es poco realista esperar una victoria permanente sobre un mal hábito que lo ha tenido dominado durante tantos años, con una sola aplicación de esta fórmula de siete pasos. En efecto, casi puedo garantizarle que aunque disfrute de la victoria por un tiempo, tarde o temprano recaerá en su viejo hábito. Los malos hábitos suelen mantener una influencia increíble sobre nuestra vida. ¡Pero usted puede vencer!

En este punto muchos cristianos han fallado. Escuchan con mucha atención cuando el enemigo del alma les susurra: "Ves, te dije que no funcionaría; acabas de fallar otra vez"; o bien: "Otra vez volviste a limitar a Dios con tu temor". No le ponga ninguna atención. Repita en seguida los primeros seis pasos de esta fórmula, y hágalo así cada vez que vuelva a caer en su hábito. Será *de forma gradual* que sus explosiones de ira o de temor comiencen a disminuir, hasta que se rompa el grillete con que lo tienen apresado.

La clave para el éxito es el reconocimiento inmediato del pecado y la repetición de los pasos de esta fórmula. Muy pronto descubrirá que es "un hombre nuevo en Cristo Jesús". Eso puede cambiar su vida y su matrimonio. Así ocurrió con el nuestro.

Una confesión personal

Dicen que "la confesión es buena para el alma". También será buena para ilustrar lo eficaz que puede ser la fórmula para curar la ira y el temor. Porque como verá, ¡tanto mi esposa como yo hemos pasado por ahí! Para hablar con franqueza, mi esposa y yo no siempre hemos disfrutado de la maravillosa relación que, con la ayuda del Señor, hemos llegado a construir a lo largo de los años.

Cuando teníamos como doce años de casados, si me hubieran pedido que calificara nuestra relación en una escala de cero a cien, le habría dado un veinte. Mi esposa, con más generosidad, le habría anotado un veinticuatro. Sin embargo, en ningún momento consideramos la posibilidad de divorciarnos. Eso sencillamente no era una opción para nosotros por varias razones. En primer lugar, teníamos tres hijos pequeños para los cuales el divorcio habría sido devastador. En segundo lugar, yo soy pastor y habría arruinado mi carrera. En tercer lugar, ninguno de los dos creía en el divorcio. En cuarto lugar, mi esposa es una mujer flemática-sanguínea muy terca, y yo un hombre colérico-sanguíneo muy determinado. Ella había tomado una decisión de por vida y estaba comprometida tercamente a llevarla adelante. Yo también me había apuntado de por vida y estaba resuelto a luchar a toda costa . . . y pueden creerme que aquello costaba cada vez más.

¡Pero entonces sucedió! Beverly asistió a una convención de Escuelas Dominicales en el Campamento Forest Home, donde fue para adiestrarse como superintendente de departamento de jóvenes. Yo estaba un poco desconcertado por su decisión, porque consideraba que ella era la mejor superintendente de su nivel que jamás había conocido.

Para entonces Beverly era también "la esposa de pastor ideal" . . . bueno, casi. Era hermosa, amable, y muy correcta;

nunca ofendía a nadie. Por otro lado, sus temores la limitaban tanto que nunca les hablaba en grupo a los adultos; sólo se permitía a sí misma dar clases hasta el nivel de sexto grado. Exactamente una semana antes de partir hacia la convención, había rechazado una oportunidad de dar un mensaje devocional a ocho mujeres en uno de nuestros círculos misioneros. "Yo nunca hablo ante un público adulto — objetó —. El orador de la familia es mi esposo, así que pídanle que lo haga." Si usted conoce la labor que hoy día realiza mi esposa como presidenta de la asociación *Concerned Women of America* [Mujeres preocupadas de América], la organización femenina más grande de los Estados Unidos, lo más probable es que le resulte difícil relacionarla con esa mujer dominada por el temor que era Beverly poco antes y poco después de cumplir sus treinta años.

El orador devocional en el campamento de esa semana era el doctor Henry Brandt, a quien he dedicado este libro. Entonces no lo conocíamos, pero al pasar los años ha llegado a ser para nosotros dos un querido amigo y un ejemplo inspirador. Sus mensajes se enfocaron en seguida en los principales problemas de Beverly: el temor, la preocupación, la ansiedad, emociones negativas que les impiden a las personas llegar a ser todo lo que debieran ser para Dios.

Después de escucharlo durante dos días, ella le pidió una entrevista privada de consejería. Allí admitió que sus temores chocaban contra el estilo combativo de su esposo (éramos los extremos opuestos). Explicó que a mí me gustaba recibir de manera informal en nuestro hogar a grupos de personas de la iglesia, mientras que ella necesitaba ser notificada con dos meses de anticipación para limpiar la casa de arriba abajo. Y esa no era sino uno de nuestros muchos campos de conflicto.

Por último el doctor Brandt le preguntó si ella *en realidad* quería saber la naturaleza de su problema. Ella le aseguró que sí.

— Pues no le va a hacer gracia; no es algo bonito — dijo él.

— No se preocupe; puedo recibirlo — replicó ella.

¡Lejos estaba de imaginarse que él la iba a identificar como "una mujer muy egoísta"! Él añadió que ella vivía como una tortuga; sólo cuando no había nadie cerca se sentía tranquila como para sacar la cabeza del caparazón e ir a algún lugar.

— ¿Qué debo hacer, doctor Brandt? — preguntó ella.

— Despójese de ese caparazón egoísta de autoprotección, y abandónese en las manos de Dios. Deje que sea Él quien decida lo que usted debe o no debe hacer — dijo Brandt.

Ella le dio las gracias (Beverly es siempre muy correcta), regresó a su cabaña, y allí pasó una hora llorando. Por fin se puso de pie, se miró en el espejo, y experimentó un momento que hizo cambiar su vida. Le habló así a su propia imagen en el espejo: "Beverly, el doctor Brandt tiene razón. *De verdad* eres una mujer egoísta, y siempre estás protegiéndote a ti misma." Cayó de rodillas, de nuevo le entregó su vida a Dios, y así dio el primer paso hacia una vida transformada.

La transformación de Beverly no se dio de la noche a la mañana. Me acuerdo bien que dos semanas después recibió una llamada desde Crestline, California, de alguien que le pedía ser la oradora en un banquete de madres e hijas . . . ¡para cien mujeres! Ella casi quedó espantada y reaccionó en forma negativa. Pero, sobreponiéndose, confió en Dios y aceptó. Durante dos meses y medio estuvo trabajando todos los días con el mensaje que iba a pronunciar, pero estaba tan nerviosa que se llevó consigo, para que le dieran apoyo a nuestra hija y a otra joven, hija de misioneros, que estaba viviendo en nuestro hogar. Al final de su intervención, cinco mujeres oraron para recibir a Cristo, y desde entonces Beverly nunca ha sido la misma. Más adelante la invitaron a hablar a ciento setenta y cinco mujeres, después a trescientas, después a conferencias de mujeres. Por último, después que ella había hablado en algunos de mis más concurridos seminarios de vida familiar, en 1979 tuve la oportunidad de presentarla en el Auditorio Cívico de Long Beach a más de siete mil hombres y mujeres, donde estuvo hablando durante treinta minutos, y le encantó.

Más tarde, en la televisión y en otros contextos, ella ha debatido con algunos de los principales feministas y liberales del país, incluido a Norman Lear. Ha comparecido a favor de personas postuladas para el tribunal supremo de justicia, a solicitud del ex presidente Ronald Reagan, y ante el comité judicial del senado, donde unos personajes de la envergadura del senador Ted Kennedy, Joe Biden y Howard Metzenbaum, le lanzaron preguntas con la intención de hacerla tambalearse en su seguridad . . . y no lo lograron.

¿Qué fue lo que transformó a una mujer que le tenía miedo a su propia sombra en una audaz defensora de los conceptos tradicionales? ¡Dios el Espíritu Santo! No sucedió de un día para otro, pero de manera gradual el temor fue reemplazado por la fortaleza divina. Ella todavía titubea de cuando en cuando, pero ya no permite que el temor limite la forma en que Dios puede usar su vida.

Usted no puede ni imaginarse lo mucho que eso ha hecho cambiar nuestra relación. Cuando tenemos un conflicto, ella, en lugar de encerrarse en su caparazón, expresa con franqueza sus puntos de vista. Ahora podemos comunicarnos acerca de cualquier cosa, y ella no es temerosa de la naturaleza explosiva de su esposo. De hecho está consciente de que, si yo reacciono con ira, es problema mío. Lo que a ella le toca es hacer lo que dice la Biblia: "Siguiendo la verdad en amor." El silencio no es beneficioso en una relación matrimonial; casi nunca arregla las cosas, por lo menos cuando impide que se diga una verdad pronunciada con amabilidad.

He contemplado un hermoso botón de rosa, muy apretado, abrirse ante mis ojos hasta llegar a ser una rosa en todo su esplendor, mucho más hermosa todavía. Semana tras semana, mes tras mes, y por último, año tras año, ella se fue abriendo a la voluntad de Dios que se le iba manifestando. Como ella suele decir: "Dios nos lleva de un paso de fe a otro paso de fe." Ella ha recorrido el camino desde superintendente del departamento de jóvenes hasta ser una famosa oradora para mujeres, encargada del registro en una universidad, autora de siete libros, invitada junto conmigo en radio y televisión, presidenta de la asociación *Concerned Women of America* [Mujeres preocupadas de América], asesora personal de dos Presidentes de los Estados Unidos y de la Presidenta de Nicaragua, miembro de la junta directiva de la Universidad *Liberty* — la más grande universidad cristiana en los Estados Unidos — y directora de su propio programa radial de una hora, de micrófono abierto, desde su oficina en Washington, D.C.

Hasta ha superado uno de sus más grandes temores, el temor al agua. Hoy día mi esposa acostumbra nadar, como consecuencia de un reto que escribió un misionero: "Si su esposa en realidad está llena del Espíritu Santo como usted dijo en su libro *Temperamentos controlados*, ¿por qué es que ella no nada?" Ella leyó esa carta, y una semana después se inscribió para tomar lecciones de natación. Ahora, todos los veranos, en nuestro viaje familiar anual para hacer esquí acuático, ella les enseña a nuestros nietos a nadar. Todo esto lo he presenciado mientras la observo cuidar los altibajos de sus recurrentes ataques de artritis reumática.

Todo esto lo digo no para glorificar a mi esposa sino para enaltecer al Señor, cuyo Espíritu Santo que habita en ella hizo posible todo esto. Y para que no se piense que estoy exagerando, permítame decirle lo que dijo un juez federal de los Estados Unidos, de Louisville, Kentucky. Éste asistió a un seminario de hombres donde yo hablé. Él esperó a que yo terminara, y luego se presentó y me dijo: "¿Me haría el favor de llevarle a su esposa un recado de mi parte? La vi en un programa en *C-Span* cuando habló ante el comité judicial del senado a favor del juez Robert Bork. ¡El testimonio que dio me pareció estupendo!" A mí también me pareció estupendo.

También da resultado para la ira

Entretanto, allá en el Campamento Forest Home, Beverly me llamó a la casa para anunciar "esa experiencia maravillosa que acabo de tener". Entonces me invitó a que fuera y escuchara el mensaje final del doctor Brandt, lo cual hice el viernes a las diez de la mañana. Llegué en el momento en que lo estaban presentando, y me senté en un banco de atrás, justo a tiempo para ponerme furioso. Sentí que aquello estaba planeado de antemano. Seguro que mi esposa le había dicho que iba a llegar, porque tan pronto como anunció que su texto era Efesios 4:30-32, comenzó a dirigir su sermón de manera directa contra mí. Habló acerca de joven pastor iracundo que había venido a él desde la Clínica Mayo, donde, a pesar de que el pobre estaba sangrando por dentro por unas úlceras, no pudieron "encontrar nada orgánicamente incorrecto" y le sugirieron que "necesitaba un psicoanalista". El pastor no quería acudir a un consejero secular para un problema así, de modo que buscó al doctor Brandt, cuya clínica entonces estaba ubicada en Flint, Michigan, a ochocientos kilómetros de distancia. Concertaron tres citas diarias.

Yo me identifiqué de inmediato con ese relato porque estaba escupiendo sangre. Las úlceras eran un mal de mi familia, de modo que había decidido tratarlas por mi cuenta. Además, me daba demasiada vergüenza que alguno de los siete médicos de nuestra congregación supiera que su pastor tenía úlceras.

Durante su primera entrevista, el joven pastor estalló. Saltó de su silla y le reclamó airadamente al doctor Brandt: "¡Yo no conduje mi auto ochocientos kilómetros para venir a que me insultaran!" Entonces salió con violencia dando un portazo.

Cuando regresó al día siguiente (después de calmarse y darse cuenta de la estupidez que había cometido), se disculpó y volvieron a comenzar. El joven pastor contó que su iglesia estaba en medio de una campaña de construcción; y claro, ¿quién puede esperar que un pastor ande en el Espíritu durante una campaña de construcción? Luego relató todos los pleitos que había tenido con el comité de educación cristiana acerca de dónde ubicar las aulas de la Escuela Dominical. Después había batallado con el comité de arquitectura en cuanto al diseño del edificio, con el comité de finanzas acerca de la suma de dinero que iban a gastar, y con la junta fiduciaria acerca de cómo gastarlo. "El mes pasado — admitió con renuencia —, ¡hasta tuve un altercado con el comité misionero de mujeres!"

Yo estaba sentado allá al fondo, analizando sus comentarios. Nosotros habíamos estado en una campaña de construcción durante el último año y medio, y dentro de un mes íbamos a dedicar el nuevo auditorio de nuestra iglesia. Me acordaba demasiado bien de las disputas con el comité de educación cristiana acerca de si colocar las aulas de Escuela Dominical en el sótano. Es que me había criado en Michigan, donde todos los edificios tienen sótano; pero nadie hace sótanos en San

Diego, California, a unos pocos kilómetros de la falla sísmica de San Andrés. Pero si visita la Iglesia Bautista Scott Memorial, ¡descubrirá que esa es la única iglesia de San Diego con un gran sótano!

Además, recibí mi educación en los estados del Sur, y me había enamorado de la arquitectura colonial estadounidense; mientras que en San Diego, a sólo veintisiete kilómetros de la frontera mexicana, prevalecía la arquitectura española. Sin embargo, si visita San Diego, se encontrará allí una iglesia de estilo colonial estadounidense. ¿Eso le dice algo?

Mientras el doctor Brandt describía la situación de aquel joven como un pastor iracundo y hostil, escuché el mensaje con toda claridad. De pronto me di cuenta de que los fiduciarios y el comité de arquitectura no eran culpables de egoísmo y de un espíritu cerrado. No; el que había fallado era su pastor y, por primera vez, me di cuenta de que había pasado toda mi vida enojado. Sí, yo estaba entregado a Dios y había tenido mucho éxito como pastor durante más de diez años. Amaba a Dios, me gozaba plenamente en su obra, y pastoreaba una iglesia maravillosa que estaba creciendo. La revista *Moody* incluso había sacado una crónica sobre nuestra iglesia, con el título "La iglesia que no deja de crecer". Dos veces habíamos ganado un premio como la Escuela Dominical que crecía con más rapidez en toda California. Dios había derramado su bendición en muchos aspectos, pero ahora me veía confrontado con mi naturaleza iracunda y pecaminosa.

Es difícil describir mis sentimientos, porque de manera sincera había tratado de ser un hombre piadoso. Desde mi juventud había trabajado con diligencia para purificar mi mente de modo que Dios pudiera usar mi predicación para ayudar a las personas. Pero ahora, por primera vez, reconocí que era un pecador egoísta y lleno de ira que insistía en salirme con la mía. Tan pronto como el doctor Brandt concluyó su mensaje, salí a caminar por entre los pinos para orar y confesar a Dios mi pecado de toda la vida. ¡Jamás olvidaré ese día! Por primera vez quedé de forma consciente lleno del Espíritu Santo. Él manifestó su presencia en mi vida con la paz más increíble que jamás había experimentado. De repente supe que mi batalla interior había terminado: me había rendido por completo al dominio del Espíritu.

¿Adivina usted cuánto duró esa paz? ¡Dos horas y media! Uno pensaría que un pastor habría podido llegar por lo menos a las tres horas. Pero yo no. Beverly y yo nos metimos a nuestro auto nuevo, bajamos de la montaña, y fuimos compartiendo entre nosotros nuestras magníficas experiencias con el Espíritu de Dios. Y entonces sucedió. Apenas habíamos entrado en la autopista Riverside, pasamos junto a un letrero que decía: "San Diego a doscientos kilómetros." Uno de mis motivos de enojo en la carretera son esos estúpidos que van manejando por el cuarto carril — el de más a la izquierda de la autopista —, y de pronto deciden abandonar la autopista, y viran hacia la derecha atravesando todos los demás carriles sin siquiera mirar. Y en mi caso, casi siempre se trata de un auto deportivo rojo.

Iba por el tercer carril, a una velocidad de ciento ocho kilómetros por hora (que en los Estados Unidos son ocho kilómetros más allá del límite de velocidad para no perder tiempo; pero dos kilómetros por debajo del "límite para recibir una multa"), cuando el consabido auto deportivo rojo me pasó frente a los ojos. Oprimí mis nuevos frenos y di un patinazo por la carretera. ¡Nuestro auto quedó a un milímetro de volcarse! Cuando logré controlar el auto, ¡ya no me pude controlar *a mí mismo*! El estómago se me hizo un nudo, se me aflojó la boca, y en voz alta expresé mis observaciones personales acerca del chofer, sus padres y el instructor que lo enseñó a manejar. Casi de inmediato me percaté de que había contristado al Espíritu Santo. Lo supe al instante porque mi paz desapareció.

Allí mismo, en aquella autopista, hice uno de los descubrimientos más importantes de toda mi vida espiritual. Mirando hacia arriba a través del parabrisas de mi auto, oré así: "Señor, lo he vuelto a hacer. Por favor perdóname y lléname de tu Espíritu." La paz regresó instantáneamente. Con el rabillo del ojo pude ver las luces rojas de aquel auto que se acercaba a la señal de alto al final de la rampa de salida. Todo aquel proceso no pudo haber durado más de ocho o diez segundos, pero en ese breve lapso perdí mi paz, reconocí mi pecado, se lo confesé a Dios, y recobré la paz.

He aprendido que esa es la clave para la vida llena del Espíritu. En el momento en que usted peque, confiese de inmediato su pecado y será renovado. Con Dios siempre hay que tener las cuentas claras.

Con toda probabilidad tuve que repetir la fórmula cien veces el primer día. El segundo día me fue mucho mejor; unas noventa veces. Años después, no puedo fingir que nunca me enoje; pero ya la situación ni se parece a lo que solía ser. En efecto, algunas veces he presenciado en mi vida un milagro increíble. Cuando me cruza enfrente un pequeño auto deportivo rojo, me he reído al reflexionar sobre mi reacción de antes. Eso tiene que ser obra de Dios, porque sigo teniendo el mismo temperamento. Pero ahora, en vez de dar rienda suelta a mi ira con egoísmo, la reconozco como un pecado que contrista al Espíritu Santo. De manera gradual ese hábito de toda una vida ha ido perdiendo su dominio sobre mí. La fórmula para superar la ira y el temor, tal como la expuse en el primer capítulo, puede servir para cualquier persona, sin importar lo arraigados y duraderos que sean el temor y la ira.

Hace muchos años expuse este principio en una iglesia de Phoenix, Arizona. Un diácono de setenta años de edad comentó después del culto: "Reverendo, debí haber escuchado este mensaje hace cuarenta años. Toda mi vida la he pasado enojado. Dígame una cosa: ¿un hombre de setenta años es demasiado viejo como para intentar su fórmula?" Con toda franqueza, no sabía la respuesta. Entonces oré pidiendo sabiduría y escuché cómo yo mismo citaba un pasaje bíblico para aquel hombre: "Para los hombres esto es imposible, mas para Dios todo es posible." Y añadí: "Poderoso es Dios para hacer que abunde en vosotros toda gracia, y la Biblia dice que todo lo puedo en Cristo que me fortalece." Cada vez que le daba un versículo, él se enderezaba un poco más. Por último se marchó, y me olvidé por completo de aquella conversación . . . durante dos años.

Cierto viernes por la noche estaba en otra iglesia de Phoenix y me fijé en una pareja mayor al lado derecho del auditorio. Después de la reunión, llegaron y se presentaron, y él me hizo recordar que era el diácono de aquella otra iglesia hace dos años atrás. Como es natural, me emocioné al verlo, y le pregunté cómo le iba. Él respondió: "Por eso me acerqué a hablarle. Quería darle un informe de mis progresos. Estos dos años han sido los mejores de mi vida. ¡Soy un hombre diferente! Si no me lo cree, pregúnteselo a mi esposa." Al mirar a la mujer sonriente, supe la respuesta. Y esa es la prueba del verdadero cambio emocional: cómo es uno en el hogar.

Lo interesante es que la Biblia ubica la vida llena del Espíritu (o controlada por Él) en nuestro hogar. No es por casualidad que Efesios 5:18, el mandato más específico que hay en la Biblia acerca del ser llenos del Espíritu, constituye la introducción al pasaje más extenso del Nuevo Testamento sobre la vida en familia. Ese capítulo les dice a las casadas cómo tratar a su esposo, instruye a los esposos sobre cómo tratar a su esposa, explica que los niños deben obedecer a sus padres y honrarlos, y les informa a los padres sobre su papel como instructores de sus hijos.

El tema de la vida llena del Espíritu, Dios nunca lo planeó para que fuera punto de discusiones entre teólogos o entre denominaciones. Su propósito fue que esa vida fuera el medio de enriquecer nuestro hogar, nuestro matrimonio, nuestras relaciones personales. Es evidente que funciona, porque en todos los años que llevo aconsejando a personas casadas, nunca una pareja llena del Espíritu ha recurrido a mí en busca de consejería. Como todos los demás, se encontrarán en la vida con incontables problemas; pero para enfrentarlos aprovechan los recursos especiales de Dios.

Usted puede hacer lo mismo. Después de leer este libro, espero y oro que usted use esos recursos a fin de disfrutar del tipo de vida familiar que Dios tiene para usted.

El testimonio de una mujer llena de temor

Una de las grandes bendiciones que recibo por haber sido un escritor cristiano durante los últimos veinticinco años son las muchas cartas de agradecimiento que me envían muchos lectores de diferentes partes de los Estados Unidos. Hace poco me escribió una mujer para contarme cómo le había ayudado uno de mis libros que describen esta técnica para superar el temor. Ella había sido víctima de "lo que toda mujer teme": un enmascarado asaltó su casa y, después de atarla, la violó. Es así como describe ella su recuperación:

> El tiempo posterior a esta experiencia ha sido increíble . . . Cuando asimilé la realidad, me encontré sobrecogida por completo de temor; no podía dormir, y cuando llegué al punto en que ya logré quedarme sola en la casa, corría de un lado a otro en un estado casi maniaco, fijándome en cada ventana temiendo que aquel hombre regresara. Ese es el temor más grande; una está convencida por completo de que él está esperando al otro lado de una esquina, detrás de un árbol, detrás del auto y, en mi caso, detrás de cualquier puerta que uno esté pensando abrir. Las estadísticas que dicen que un delincuente nunca regresa a la escena del delito no significan nada para una víctima . . . El tormento . . . estaba empezando a devorarme. Por fin acudí a un terapeuta, pero sin verdadero éxito. Lo que se me estaba haciendo claro era que la raíz de mi problema era espiritual. Yo podía entrar en cualquier librería y seleccionar un libro de ayuda personal y abordar el asunto de manera intelectual, que es lo que habíamos estado haciendo en la terapia, pero eso no estaba solucionando el problema del temor.
>
> Lo que en realidad me salvó la vida fue su libro. Mi primer paso consistió en dejar de tomar el medicamento para la ansiedad, que se me recetó para quitarme el insomnio. Eso fue difícil, pero me dio la sensación de tener más control sobre mi vida. Después apliqué la fórmula contra el temor que está en su libro. Debo de haber repetido esos pasos un millón de veces en sólo el primer día. Al final de la semana, mi esposo percibió un cambio notorio en mi porte, ¡en todo! Y por primera vez después del ataque, me sentí en paz; me calmé.
>
> No sé cómo agradecerle excepto escribiéndole esta carta y recomendándole su libro a prácticamente todas las personas que conozco. Usted ha abierto para mí toda una nueva dimensión, tanto espiritual como en cuanto al conocimiento de mí misma.

Esta mujer accedió a que yo usara su relato en forma anónima. Ojalá que eso le ayude a alguna persona que esté atrapada en las garras del temor o de la ira, a darse cuenta de que esta fórmula en realidad funciona. Inténtelo; con la ayuda de Dios puede cambiar su vida.

Los sentimientos controlados por el Espíritu

Los seres humanos somos criaturas increíblemente emotivas. Con lo complejo y diversos que somos, no hay nada que tenga tanta influencia sobre nuestra persona como nuestras emociones. En efecto, estoy firmemente convencido de que lo que somos en el plano emocional es fundamentalmente lo que somos como personas. Si una persona está descontrolada emocionalmente, está descontrolada como persona. Y en esa condición nunca podrá realizar su potencialidad natural.

Cierto hombre que tenía mucho éxito en sus negocios se jactaba una vez en mi presencia al decir que él tenía un coeficiente intelectual de más de ciento cincuenta. Pero no es un buen esposo y es un caso perdido como padre. No le falta inteligencia ni talento, pero su tremenda ira explota ante la más leve provocación, poniéndolo fuera de control gran parte del tiempo. Cuando todo está bien se comporta de forma encantadora, pero cuando está bajo presión detona como pieza de artillería.

Ese hombre no está solo: en todas partes del mundo hay personas que, aun cuando por lo demás sean amorosas, amables y corteses, destruyen a su familia con sus demostraciones de ira, temor, orgullo, envidia y otras parecidas. Esta falta de control confirma que el Espíritu Santo no está controlando la vida de la persona. Como señala el doctor Henry Brandt: "La presión no es la que le forma su espíritu, sino la que se lo manifiesta." Nuestro Señor dice: "Del corazón [centro emocional] de los hombres salen los malos pensamientos, los adulterios, las fornicaciones, los homicidios, los hurtos, las avaricias, las maldades, el engaño, la lascivia, la envidia, la maledicencia, la soberbia, la insensatez" (Marcos 7:21-22). En otro lugar dice: "Conforme piensa el hombre en su corazón, así es."

Ya hemos repasado el efecto adverso que tienen la ira y el temor sobre nuestra vida física. El diagrama en la página 119 lo pone en perspectiva. Esa computadora emocional en forma de nuez, que la Biblia llama "el corazón", está enlazada neurológicamente con todos los órganos vitales del cuerpo.

Sin duda habrá visto en el consultorio de un médico un diagrama del sistema nervioso. Del cerebro salen unos hilos que van desde el centro emocional en la parte frontal del cerebro, a lo largo de la columna vertebral y luego hacia todos los demás órganos del cuerpo. Esos hilos son en realidad los nervios que controlan desde el cerebro a los órganos adonde llegan. Cuando uno está descansado, gozando de los sentimientos positivos como "amor, gozo y paz", su cuerpo funciona por completo de manera adecuada. Pero cuando usted abriga emociones negativas en su "corazón" o centro emocional, se crea tensión en los órganos vitales.

Durante nuestra juventud podemos asimilar mucha de esa tensión, pero a medida que maduramos en edad, nuestro cuerpo se quebrantará en el punto de menor resistencia. Esto ocasiona las úlceras, la alta presión sanguínea, los ataques al corazón y demás males que menciona el doctor McMillen en su libro.

En el corazón del cristiano hay dos fuentes de sentimientos y emociones: "el espíritu del hombre", es decir, nuestro espíritu humano; y el Espíritu de Dios, la nueva naturaleza espiritual que entra a nuestra vida cuando nacemos de nuevo por la fe en el Señor Jesucristo. El primero es la fuente de todas los sentimientos indebidos. El otro, que Pablo identifica como "el nuevo hombre", sólo puede experimentar sentimientos

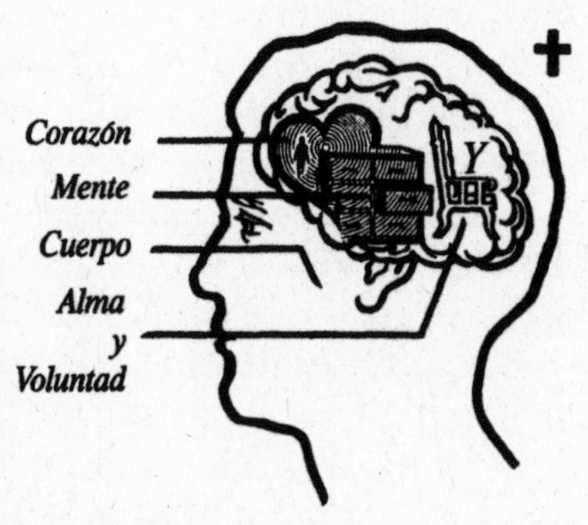

beneficiosos. Cuando estos últimos son cultivados, llegan a dominar nuestros sentimientos naturales.

Si es cierto que una sola ilustración vale mil palabras, el diagrama que sigue servirá para explicar con más claridad este concepto. Miles de personas me han dicho, después de repasar esta presentación, que por fin esto les hizo posible entender por primera vez las dos naturalezas.

El diagrama anterior se basa en la afirmación de nuestro Señor en Lucas 10:27, que separa las cuatro partes de nuestro ser, a cada una de las cuales se le manda amarlo a Él: nuestro "corazón" (centro emocional), nuestra "mente", nuestra "alma" (nuestra vida misma, que incluye la voluntad), y nuestras "fuerzas" (el cuerpo).

Si examinamos de manera detallada el diagrama, vemos que en el corazón hay sólo una naturaleza: la humana. En el trono de la voluntad, que es la sede del alma, está sentada una Y. Esa Y significa YO. Note también que Cristo está simbolizado por la cruz fuera de la persona. Jesucristo no ha nacido en nuestro corazón. Tenemos que recibirlo a Él de manera personal por la fe para que Él pueda entrar.

El no cristiano de arriba puede ser cualquier persona: desde una dulce maestra de primer grado, que como una amable flemática ama a sus niños, a su esposo, a su perro y a sus vecinos (la mayor parte del tiempo), hasta un bandolero colérico que vive en la carne todo el tiempo. Pero en forma periódica, incluso los no cristianos más simpáticos experimentarán sentimientos motivadas por su egoísmo, y algunos de ellos no lograrán controlarlos. Esos impulsos egocéntricos destruyen las relaciones interpersonales, en particular las que tienen que ver con la familia más cercana. Como lo hemos visto, el egoísmo es siempre un arma de destrucción.

El diagrama que viene a continuación representa al cristiano nacido de nuevo. Note en primer lugar que Cristo ya no está representado fuera de su vida. El Salvador está ahora dentro, en el trono del individuo. Cuando recibimos a Cristo, ya sea que nos demos plena cuenta de ello o no, cambiamos la vida del yo por la vida (el señorío) de Cristo. Nosotros "creemos en el Señor Jesucristo"; y "todo aquel que invocare el nombre del Señor será salvo". La salvación es un cambio de gobernantes, porque el arrepentimiento hace que la voluntad egoísta abdique al trono. En el momento de la salvación aceptamos la voluntad de Dios para nuestra vida bajo la forma del Espíritu de Cristo, el cual llega a gobernarnos. Por eso lo representamos a Él *sobre* el trono; el yo, que es ahora el siervo bien dispuesto de Cristo, está *bajo* el trono. (Le debo a mi amigo Bill Bright este símbolo útil del trono, que ilustra de un modo tan claro el gobierno).

El apóstol Pablo es un ejemplo bíblico excelente de esa experiencia, ya que en el camino a Damasco, decidido a llevar a cabo sus deseos egoístas de perseguir a los cristianos, cayó sobre su rostro en presencia de Cristo y se arrepintió. Su oración de conversión fue muy sencilla: "Señor, ¿qué quieres que [yo] haga?" En un breve instante estuvo dispuesto a trocar su voluntad egoísta por la de Cristo. Su nueva experiencia se ilustra en el diagrama de arriba.

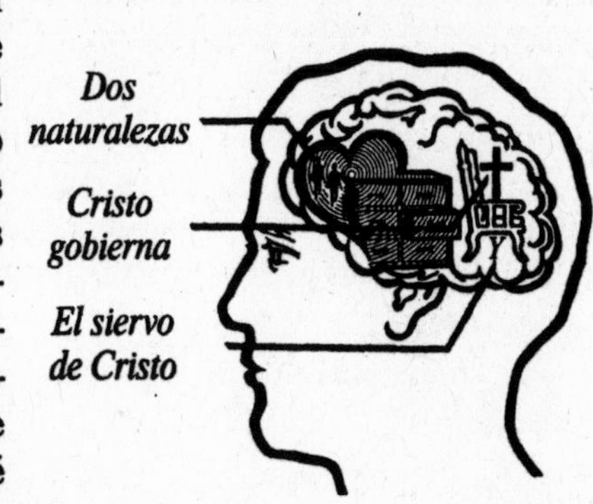

Observe el segundo símbolo del "hombre o mujer del corazón". Todos los cristianos nacidos de nuevo tienen esta nueva naturaleza (2 Corintios 5:17), desde el momento de su conversión. Esa es su potencialidad para el cambio, que incluye el cambio emocional.

Esto nos lleva al punto más importante de todo este libro: *El recibir a Jesucristo como su Señor y Salvador le proveerá del poder sobrenatural para cambiar*. Pero ¿qué es lo que se va a modificar? ¿Su apariencia externa? ¿Su coeficiente intelectual? ¡No, sus sentimientos! Dios el Espíritu Santo, actuando ahora desde adentro, introduce toda una nueva dimensión para la transformación emocional. Es cierto es que los cristianos pueden experimentar fluctuaciones emocionales según su temperamento natural; pero, por lo general, gozarán de expresiones más ricas y plenas de los sentimientos. Podrán "gozarse con los que se gozan, llorar con los que lloran", más que antes de su conversión. La compasión o amor del Espíritu Santo puede incluso hacer que el colérico se vuelva tierno . . . ¡y créanme que para eso se necesita un milagro! El gozo del Señor puede levantar el espíritu de depresión que con frecuencia aqueja a los melancólicos.

Asimismo, los sanguíneos pueden adquirir mayor dominio propio, y los flemáticos más motivación. Sin embargo, estos cambios no suelen darse de la noche a la mañana, ni son automáticos. Van ocurriendo con la madurez de la persona y, como veremos, con su cooperación. Esto explica por qué algunos cristianos muestran un cambio drástico después de su conversión, mientras que en otros casos el cambio es más gradual, y en algunos casos a duras penas crecen.

Teniendo esto en mente, llegamos a tres preguntas muy comunes:

1. Si tengo dentro de mí dos naturalezas, ¿cuál de ellas gobernará mi vida?
2. ¿Cómo puedo distinguir cuál naturaleza está gobernando mi vida en un momento determinado?
3. ¿Cómo puedo vivir bajo el dominio del Espíritu, como se me manda en Gálatas 5:16-19?

La primera respuesta es sencilla: *¡La naturaleza que usted alimente más experimentará el mayor crecimiento!* Fíjese de nuevo en el diagrama número diez. Hay dos naturalezas habitando dentro de su corazón. Dios ha provisto cuatro canales principales hacia esas dos naturalezas: dos ojos y dos oídos. Lo que introduzca en su mente mediante esos dos sentidos alimentará a una u a otra de esas dos naturalezas. Cuando asiste a la iglesia, lee un libro como este, ve en la televisión un buen programa cristiano o lo escucha por radio, o cuando lee su Biblia, está alimentando su nueva naturaleza. Si corrompe sus ojos y sus oídos (y por lo tanto su mente y su corazón) con películas inmorales, con programas de televisión obscenos o con libros pornográficos, estará alimentando su vieja naturaleza. Es así de sencillo.

Esto explica por qué algunos cristianos casi no crecen en su nueva fe: no logran nutrir de forma adecuada su nueva naturaleza. También aclara por qué un cristiano que parecía maduro puede cometer un pecado atroz que nos perjudica a todos: esa persona ha alimentado de forma gradual su vieja naturaleza pecaminosa con los materiales incorrectos, hasta que los sentimientos se descontrolan y la antigua naturaleza llega a dominar su conducta en lugar de la nueva. Tenga esto por seguro: ¡Cualquiera de las dos naturalezas que usted alimente más se volverá la más fuerte!

Para obtener información detallada acerca de cómo nutrir su nueva naturaleza en forma oportuna, por favor consulte mi libro *Cómo estudiar la Biblia por sí mismo*. En él presento diagramas fáciles de usar que harán que el estudio bíblico en realidad adquiera vida para usted. Contiene también un programa muy útil para leer la Biblia en tres años, que fortalecerá su vida espiritual y le suministrará un conocimiento práctico de la Palabra de Dios.

La respuesta a la segunda pregunta: ¿Cómo puedo distinguir cuál de las dos naturalezas está gobernando mi vida? es todavía más fácil: *Usted actuará según la naturaleza que lo esté gobernando.* Cuando actúa con egoísmo, con ira o con temor, es la vieja naturaleza pecadora la que está manejando el tablero de mandos. Cuando actúa con amor, gozo y paz — en especial cuando la situación o su temperamento debiera empujarlo en la dirección contraria —, es que su nueva naturaleza está ejerciendo con eficiencia el dominio de sus sentimientos y emociones.

Este diagrama, y los que siguen, basados en Gálatas 5:16-23, ilustran ese punto. Hay dos pasajes principales del Nuevo Testamento que esbozan los hechos y los sentimientos que podemos esperar como resultado de "la carne": Gálatas 5 y Colosenses 3. Gálatas 5:19 muestra que estos son los resultados de la vieja naturaleza. Dice

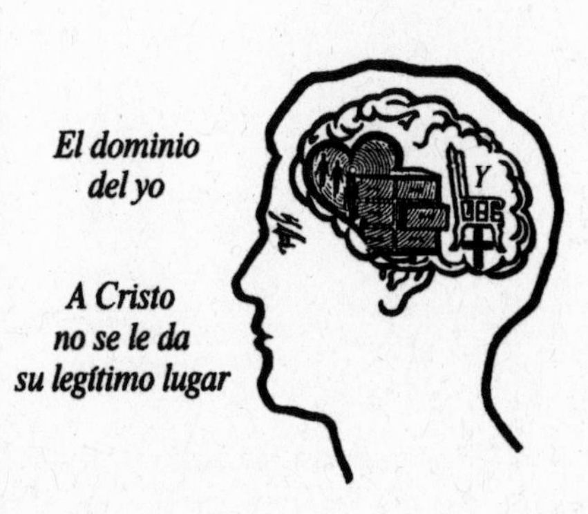

así: "Manifiestas son las obras de la carne", lo cual significa que el impacto de la vieja naturaleza sobre nuestra vida se manifiesta con claridad por nuestras acciones. Estudie estos diagramas y los pasajes que se acaban de mencionar.

Gálatas 5:19-21

Adulterio
Fornicación
Inmundicia
Lascivia
Idolatría
Hechicerías
Enemistades
Pleitos
Celos
Iras
Contiendas
Disensiones
Herejías
Envidias
Homicidios
Borracheras
Orgías
y cosas semejantes

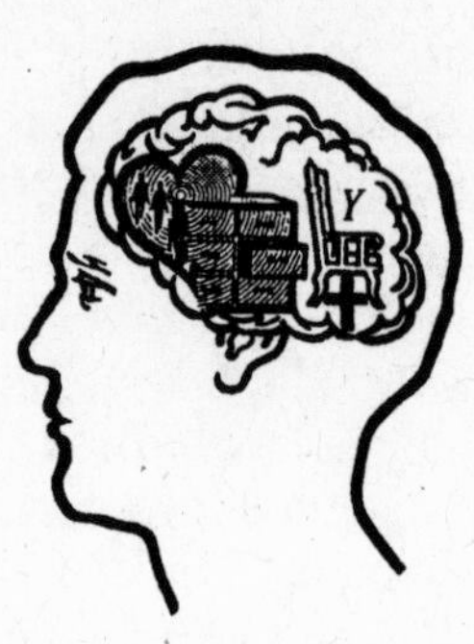

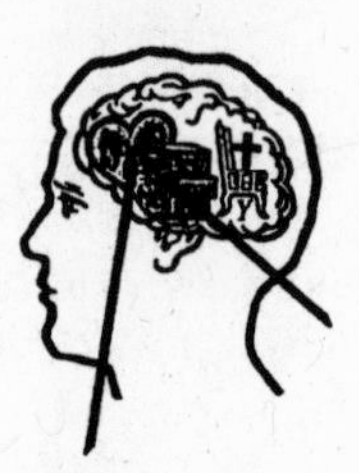

Las fortalezas del Espíritu

Gálatas 5:22-23

Amor
Gozo
Paz
Paciencia
Benignidad
Bondad
Fe
Mansedumbre
Templanza

Colosenses 3:12-17

Entrañable misericordia
Benignidad
Humildad
Mansedumbre
Paciencia
Capacidad de soportar
Perdón
Amor
Paz
Cantos en el corazón
Gracia
Gratitud

Una rápida evaluación de los diagramas sugiere que la naturaleza carnal fue lo que hizo que Pablo dijera: "Yo sé que en mí, esto es, en mi carne, no mora el bien." Esa naturaleza, que vive dentro de cada uno de nosotros mientras permanezcamos en el cuerpo, ocasiona daños incalculables. Sólo podemos dominarla "haciendo morir" (Colosenses 3:5) las obras de la carne a fuerza de hambre. Note también la tremenda advertencia de Gálatas 5:21: Los que sigan practicando estas cosas "no heredarán el reino de Dios".

Este pasaje nos enseña que, si bien un cristiano puede cometer de forma ocasional una o más de esas acciones, no las va a llevar adelante de manera continua como su estilo de vida. ¿Por qué? Porque posee otra naturaleza: "el nuevo hombre", el cual ejercerá su autoridad de modo inequívoco obligándolo a hacer las cosas que agradan a Cristo. Si una persona no tiene dentro de sí *dos* espíritus, no es cristiano; y no verá el reino de Dios. Pero una vez que el Espíritu ha entrado en su vida, manifestará su presencia mediante una vida transformada. Esto no significa que no pueda reincidir en alguna ocasión, sucumbiendo ante sus antiguos caminos y modos de conducta. Pero cuando se dedica a edificarse a sí mismo en su santísima fe, llegará a ser "fuerte en el Señor". Sólo entonces disfrutará de una naturaleza espiritual vigorosa que lo hará caminar en el Espíritu la mayor parte del tiempo.

Como hemos visto, si un cristiano alimenta constantemente su vieja naturaleza mientras deja morirse de hambre a la nueva, ésta perderá el control y actuará más como un no cristiano que como un creyente. Aquel que continuamente nutre al viejo hombre, perderá lo que Pablo llama "la guerra contra el Espíritu". Eso sólo podemos contrarrestarlo alimentando la nueva naturaleza y no a la vieja. Esto produce una victoria a largo plazo sobre la carne, pero no es un remedio instantáneo.

¿Qué tiene que ver todo esto con las relaciones interpersonales y con la adaptación entre los cónyuges? Está relacionado por completo. La mejor forma de llevarse bien con otras personas, en particular con la familia, es adquirir el dominio emocional que Dios el Espíritu Santo quiere otorgarle ahora que es cristiano. El diagrama anterior refleja el poder que está a su disposición para superar las debilidades, edificando internamente una vida espiritual fuerte.

> *Mas el fruto del Espíritu es amor, gozo, paz, paciencia, benignidad, bondad, fe, mansedumbre, templanza.*
>
> Gálatas 5:22-23

Las nueve características del Espíritu en su vida garantizan dos cosas: el control emocional y la fortaleza para superar las debilidades. Los primeros tres frutos — amor, gozo y paz — son evidentemente los sentimientos que constituyen un antídoto espiritual contra la falta de control emocional en esos sentimientos hostiles como el enojo, la ira o la maldad, y los sentimientos de temor como la ansiedad, la preocupación o el terror. Hasta la depresión se opaca por el gozo. Los cristianos gobernados por el Espíritu nunca están fuera de control emocional. Es posible que pasen por trastornos emocionales en medio de los traumas y las penas de la vida, pero no son vencidos. Según Pablo, somos "perseguidos, mas no desamparados". Los hijos de Dios tenemos la victoria, gracias al ministerio que realiza el Espíritu Santo que habita dentro de nosotros.

Los nueve frutos del Espíritu proveen también fortaleza contra toda debilidad humana. Eso lo aprendí de un modo muy gráfico mientras enseñaba un curso de psicología bíblica hace varios años en el *Christian Heritage College*. A los sesenta y cinco estudiantes de último y penúltimo año — todos de la carrera de consejería — les pedí que me ayudaran a enumerar todas las debilidades que tienen las personas y que algún día se encontrarán ellos en la sala de consejería. Después de enumerar ochenta y cuatro debilidades les mencioné los nueve frutos del Espíritu, los cuales dan los recursos que como consejeros necesitamos para tratar con cristianos, y les pregunté si podían identificar por lo menos un fruto o fortaleza del Espíritu para cada debilidad humana. Mientras nos fuimos abriendo paso a través de toda la lista, encontramos por lo menos dos fortalezas para cada una de las ochenta y cuatro debilidades humanas, y a veces hasta cinco. Este descubrimiento no hizo sino confirmar mi convicción de que la vida llena del Espíritu garantiza poder contra cada debilidad humana, si en realidad queremos aprovechar esa vida.

La tercera pregunta: ¿Cómo puedo vivir bajo el dominio del Espíritu?, ha sido tratada en detalle en algunos de mis otros libros, de modo que aquí no haré sino esbozarla brevemente. Sin embargo no es cosa que haya de pasarse por alto, ya que no sólo es la voluntad de Dios para su vida (Efesios 5:17,18) sino que es un elemento esencial para una vida cristiana de éxito, y es la clave para aprender bien cómo adaptarse al cónyuge. Los siete pasos que damos a continuación le ayudarán a apropiarse de esta experiencia.

1. El autoexamen (Hechos 20:28; 1 Corintios 11:28).

Un cristiano interesado en ser lleno del Espíritu Santo debe de manera constante "mirar" bien para "probarse a sí mismo"; no para determinar si ha llegado a la altura de los criterios de otras personas o de las tradiciones y exigencias de su iglesia, sino para ver si muestra los resultados, antes mencionados, del ser lleno del Espíritu Santo. Si le falta poder para dar testimonio, si no logra reflejar un espíritu gozoso y sumiso, si encuentra que las nueve características del temperamento controlado por el Espíritu Santo son deficientes en su vida, el autoexamen le revelará los pecados que le obstaculizan el crecimiento. Sólo hay una forma de resolver el pecado una vez que se identifica como tal:

2. Confesar todo pecado conocido (1 Juan 1:9).

> *Si confesamos nuestros pecados, él es fiel y justo para perdonar nuestros pecados, y limpiarnos de toda maldad.*

Después de examinarnos a nosotros mismos a la luz de la Palabra de Dios, debemos confesar todos los pecados que el Espíritu Santo nos traiga a la conciencia, incluso las características de la vida llena del Espíritu que aún nos faltan. Sólo cuando reconozcamos como pecado la ausencia de compasión, la falta de dominio propio, la necesidad de humildad, la ira en lugar de la dulzura, la amargura en lugar de la bondad, y la incredulidad en lugar de la fe, podremos experimentar la plenitud del Espíritu Santo. Sin embargo, en el momento en que reconozcamos esas deficiencias como pecado y se las confesemos a Dios, Él podrá "limpiarnos de toda maldad". Una vez que seamos vasos limpios mediante la purificación que realiza el Espíritu, quedaremos preparados para ser llenos del Espíritu Santo. Dios sólo emplea vasos limpios (2 Timoteo 2:21).

3. Ríndase por completo a Dios (Romanos 6:12-13).

> *No reine, pues, el pecado en vuestro cuerpo mortal, de modo que lo obedezcáis en sus concupiscencias; ni tampoco presentéis vuestros miembros al pecado como instrumentos de iniquidad, sino presentaos vosotros mismos a Dios como vivos de entre los muertos, y vuestros miembros a Dios como instrumentos de justicia.*

Este paso es muy probable que se lo saltan más cristianos que ningún otro paso. Se someten a Dios, pero no por completo. Por alguna razón, muchos cristianos parecen renuentes a entregárselo todo a su Señor, y prefieren retener una pequeña porción de la vida para sí mismos. No logran darse cuenta de que esto les impedirá ser llenos al fin del Espíritu Santo. Recuerde que Dios no va a compartir su afecto con nadie más. Como lo describió cierto himnólogo: "¿Qué te daré, Maestro? No sólo una parte, ni la mitad de mi corazón; TODO lo entregaré a ti." Dios no está satisfecho con el noventa y siete por ciento de nuestra vida; exige una obediencia del cien por ciento. Quizás se nos olvida que Dios no es deudor de ningún ser humano; no podemos darle nada. Cuanto más de usted mismo le entregue, más Él lo bendecirá. El mejor trato que pueda hacer jamás es entregarle a Dios todo su ser.

¡No cometa el error de no entregarse por completo a Dios! En Romanos 8:32 se nos dice: "El que no escatimó ni a su propio Hijo, sino que lo entregó por todos nosotros, ¿cómo no nos dará también con él todas las cosas?" Si Dios nos amó tanto que envió a su Hijo a morir por nosotros, sin duda no le interesa otra cosa sino nuestro bien; por lo tanto podemos confiarle nuestra vida. ¡Nunca encontrará a un cristiano desdichado en el centro de la voluntad de Dios!

En Efesios 5:18 nos amonesta Pablo: "No os embriaguéis con vino . . . antes bien sed llenos del Espíritu." Cuando una persona se embriaga, queda dominada por el licor. Algo parecido ocurre con la plenitud del Espíritu: Quedamos controlados por Dios. Para los cristianos consagrados, esta suele ser una enorme determinación, ya que siempre podemos encontrar algún propósito digno para nuestra vida, sin darnos cuenta de que nos estamos llenando de nosotros mismos en vez de llenarnos del Espíritu Santo.

Cuando le entregue su vida a Dios, no le ponga condiciones. Él es un Dios de amor a tal grado que usted puede entregarse a Él con toda seguridad y sin reservas, sabiendo que el plan de Dios es muchísimo mejor que el suyo. Y recuerde que la actitud de sumisión es absolutamente necesaria para que el Espíritu de Dios lo llene. La voluntad que usted tiene es la voluntad de la carne, y la Biblia nos advierte que "la carne para nada aprovecha".

Alguien ha sugerido que rendirse al Espíritu es estar disponible para el Espíritu. En Hechos 3, Pedro y Juan nos dan un ejemplo de esa disponibilidad. Iban de camino hacia el templo a orar, cuando vieron al paralítico pidiendo limosna. Como fueron receptivos al Espíritu Santo, lo sanaron "en el nombre de Jesucristo de Nazaret". El hombre comenzó a saltar y a alabar a Dios, hasta que se congregó una multitud. Todavía sensible al Espíritu Santo, Pedro comenzó a predicar, y "muchos de los que habían oído la palabra, creyeron; y el número de los hombres era como cinco mil" (Hechos 4:4). No se nos dice si Pedro y Juan por fin entraron al templo a orar, porque Dios tenía otros planes.

Muchas veces estamos tan ocupados con alguna actividad cristiana muy beneficiosa, que no estamos dispuestos a seguir los impulsos del Espíritu. Cuando un cristiano se entrega a Dios "como vivo de entre los muertos", se dedica a obedecer la dirección del Espíritu y somete sus sentimientos y emociones al dominio del Espíritu Santo.

4. Pida ser lleno del Espíritu Santo (Lucas 11:13).

> *Pues si vosotros, siendo malos, sabéis dar buenas dádivas a vuestros hijos, ¿cuánto más vuestro Padre celestial dará el Espíritu Santo a los que se lo pidan?*

Cuando un cristiano ya se ha examinado a sí mismo, ha confesado todo pecado conocido, y se ha entregado sin reservas a Dios, entonces está listo para cumplir un requisito final: el pedirle a Dios que lo llene del Espíritu Santo. No se nos dice que ayunemos y oremos ni que le supliquemos a Dios que nos llene del Espíritu. Sencillamente debemos cumplir las condiciones que Él pone, y luego pedir que su Espíritu Santo nos gobierne.

El Señor Jesús compara esto con nuestra forma de tratar a nuestros hijos terrenales. En realidad un buen padre no permitiría que sus hijos le suplicaran algo que él les ha mandado hacer. ¡Cuánto menos nos obligará Dios a que le imploremos el ser llenos del Espíritu Santo! Pero no hay que olvidar el quinto paso.

5. *Crea en la plenitud del Espíritu Santo y déle gracias a Dios por llenarlo.*

> *Pero el que duda sobre lo que come, es condenado, porque no lo hace con fe; y todo lo que no proviene de fe, es pecado.*
>
> Romanos 14:23
>
> *Dad gracias en todo, porque esta es la voluntad de Dios para con vosotros en Cristo Jesús.*
>
> I Tesalonicenses 5:18

Es aquí donde muchos cristianos ganan o pierden la batalla. Después de examinarse, confesar, entregarse y pedir la plenitud del Espíritu, se enfrentan con una decisión vital: creer en la plenitud del Espíritu o marcharse en incredulidad. Si dudan, estarían pecando porque "todo lo que no proviene de fe, es pecado".

El mismo cristiano que le dice al recién convertido que "tome en serio la Palabra de Dios en lo referente a la salvación" suele tener dificultades para seguir su propio consejo cuando se trata de la plenitud del Espíritu Santo. Si usted ha completado los primeros cuatro pasos, entonces, por fe, déle gracias a Dios por haberlo llenado. Afirme su fe en la Palabra de Dios, independiente de todo sentimiento. El creer que somos llenos del Espíritu es sencillamente tomar en serio la Palabra de Dios, y ese es el único absoluto en este mundo (Mateo 24:35). Luego observe cómo domina Él los sentimientos de usted. Si es por naturaleza una persona hostil, entonces el amor, el gozo y la paz brotarán de manera espontánea frente a los acontecimientos que anteriormente le hacían experimentar la ira. Y cuando la fe sustituye a la ira, eso es obra del Espíritu Santo.

6. Lea cada día la Palabra de Dios.

No es posible "andar en el Espíritu" (Gálatas 5:16) de forma continua, como se nos manda, a menos que leamos con regularidad la Palabra de Dios. La fortaleza espiritual para superar las tentaciones y deseos de la carne se nos imparte mediante la Palabra. Así como el ingerir alimento le da al cuerpo la fuerza que necesita para trabajar, jugar y vivir, así el "comer" la Palabra mediante la lectura y estudio de la Biblia le dará la fuerza para gozar todos los días de una vida controlada por el Espíritu.

7. Evite contristar o apagar al Espíritu Santo mediante la ira y el temor.

No hay nada que eche a perder con tanta rapidez el ministerio del Espíritu Santo en la vida del creyente, como el contristarlo con la ira o el apagarlo con el temor. Cuando recaiga en los viejos hábitos, confiéselos en seguida como pecado y vuelva a pedirle al Espíritu que lo llene. Sobre todo, no deje que se le acumulen cuentas; repita estos siete pasos cada vez que lo necesite, al principio varias veces al día. Poco a poco comenzará con ellos en la mañana y le durarán todo el día, y sólo volverá a recurrir a ellos una o dos veces. En cierto momento usted se transformará en otra persona, tanto emocional como espiritualmente. Con el tiempo, su mayor gozo será la prueba continua del Espíritu de Dios en su vida, que le dará el dominio sobre sus sentimientos y emociones, y la fortaleza para superar sus más grandes debilidades.

Evite la crítica como si fuera la peste

Cuanto más ame a una persona, más deseará que esa persona lo elogie. A la inversa, el criticar a la persona con quien comparte su vida tiene un efecto devastador. Por esa razón, todas las parejas deben aprender el arte del elogio en lugar del de echarse en cara las cosas.

Nadie da lecciones de crítica; eso parece ser un arte que brota de forma natural. Sin embargo, algunos temperamentos están mejor "dotados" en esto que otros. Pero la necesidad universal de todos los temperamentos es la aprobación, nunca la condenación. No hay nada que destruya el amor con más rapidez que una continua andanada de críticas. En mis viajes por todos los Estados Unidos, los hombres se quejan una y otra vez: "Ella es demasiado criticona, incluso sobre cosas que no tienen importancia."

Hace poco hablé en un banquete para matrimonios en cierta iglesia de Washington, y quedé intrigado por el excelente testimonio que dio una pareja que narró cómo su conversión les había impedido llegar a un divorcio. El hombre, que habló en nombre de los dos, estaba relatando la experiencia cuando su esposa le susurró algo. Él se detuvo y se corrigió a sí mismo: "Perdón, fue cuando nuestro hijo más pequeño tenía tres años y medio" (antes había dicho cinco años). Yo preguntaría: "¿Y eso qué importa?" Si ella lo anda corrigiendo así por todo, ni siquiera la conversión garantizará una relación matrimonial feliz.

Como lo hemos señalado, los sanguíneos, que se interesan muy poco por los detalles, suelen casarse con personas melancólicas, que tienen la capacidad de estar criticando por minucias si no se cuidan. Y ese "si" condicional es de gran peso: no es necesario que le den rienda suelta a cada impulso por corregir a su cónyuge; pueden aprender a guardarse la crítica para sí. Sin duda habrá oído a un sanguíneo dar indicaciones de algún lugar, sólo para que su cónyuge le corrija: "No, son tres kilómetros" o "Es en el segundo semáforo". También en este caso, ¿qué importancia tiene?

Cierta esposa regresó de una reunión donde su esposo sanguíneo había mantenido a los invitados muertos de risa toda la noche con una serie interminable de relatos divertidos. Tan pronto como cerraron la puerta, ella se lanzó al ataque. Le dijo que él había sido "informal y descuidado" con los detalles, y a continuación pasó a enumerar todas sus inexactitudes. Él se limitó a responder: "Pero ellos gozaron con las historias, ¿no?" Como la pareja sanguíneo-melancólica que mencioné antes, la diferencia entre estos dos es fundamental: ella cuenta las historias fijándose en la precisión y los datos; él, fijándose en el efecto que causan. Él excusa "pequeñas exageraciones" como un medio para llegar a un fin cómico; ella considera que eso es "mentir".

Una esposa perfeccionista tiende a ponerse tensa cuando su esposo "inexacto" es invitado a decir una oración en la iglesia. Es posible que ella lo considere espiritualmente poco calificado a causa de su "tendencia a mentir". Él a su vez protesta que ella critica demasiado. En cierto sentido los dos tienen razón. Una vez que dos cónyuges han hablado abiertamente sobre esto, ya uno no debe tratar de hacer el papel del Espíritu Santo poniéndose a corregir todo el tiempo a su cónyuge. En especial a los hombres les causa contrariedad el hábito de las esposas de criticar. Necesitan con suma urgencia que sus esposas los respeten, como lo deja claro Pablo en Efesios 5:33 cuando les recuerda a las esposas cristianas: "La mujer respete a su esposo." A una persona perfeccionista le cuesta mucho tenerle respeto a alguien que refleja imperfecciones obvias. No logra darse cuenta de que nadie, ni siquiera ella misma, puede llegar a la altura de su criterio de perfección.

En una situación así, la comunicación entre los cónyuges llega a un callejón sin salida. En la primera época de nuestro matrimonio me di cuenta de que Beverly era una planificadora, mientras que yo era una persona de ideas. Yo puedo propagar una idea en un minuto; ella la analiza. Cierto día ella preguntó con mucho tacto: "¿Por qué es que yo soy la última persona de la iglesia que se entera de lo que estás planeando hacer?" A mí en realidad no se me había ocurrido que la cosa fuera así, pero cuando ella presentó varios ejemplos pude ver cómo se sentía.

"¿Y de veras quieres saber?" pregunté. "Claro." Entonces le hice ver con suavidad que cada vez que a mí se me ocurría una idea, ella empezaba a desarmarla, principalmente porque tiene la capacidad de ver por adelantado algunos de los problemas que voy a encontrar al llevar adelante mis planes. Ya que me concentro inicialmente en el todo y no en sus partes, me gusta expresar mis ideas con mis compañeros y recibir sus impresiones. Como era el pastor de esos hermanos, ellos hacían, con mucha discreción, sugerencias que le daban forma al proyecto, y cuando lo había conversado con seis u ocho personas, ya podía formular un programa y presentárselo a la junta que le correspondía. Como mi ego juvenil no podía aguantar las críticas de Beverly, evitaba subconscientemente toda discusión con ella, y era entonces la última en enterarse.

A partir de ese día ella cambió de táctica. Hacía hasta lo imposible por elogiarme por "mi idea tan buena"; y luego, después de evaluarla, ofrecía algunas sugerencias positivas. Poco a poco encontré que se volvía un receptor positivo de mis planes, y comencé a agradecer sus observaciones incisivas. Hoy día ella es, sin lugar a dudas, no sólo mi mejor amiga sino también mi mejor junta de consulta para nuevas ideas. No se imagina cómo eso ha mejorado nuestro nivel de comunicación. Casi no podemos encontrar tiempo para tratar todas las actividades que están sucediendo en el mundo profesional del uno y el otro, además de los acontecimientos de nuestro mundo familiar.

¡Intente elogiar!

Un libro muy popular de administración se llama *El directivo al minuto*. En esencia, ese libro reta al directivo a que dedique un minuto al día a elogiar a sus subalternos. Después de eso, si tiene que corregirlos, por lo menos escucharon de su parte algo más que críticas ese día.

Ese principio es bíblico. Si tiene dudas, haga un estudio bíblico sobre el tema de la alabanza. Después de darle gracias y alabanzas a Dios por todo lo que ha hecho, podemos expresar aprobación a las personas por sus acciones dignas de elogio. Al leer las epístolas de Pablo, fíjese en cómo usa esa técnica. La carta a Filemón es uno de esos casos. Comienza con una alabanza ("Doy gracias a mi Dios"), y luego de manera gradual va dando forma a una petición: Le solicita a Filemón que reciba al esclavo fugitivo como si fuera un hijo, ahora que se ha convertido.

La crítica no logra nada en favor de una relación. Dedíquese al elogio si quiere que su amor florezca. Esto es necesario de forma particular para el varón. Si él no elogia a su esposa, ella irá desarrollando una autoimagen negativa. Los hombres, por lo general, adquieren su aceptación de sí mismos a través de su propia vocación; una esposa la adquiere a través de su esposo. Si la alaba y hace que sus amigos se den cuenta de lo mucho que la valora como persona, ella se aceptará a sí misma como mujer. Si la desaprueba, estará destruyéndole la aceptación de sí misma.

Perduran en mi mente once tragedias en mi consultorio de consejería. Todas incluían el mismo problema: una esposa y madre abandonó a su esposo e hijos para irse con otro hombre. Esas situaciones presentaban un denominador común: el esposo criticaba a la esposa, no sólo en su cara sino también en presencia de amigos. Ese es el ataque más devastador que un hombre puede hacerle a una mujer. Muchas mujeres derrotadas y a menudo desesperadas han respondido así cuando su esposo se jacta de que nunca la ha golpeado: "¡Mil veces habría preferido que me pegara, en vez de estar criticándome constantemente y estar desaprobando todo lo que hago!"

Estoy tan convencido de la capacidad que tiene el hombre de enriquecer la vida de su esposa mediante su "caricia verbal" a base de alabanzas y elogios, que he desarrollado la siguiente teoría: "El nivel de aceptación de sí misma que haya logrado una mujer a los cinco años de casada será un reflejo del trato amoroso que le da su esposo." La única excepción será una joven que llega al matrimonio procedente de un trasfondo terrible de abuso físico (incluso sexual), de crítica constante y de legalismo excesivo. En esos casos se pueden necesitar diez años de trato amoroso por parte del esposo para ayudarle a percatarse de su verdadero valor. Pero, tarde o temprano, lo que su esposo piense de ella, sea bueno o malo, será la causa principal de que ella se acepte o se rechace a sí misma.

¡Las mujeres necesitan amor! Por eso cuatro veces en el Nuevo Testamento, Dios les manda a los esposos a "amar a sus mujeres". El Dios que hizo a la mujer y que conoce su mayor necesidad puso al esposo para que hiciera provisión de lo necesario para ella.

Acepte el temperamento de su cónyuge

Ya a estas alturas debiera tener la convicción de que usted y su cónyuge no son los únicos que tienen tantas diferencias. Algunas de ellas son causadas por los antecedentes personales, otras por las diferencias entre los sexos. Pero las más significativas pueden brotar del contraste entre los temperamentos. Con toda probabilidad, eso sería así sin importar con quién se hubiera casado.

Una bendición significativa que los matrimonios adquieren a partir del estudio de los temperamentos es una explicación del porqué uno de los cónyuges toma decisiones, refleja prejuicios o expresa las preferencias en la forma en que lo hace. El comprender el temperamento le ayudará con el porqué, pero sólo el Señor podrá ayudarle con el proceso de adaptación.

Cierta mujer casada con un contador (la mayoría de los cuales tienen una buena dosis de temperamento melancólico) se sentía irritada por el constante "sistema de comprobación" que su esposo tenía establecido. El presupuesto familiar le otorgaba a ella una cantidad mensual para alimentación, artículos diversos, y ropa. Ella abrió su propia cuenta corriente para manejar esas transacciones, de modo que el estado de cuentas que el banco enviaba cada mes servía para medir su éxito. Lo que más le irritaba era la insistencia de su esposo en revisar cada mes su trabajo para asegurarse que el saldo fuera favorable. Ella consideraba que eso era una invasión de su privacidad, y sentía que él no tenía derecho a exigirle tal cosa. Cuando ella leyó *Temperamentos controlados*, comenzó a darse cuenta de que su esposo melancólico andaba revisando las cuentas de todo el mundo, lo cual hacía que su persistencia fuera un poco más fácil de aceptar.

Entonces, en abril de cierto año, mientras él estaba haciendo cálculos de impuestos para algunos amigos, ella se paró a la entrada del comedor y observó cómo iba sumando una columna de cifras en el formulario. Aun cuando estaba usando una calculadora, él escribía el resultado en un papel, le daba vuelta, volvía a hacer la suma, anotaba la cantidad en una tira de papel, le daba vuelta y repetía el proceso por tercera vez. Luego comparaba los tres resultados. Si hallaba que concordaban, sonreía y anotaba la respuesta tres veces comprobada en la respectiva casilla del formulario. De pronto le vino a ella la iluminación: "¡Él no sólo me anda revisando las cuentas a mí y al resto de las personas . . . también se revisa las cuentas a sí mismo!" Ese descubrimiento no hizo cambiar nada, pero sí le ayudó a aceptar una característica del temperamento.

Al estudiar los temperamentos, puede determinar el temperamento de su cónyuge y trabajar con él, no contra él. Una vez que conozca su propio temperamento y el de su cónyuge, podrán aceptarse con más facilidad el uno al otro, y podrán trabajar juntos en lugar de chocar a causa de las diferencias. La mayoría de las debilidades provienen del temperamento primario de la persona, y cerca del veinte a treinta por ciento proceden de su temperamento secundario. Las sugerencias que vienen a continuación lo ayudarán a aceptar las debilidades de su cónyuge, en particular las que más le cuesta soportar.

1. Admita que también usted tiene debilidades

La humildad es la mejor base para establecer cualquier relación entre dos personas. Eso es así de manera particular en el matrimonio, debido al mucho tiempo que los esposos pasan juntos. El verdadero amor por otra persona se basa en un espíritu humilde.

Una mirada sana a su temperamento lo ayudará a reconocer que usted ha aportado al matrimonio algo más que sus fortalezas, y que Dios todavía no ha acabado su obra en usted. Él está fortaleciendo sus aspectos débiles y haciéndole mejorar todo el tiempo. La realidad es que con mucha probabilidad todavía le queda bastante camino por recorrer. El enfrentar con realismo ese hecho lo ayudará a aceptar el segundo paso.

La Biblia insiste con bastante claridad en que nuestros

mayores problemas brotan del orgullo, que es exactamente lo opuesto a la humildad. Hay pasajes en Santiago y en 1 Pedro que nos advierten que el diablo es como un león rugiente que anda buscando a quien devorar. La mayoría de los cristianos identifican esa afirmación con la lujuria, la codicia u otras pasiones carnales. Pero en ambos contextos el problema es la *falta de humildad* — es decir, el orgullo o la soberbia — que nos hace vulnerables a los dardos encendidos del diablo. El año pasado publiqué un libro llamado *If Ministers Fall, Can They Be Restored?* [Si los ministros caen, ¿pueden ser restaurados?]. Durante la investigación exhaustiva que hice sobre el asunto, me resultó curioso enterarme de que la causa más común de la caída de ellos no fue la pornografía ni las fantasías impuras sino el *orgullo*, el cual expone a la persona a toda clase de pecados graves, entre los cuales uno de los principales es la intolerancia respecto a las debilidades de otra persona.

El individuo que es lo suficiente humilde como para reconocer que no es perfecto, es el que está mejor capacitado para: (1) estimular la superación de sí mismo y (2) aceptar las imperfecciones de los demás.

2. Acepte la realidad de que su cónyuge — y el de cualquier otro — no es perfecto.

Una de las complicaciones en la fase de adaptación del matrimonio (los primeros tres a siete años) es que, subconscientemente, la mayoría de las personas pasan por alto con ingenuidad las debilidades de su cónyuge. Y peor aún, como lo afirma una señora: "Yo sabía que Tomás no era perfecto, pero me pareció que a golpes podía ponerlo en forma una vez que nos casáramos." Ella no previó que la madre de él lo había intentado antes que ella y había fracasado, y por eso sus esfuerzos chocaban contra una increíble barrera de resistencia. El golpe más cruel era la afirmación que él repetía con frecuencia: "Cuando me casé contigo no necesitaba otra mamá; ¡ya tenía una!" Un número sorprendente de personas, consciente o inconscientemente, trazan el plan de remodelar a su cónyuge después de la luna de miel. ¡Casi nunca funciona! Aprenda a aceptar sin condiciones a su cónyuge, y nunca se permita fantasías acerca de ese "ángel perfecto" con quien pudo haberse casado. Ese otro individuo también pudiera tener imperfecciones. Toda persona tiene debilidades, de modo que haría bien en aceptar las de su cónyuge.

3. *Confronte a su cónyuge respecto a sus debilidades una sola vez y en amor.*

Si las debilidades de su cónyuge le fastidian, y después de tratar de hacer caso omiso de ellas no ha conseguido nada, siga el consejo de Efesios 4:15 de "seguir la verdad en amor". Por lo general, usted puede confrontar con dulzura a su cónyuge en el aspecto que causa irritación, una sola vez; por eso debe hacerlo con cuidado. Por ejemplo: "Amor, ¿está bien si te expongo algo que haces que me molesta?" La mayoría de las personas, aunque sólo sea por curiosidad, estarán de acuerdo; así que siga adelante, y con moderación pero sin acalorarse, exprese su inquietud. No se sorprenda si provoca una reacción airada que incluye la defensa propia o la negación de lo que usted dice. Pero no discuta; sencillamente deje las cosas así. Lo que usted busca no es un asentimiento verbal sino un cambio de conducta. Déjelo que piense en el asunto. Después . . .

4. *Entréguele el problema a Dios.*

Los cristianos somos muy afortunados. Tenemos un tribunal supremo de apelaciones al que podemos recurrir cuando nos metemos en problemas. Si Dios nos estimula a exponerle todos nuestros deseos y anhelos, ¿por qué no incluir entre ellos un cambio en el comportamiento de nuestro cónyuge? La oración pide que el poder de Dios realice esa modificación, y nos ayuda a asimilar en nuestra mente el hecho de que hemos dado los pasos apropiados hacia el cambio. Ahora podemos dejar el asunto en manos de Dios. No vuelva a traerla a colación para no sentirse culpable de majadería, cosa que, de todos modos, nunca funciona.

5. *Supere las debilidades de su cónyuge y nunca critique lo que ve como debilidades del temperamento.*

Cualquiera que sea el temperamento de su cónyuge, tenga presente que usted hizo la elección. Un hombre me entregó una tarjeta que decía: "Nunca critique a su esposa; eso dice algo sobre su propia capacidad de juicio." Mientras mantenga una actitud crítica respecto a los patrones de conducta inducidas por el temperamento de su cónyuge, experimentará conflictos. Una mujer me informó hace poco tiempo: "Mi esposo y yo nos causamos irritación el uno al otro." ¿Por qué? Porque ninguno de los dos dejaba que el otro fuera como era.

Los dos temperamentos más cercanos a quienes he dado consejo eran un esposo que se reconocía a sí mismo como colérico-sanguíneo, y una esposa que era colérica-melancólica. (A mí me pareció que ella era melancólica-colérica, pero nunca discuto con las personas acerca de sus autoevaluaciones). Sea como sea, ella admiraba a ese hombre dinámico, industrioso y emprendedor, "excepto en una cosa. Es sarcástico y cruel con cualquier persona que se le atraviese, en particular con los niños". (Con frecuencia a los esposos coléricos se les acusa de ser excesivamente violentos a la hora de disciplinar a los niños). Él se quejó: "Ella es fría y poco amorosa, a menos que yo sea perfecto. Estoy cansado de recibir amor como recompensa por la buena conducta." (¡Los coléricos no tienen pelos en la lengua!)

Dos personas iracundas que viven en la misma casa producirán conflictos de forma inevitable. Ese tipo de problema hay que abordarlo en dos formas: él debe enfrentar su ira como pecado, y ella, con la ayuda de Dios, debe aceptarlo a él, ya sea que él logre la victoria o no. Por supuesto que también pudieran tratarse el uno al otro con bondad, para evitar que se precipite un conflicto. Por lo general, es fácil empezar un pleito si uno quiere; pero, como dijo Jesucristo: "Bienaventurados los pacificadores."

Es imperativo en absoluto que ambos cónyuges aprendan cómo tratarse el uno al otro a la luz de sus respectivos temperamentos. Ojalá no todas las parejas sean tan diferentes como somos mi esposa y yo. No importa lo que vaya a hacerse, ya sabemos que vamos a querer lograrlo de maneras diferentes. Si estamos planeando un viaje, Beverly piensa que debiéramos tomar la ruta del norte y yo escojo la del sur. Ella maneja el auto demasiado despacio para mi criterio, y yo demasiado rápido para el de ella. Por cierto, eso lo resolvimos estableciendo una regla firme: "El que lleva el timón toma la decisión; el otro se calla." Ni siquiera hacemos compras de la misma manera. Beverly compra exactamente lo que necesitamos; yo detesto perder mi tiempo en ir al supermercado si no lleno el carrito. A ella antes le molestaba ver que traía a la casa mucho más de lo que estaba escrito en la lista; ahora reconoce que mi debilidad es el costo por no ir de compras ella misma.

Ni siquiera necesitamos la misma cantidad de tiempo para tomar decisiones. Yo, por lo general, puedo tomarlas en ocho décimas de segundo; a ella le gusta rumiar las cosas, analizarlas desde todos los ángulos, y luego llegar a una conclusión. En este sentido, he aprendido que mis juicios instantáneos que a la larga pudieran resultar bien no siempre son la mejor manera de hacer las cosas. Con ese descubrimiento ha venido un creciente respeto por el juicio de ella, porque piensa las cosas a cabalidad. Cuando me veo confrontado con una decisión, ella ha aprendido a sugerir: "Pensémoslo bien." Al principio eso me fastidiaba; ahora estoy descubriendo que su táctica dilatoria con frecuencia me salva. Por otro lado, he aprendido a no obligarla nunca a tomar una decisión rápida, porque casi siempre será negativa. Si planeo con más anticipación y le digo: "Amor, hay algo en que quiero que pienses . . . no me des una respuesta ahora mismo", ella, por lo general, se acercará a mi modo de pensar y ofrecerá una sugerencia provechosa para mejorar "nuestra" idea.

Estudie a su cónyuge. Encuentre sus gustos, sus disgustos, sus prejuicios y sus debilidades. Luego trate de evitar el empujar o el exigir en esos aspectos. ¿No es eso amor? Como la pintura, el amor cubre multitud de pecados. El egoísmo siempre exige su propio modo de hacer las cosas, pero al lograrlo arruina la relación. ¡Además, a los socios siempre les va mejor si están juntos!

Cuando Beverly y yo nos acercamos a la fecha de un viaje, ella planea de forma detallada desde varias semanas antes. Yo trato de avanzar en todo el trabajo que pueda hasta el último minuto, y luego voy trazando el viaje a medida que se concreta. Por ejemplo, en una ocasión teníamos planeado ir de vacaciones a Detroit con nuestros cuatro hijos. Antes de partir, tenía que predicar en tres cultos de la mañana y dos de la noche, de modo que mi mente se mantuvo ocupada hasta que pasaron los cultos. Había conseguido dos portaequipajes para llevar todas nuestras cosas encima del auto; éste era un viaje en que todos tendrían suficiente espacio dentro del auto para no sentirse estrujados. De modo que corrí a la casa, empaqué las maletas dentro de los portaequipajes, y con orgullo anuncié a las once de la noche que ya estábamos listos para irnos. Yo soy nocturno, así que quería recorrer seiscientos kilómetros mientras el resto de la familia dormía. Por la mañana Beverly tomaría el volante mientras yo descansaba. Durante varios años ese había sido un buen arreglo.

Cuando comencé a dar marcha atrás por la entrada de la casa para iniciar aquel viaje de cuatro mil kilómetros, me volví hacia Beverly y le pregunté: "Amor, ¿pudieras fijarte en la guantera a ver si tengo ahí un mapa?" Ella habría tenido todo derecho de exclamar: "¡Estúpido! ¿Quieres decir que no has estudiado un mapa para saber por qué ruta iremos?" (Había varias opciones). Pero esa no es su manera de hacer la cosas. Además, ella ya sabe bien que a un cónyuge que intenta vivir dos veces al mismo tiempo casi nunca le quedan minutos para detalles triviales. Así que lo que hizo fue meter la mano en su bolso de viaje y sacar el mapa de carreteras que ella había encargado de una organización que ayuda a los viajeros a planificar su viaje. Sus expertos habían tomado todas las decisiones por nosotros, aconsejando las mejores rutas que tomar, y tuve que confesar que su planificación anticipada hizo posible el viaje. Ella admitió que mi idea de poner todo el equipaje encima del auto había sido también un aporte agradable. ¡Ahora puede entender por qué digo que, como matrimonios, "nos va mejor juntos"!

Dos puertas que cerrar

Antes que demos un paso más hacia la adaptación matrimonial, hay dos puertas que se deben cerrar asegurándolas bien firme. Ojalá que ellas no estén abiertas para usted.

La primera es la puerta del divorcio. Cada vez que dos personas que necesitan adaptarse el uno al otro consideran el divorcio como una opción posible, eso se convierte en un obstáculo para el proceso de adaptación. Si usted es cristiano, el divorcio no es una posibilidad; a menos, claro, que su cónyuge le haya sido infiel. Esa es la única excepción que nuestro Señor ha permitido (Mateo 19:9).

Mucho antes que se conociera la amenaza del sida y de otras enfermedades de transmisión sexual, les aconsejaba a los cristianos que plantearan una solicitud de divorcio por razón de adulterio si tenían pruebas concluyentes de la infidelidad de su cónyuge. No estaban obligados a completar el proceso de divorcio si su cónyuge se arrepentía de verdad y estaba dispuesto a volver a comprometerse a la fidelidad sexual que había jurado el día de su boda. Pero es muy importante que a los que pecan sexualmente se les confronte de inmediato con su pecado; si no, desarrollan la actitud pecaminosa del mundo con respecto al adulterio: "¡No es gran cosa!"

¡Estoy aquí para decirle que *sí* es gran cosa! Es probablemente la calamidad más hiriente, debilitante y destructiva que un cónyuge puede infligirle al otro. El matrimonio es un contrato sexual, un pacto entre dos personas y el Dios todopoderoso, que se contrae en presencia de testigos invitados; es un contrato de exclusividad sexual durante toda una vida. En el momento en que esa promesa se rompe, han cortado su compromiso. En el Antiguo Testamento esas personas debían ser llevados afuera y apedreados hasta morir, lo cual refleja la gravedad del delito a los ojos de Dios.

El permitirle a un cónyuge que muestre falta de respeto y de compromiso teniendo relaciones sexuales con otra persona no sólo es destructivo en lo moral, lo espiritual y lo emocional, sino que además es peligroso al extremo en lo físico. He tratado con varios casos en que una sola experiencia de infidelidad introdujo en la pareja el herpes venéreo o el sida, limitando así gravemente la vida de la pareja.

Cierto es que la Biblia habla con mucho énfasis sobre el perdón, y yo también. Pero el plantear una solicitud de divorcio por razón de adulterio al menos logrará que la persona tome las cosas en serio. Después de largas sesiones de consejería con su pastor u otros líderes espirituales, usted debe llegar a la determinación de que su única posibilidad es que su cónyuge se arrepienta sinceramente, porque de otro modo se emprenderá la acción respectiva. Es lamentable que demasiados cristianos, tanto hombres como mujeres, se inclinan a dejar que su cónyuge resuelva su pecado con sólo un golpecito en la mano, lo cual, por lo general, le facilita más el repetirlo.

Fuera de la infidelidad, no encuentro en la Biblia ninguna otra base para el divorcio. Eso no quiere decir que una mujer deba quedarse con un hombre que se descontrola por la ira, el licor o las drogas, y la golpea. En casos así le aconsejo a la mujer que vaya a los tribunales y consiga una orden de detención para protegerse. Los hombres abusivos necesitan darse cuenta de que los representantes de la ley van a imponerles restricciones. Claro que a parejas en esas condiciones les aconsejo que, después del debido arrepentimiento y promesa de que no volverá a ocurrir, restablezcan su matrimonio basado en el perdón y el amor. Pero el hombre que golpea a su mujer sin dar cuentas a nadie será más propenso a repetir la ofensa cuando se sienta provocado. El doctor James Dobson ha tocado esos asuntos en detalle en su excelente libro *El amor debe ser firme*. Es un libro que recomiendo mucho.

No importa cuántas sean las diferencias entre dos personas, el propósito de Dios es que permanezcan juntas. Pero con el actual índice de divorcios que supera el cincuenta por ciento, está más de moda que quienes se enfrentan a la adaptación o los "conflictos de personalidad" elijan lo que consideran ser la salida fácil. Llegará el momento en que esa "salida fácil" resulte mucho más complicada y ardua de lo que se previó.

El solo hecho de abrigar el concepto de que el divorcio es una "vía de escape" le hace más difícil a las parejas encontrar una solución para sus diferencias dentro de la relación matrimonial. En 1 Corintios 7:27 se plantea la pregunta: "¿Estás ligado a mujer? No procures soltarte." Eso no quiere decir que una pareja deba estar comprometida a toda una vida de *conflicto* por razón de sus diferencias; lo que sí sugiere es que busquen la *solución del conflicto* aplicando algunas de las técnicas que se sugieren en este libro, y que los conduzcan hacia una adaptación matrimonial.

¡Fuera la tercera parte!

El segundo factor que impide una buena adaptación, es la posible existencia de una tercera persona. Deshágase de ese individuo. El amor matrimonial es diferente del amor paternal, que le permite a uno extender su amor a varios hijos al mismo tiempo. Debido al aspecto altamente sexual del matrimonio, el corazón humano no puede amar por igual a dos personas del sexo opuesto. No hay nada que complique tanto la adaptación matrimonial normal como la presencia de una tercera persona.

Cuando un cónyuge deja al otro —en especial cuando la esposa abandona a sus hijos—, le pregunto: "¿Tiene usted interés en alguien más?" Casi invariablemente la respuesta es que sí. A menudo la presencia de esa tercera persona le ha dado al cónyuge atribulado el valor para abandonar su hogar y llegar a la conclusión de que es hora de poner fin al matrimonio. Para ser franco, no he tenido ningún éxito en reconciliar a una pareja mientras uno de los dos mantiene su contacto con una tercera persona.

El primer punto en cualquier proceso de restauración es echar fuera al intruso. Es posible, aunque lamentable, que uno de los cónyuges esté en realidad enamorado de esa persona, y que haya desarrollado una intimidad sexual incluso antes que se diera la separación. ¡Pero en todos los casos, la existencia de una tercera persona no es de Dios! La Biblia es clara al afirmar que los esposos deben "unirse el uno al otro", no a una tercera persona. Con lo traumático que pueda ser, esa tercera persona debe recibir órdenes de empacar sus cosas, y los dos no deben volver a verse nunca jamás. Tengo en mi archivo amplias evidencias de que este acto de fe, en que se expulsa al amante ilegítimo, puede ir seguido de un tiempo de adaptación y luego de un amor nuevo y creciente, basado en el compromiso y en la voluntad de Dios. Todos necesitamos la ayuda de Dios para mantener vivo nuestro amor, pero no podemos esperar la ayuda divina fuera de los límites de la fidelidad.

Cierta mujer se relacionó románticamente con un "Don Juan" que se caracterizaba por una libido descontrolada. Su esposo era un administrador escolar serio, confiable y poco emocionante. Su manera de concebir un fin de semana lejos de los deberes profesionales consistía en levantarse tarde el sábado, vagar por la casa hasta la hora de almuerzo, hacer cualquier cosa en el garaje durante la tarde, ir a la iglesia el domingo por la mañana, y disfrutar una buena siesta el domingo por la tarde. ¡Es obvio que el hombre era una bola de fuego! En lo sexual él podía "tomarlo o dejarlo", procedimiento muy peligroso para un hombre. En el momento en que se me pidió intervenir en la situación, ya ella había dormido varias veces con el Don Juan en cuestión.

Afortunadamente su esposo estaba dispuesto a perdonar y a hacer el intento de activar su ego flemático. Después de hablarlo mucho, la esposa admitió que la relación con el otro era pecaminosa y que Dios nunca iba a bendecir su vida a menos que ella retornara a su esposo y a sus dos hijos. Sin embargo, su pasión por el amante era tan intensa que le pedí que me llamara por teléfono cada vez que se sintiera inclinada a verlo otra vez. Su deseo de vivir una vida agradable a Dios venció por fin su pasión, y hoy día tiene un matrimonio saludable, por lo cual me da las gracias cada vez que me presento como orador en su ciudad.

El camino de Dios es siempre el mejor, pero es un acto de fe. Esto lo escribo al regresar triste de una situación en que la esposa contrajo el herpes venéreo de parte de un hombre que ya ha fracasado en tres matrimonios, y al que ella está convencida de que ama. No sé por qué está convencida de que el abandonar a su esposo y a sus dos muchachos le demostrará a ese "viajero de cama en cama" profesional que él va a ser feliz en la cama de ella por el resto de su vida. Cierto día — podemos profetizarlo con seguridad — ella quedará abandonada, sola, deprimida, y con toda probabilidad más enferma todavía. Negándose a confiarle su futuro a Dios y regresar a un esposo que tiene la capacidad de ser un cónyuge bueno y fiel, reta a las leyes de Dios poniéndose en peligro ella misma. Para ella el futuro es ahora. No se da cuenta de que sus peores días están aún por venir.

Ojalá . . .

Ojalá que ningún elemento de este capítulo sea aplicable a usted. Por el contrario, usted tiene interés en aprender a adaptarse a su cónyuge; y eso es lo que consideraremos en el resto de este libro.

Pida perdón y perdone

Me gustaría poder decir que nunca he causado disgustos a mi esposa o que nunca he hecho nada por lo que tuviera que pedir perdón, pero eso sería mentira. Le he dado a mi esposa causa más que suficiente para sentirse ofendida el resto de nuestra vida, y ella me ha agraviado bastantes veces. Pero todas esas transgresiones han sido confesadas y perdonadas hace tiempo.

La Biblia nos manda: "Confesaos vuestras ofensas unos a otros" (Santiago 5:16). Si bien eso se refiere a todas las relaciones interpersonales, en ningún contexto resulta más apropiado que en la unión matrimonial. Según un antiguo dicho: "Uno siempre hiere a la persona a quien ama." Tal vez eso de "siempre" sea un poco exagerado, pero el hecho es que sí causamos daño, y con mucha frecuencia, principalmente por el mucho tiempo que pasamos juntos. Y como nos amamos el uno al otro, tenemos la capacidad de herir con más gravedad.

Por estas razones y por otras, debemos prepararnos cada día para repetir las dos palabras más difíciles de pronunciar en nuestro idioma: "Lo siento." Una disculpa logra dos cosas: quita cualquier posible raíz de amargura en el corazón ofendido antes que pueda convertirse en un árbol gigante, y hace esfumar la ira.

La Biblia enseña que "la blanda respuesta quita la ira". ¿Alguna vez ha provocado el resentimiento de su cónyuge, escuchado luego una reprensión y después, en vez de discutir, se ha vuelto a él o a ella para decirle: "¡Tienes razón! No debí haber hecho eso. ¿Me perdonas?" Eso siempre apartará la leña del fuego. No sugiero que lo haga a modo de táctica, sino que con sinceridad confiese su falta cuando ha hecho algo incorrecto, aun cuando la reacción de su cónyuge sea igual de incorrecta que la acción que usted cometió. Con frecuencia el cónyuge airado no sólo le perdonará, sino que a su vez pedirá perdón por las palabras que pronunció deseando desquitarse. Las disculpas siempre despejan la atmósfera.

Pida perdón, no trate de compensar

Mis queridos padres casi nunca se pedían disculpas el uno al otro, hasta donde recuerdo. Habían sido formados en la vieja escuela que estipulaba que el cónyuge ofendido debía ser aplacado recibiendo algo que le agradara.

Recuerdo bien las disculpas de mi padre . . . ¡y yo las detestaba! Cada vez que ofendía a mi madre, decía: "Margaret, el próximo domingo, después de la iglesia, vayamos a dar un paseo. Te llevaré al cementerio." Él sabía que mamá disfrutaba de una visita a la tumba de su madre, para derramar allí algunas lágrimas, y luego regresar al auto y decir: "¡Ahora me siento mucho mejor!"

Me gustaban mucho más las disculpas de mi madre. Ella compensaba sus ofensas a mi padre horneando para él una torta de chocolate, y todos compartíamos la ocasión. Se habrían podido ahorrar toda aquella gasolina y todas aquellas calorías si hubieran aprendido a mirarse a los ojos y decir con sinceridad: "Cariño, siento mucho haberte ofendido. Por favor perdóname." Se necesitaría tener un corazón de piedra para rechazar una oferta así.

Es lamentable que muchas parejas son demasiado orgullosas, están demasiado heridas o se sienten muy ofendidas como para confesarlo cuando han ocasionado dolor. Pero el propio Señor conecta la confesión de los pecados a una adoración con éxito, cuando enseña: "Por tanto, si traes tu ofrenda al altar [acto de adoración], y allí te acuerdas de que tu hermano tiene algo contra ti, deja allí tu ofrenda delante del altar, y anda, reconcíliate primero con tu hermano [o cónyuge], y entonces ven y presenta tu ofrenda" (Mateo 5:23-24).

El corregir ofensas entre cónyuges o amigos fue tan importante para Dios que lo estableció como preámbulo esencial a la adoración. Pero temo que muchos matrimonios cristianos se encaminan hacia la iglesia tan enojados que ni siquiera se hablan. No es de extrañar que los hijos crezcan identificando a los cristianos como hipócritas. Necesitan con urgencia ver a sus padres demostrar el perdón. Ellos pueden entender que sus padres son lo suficiente humanos como para ofenderse de cuando en cuando, y no esperan que sus padres sean perfectos; pero deben ser educados dentro de un espíritu de reconciliación.

León Jaworsky, un abogado de Houston, Texas, que fue designado fiscal para el escándalo de Watergate, escribió un artículo sobre el perdón que apareció en la revista *Moody*. Cuando las investigaciones del escándalo estaban en su época de mayor intensidad, él asistió a la iglesia un domingo por la mañana aquí en Washington. Había pasado largas horas escuchando las tristemente famosas "cintas de Watergate", y a partir de esas conversaciones grotescas y profanas había llegado a la conclusión de que el presidente Nixon era un hombre con un corazón mucho más malvado de lo que se hubiera imaginado jamás. Irrumpiendo en la reverente atmósfera de adoración, inmediatamente antes del inicio del culto, las puertas se abrieron de pronto y unos miembros del Servicio Secreto llenaron el lugar. El presidente Nixon y su esposa fueron acompañados hacia la primera fila.

Jaworsky admitió que su reacción inmediata fue este pensamiento: "¡Qué hipócrita! ¿Cómo puede ser tan vil allá en la Casa Blanca y luego entrar aquí con apariencia de piedad, fingiendo adorar a Dios?" Pero casi de inmediato sus pensamientos quedaron envueltos por la vergüenza y el remordimiento, cuando miró más allá del púlpito y divisó un hermoso vitral donde estaba representado el Salvador en el huerto de Getsemaní, sudando gotas de sangre por nuestros pecados. De repente se encontró confesando su pecado a Dios. Después de todo, susurró, tal vez esta alma atribulada también ha venido aquí para obtener perdón. Tan pronto como el fiscal de Watergate buscó el perdón de Dios, estuvo en condiciones de extenderlo hacia otro ser humano que necesitaba el toque perdonador de Dios . . . incluso un presidente caído.

Toda persona necesita perdón no una, sino muchas veces. Todos los matrimonios felices tienen una característica en común: el perdón. Pero recuerde que siempre es más fácil perdonar si el ofensor pide perdón. Se nos manda perdonar, ya sea que lo pida o no. Usted no puede decidir si su cónyuge lo va a perdonar, pero sí puede tomar la decisión por lo que a usted respecta.

En realidad, acerca de las disculpas tengo noticias buenas y malas. La buena noticia es que cuando pecamos contra nuestros cónyuges o los ofendemos, podemos ser perdonados . . . si pedimos perdón. La mala noticia es que si no hacemos enmiendas a nuestra conducta, la afrenta crecerá fuera de proporción con respecto al acto. Como antídoto para el resentimiento, la frustración y el antagonismo acumulado, desarrolle la terapia de la disculpa y el perdón.

19

Revístase de las siete virtudes cristianas

Todo el mundo espera que los cristianos sean diferentes. Hasta los medios de comunicación exigen de los cristianos una norma moral más alta que para los no creyentes. De eso vimos un ejemplo clásico hace algunos años, aquí en la capital de los Estados Unidos. Dos congresistas veteranos fueron atrapados en escándalos sexuales con acomodadores del Congreso (que son menores de edad). Uno de ellos, un cristiano profeso con un fuerte expediente de votos conservadores, fue pillado con una muchacha de diecisiete años, tan joven que podía ser hija suya. El otro, un liberal que había admitido que era homosexual, fue arrestado mientras cometía actos de sodomía con un muchacho de diecisiete años. Ambos fueron reprendidos por el comité de ética, y ambos presentaron disculpas ante el Congreso y ante el electorado. El homosexual fue reelegido tres veces por sus seguidores de Massachusetts, y todavía está en funciones en el Congreso. El cristiano profeso fue derrotado por sus electores de Illinois. ¿Por qué? Porque el cristiano fracasó en su compromiso de vivir a la altura de la norma de conducta que se esperaba de él.

Esa misma actitud se refleja en los escándalos sexuales de los predicadores de la televisión, y en la caída de pastores locales. Pero de todas las grandes profesiones del mundo, el ministerio pastoral es donde hay un menor porcentaje de quienes cometen adulterio o a quienes se les presenta una gran tentación. Sin embargo, a los pastores se les exige de manera automática una norma moral más elevada que a ningún otro profesional, y con razón, porque son cristianos. Dios mismo nos mandó: "Sed santos, porque yo soy santo."

Cómo desilusionar a los jóvenes cristianos

La mejor forma que conozco para alejar de Cristo y de su iglesia a los jóvenes cristianos es no lograr vivir en el hogar lo que uno profesa y escucha en la iglesia. Los jóvenes, en especial los que pueden estar atravesando una época de rebeldía, andan buscando una excusa que justifique su conducta. La doble norma o "hipocresía" de sus padres les da esa excusa. Si usted es un cristiano profeso, debo advertirle que el lugar más importante para poner en práctica la vida sujeta al Espíritu es su hogar. ¡Es allí donde la Biblia dice que hay que comenzar!

Hay tres pasajes del Nuevo Testamento que nos mandan "andar en el [control del] Espíritu": Gálatas 5, Efesios 5 y Colosenses 3. Como lo hemos visto, esos dos últimos pasajes utilizan el tema como introducción a las secciones más amplias del Nuevo Testamento sobre la vida familiar. Debemos concluir, por lo tanto, que Dios se proponía que la vida gobernada por el Espíritu se caracterizara por nuestra conducta en el hogar. Es bien claro que, si podemos reflejar esa calidad de vida en el hogar, podremos reflejarla en cualquier otro lugar. En efecto, lo que somos en el hogar es lo que *en realidad* somos. Nuestros hijos lo saben, y por eso esperan que en el hogar seamos imitadores de Cristo.

Revístase de las virtudes como si se tratara de ropa

El apóstol Pablo les dice a los primeros cristianos que se "despojen" de toda "ira, enojo, malicia, blasfemia" y luego añade: "Vestíos de . . ." una lista de ocho virtudes. En otras palabras, ahora que es cristiano, así como se pone la ropa al levantarse por la mañana, así también "revístase de la ropa apropiada de la conducta cristiana". La Nueva Versión Internacional identifica esta ropa como "virtudes". Son ocho, siete en el presente capítulo y una más, que es gigantesca, en el siguiente. Al considerarlas una por una, encontraremos que constituyen el atavío ideal para asegurar una adaptación matrimonial feliz, sin que importe lo diferentes que sean los cónyuges.

1. Revístase de compasión.

La primera característica en Colosenses 3:12 es "entrañable misericordia", es decir, *compasión.* Si bien la compasión es semejante al amor, denota ante todo esa misericordia o ternura. Desde luego es mucho más fácil vivir con una persona misericordiosa, que comprende las necesidades de los demás y se compadece por ellos, que con alguien que es brusco y cruel.

Todos los temperamentos necesitan compasión, pero los coléricos la requieren más que los otros, mucho más que los flemáticos y los melancólicos. De todos los temperamentos, el sanguíneo es al que le resulta más fácil mostrar "compasión", si no es demasiado egocéntrico.

Hace veinte años D. J. Dupree, propietario y presidente de la segunda fábrica de muebles más grande del mundo, y presidente durante cinco años de la Asociación Internacional de Hombres de Negocio Cristianos, tomó el mismo avión que mi esposa y yo con rumbo a Grand Rapids, Michigan. Pocos hombres me han impresionado más. En aquella época tenía setenta y tres años y todavía se mostraba dinámico, fuerte, y bien organizado, pero también era generoso y solícito por todas nuestras necesidades y deseos. Después de pasar tres días con él, le dije a mi esposa: "¡Cuando tenga setenta y tres años, quiero ser un hombre así!"

Después me enteré de que no había nacido así. Compró su compañía durante la Gran Depresión de los años 1930 y, mediante una determinación obstinada y mucho trabajo, la transformó en una empresa muy productiva. Ese tipo de personas tan fuertes, por lo general, no son caballeros dulces. ¿Qué lo cambió? El Espíritu Santo, que actuó en su vida mediante la Palabra de Dios. Poco después de su conversión, la cual tuvo lugar hacia fines de la década de los años treinta, comenzó a enseñar la Biblia en su casa. El estudio bíblico de los lunes por la noche aumentó hasta que hubo estudios nocturnos los martes y los jueves. Hoy día hay por lo menos dos iglesias en diferentes lugares de Michigan cuyo origen se remonta a esos estudios bíblicos. No sólo hubo bendición para las personas, sino también para el temperamento del maestro. La "compasión" no fue un don natural sino sobrenatural. Y está al alcance de cualquier cristiano que quiera buscarla como don de Dios.

Este característica (o virtud) está ausente en la mayoría de las personas, de manera particular en los hombres. Después de mis seminarios, muchos hombres cuyas esposas los han abandonado, suelen comentar con pesar: "Ojalá hubiera oído esto antes; yo mismo alejé a mi esposa adoptando la actitud contraria." Nunca he conocido a un hombre que fuera compasivo que hubiera perdido a su esposa. ¡Es que las mujeres no abandonan a hombres así! El sueño de toda mujer es casarse con un hombre que la ame y que le muestre ese amor mediante la bondad. Si se las pone a escoger entre un esposo apuesto, rico e intenso pero un poco cruel, y un hombre no muy guapo que tiene compasión, la mayoría de las mujeres optarán por el segundo en todos los casos.

2. Revístase de bondad.

La benignidad o bondad que Pablo pide que usen los cristianos no es algo sólo de él; es un distintivo de todos los cristianos, comenzando con el Señor Jesús y todos los discípulos. Los seres humanos no son bondadosos por naturaleza; se trata de un característica que debe ser aprendido. Si ha viajado por diversos países descubrirá que, dondequiera que ha llegado el cristianismo, ha generado bondad. Sin duda la bondad no se puede ver de modo general en el Oriente, en África ni en la India, a excepción del estado indio de Kerala, cuyas raíces cristianas se remontan al siglo I cuando el apóstol Tomás les llevó el evangelio.

La bondad, definida como el deseo de hacer algo bueno por las demás personas, es lo contrario del egoísmo. Las personas que no son egoístas están interesadas en ser cuidadosas y en atender las necesidades de los demás. Esto se convierte en un instrumento valioso para adaptarse al cónyuge, ya que, en lugar de buscar oportunidades de sacarle ventaja al cónyuge, uno está motivado a hacer el bien; incluso, aunque nos vituperen, como dice el Señor.

Un hombre cristiano a quien conocí en la India obviamente había recibido mucho amor de su esposa durante muchos años, aun cuando ese es un país donde esos sentimientos no se manifiestan en público. Cuando se lo mencioné, me sorprendió su afirmación de que "no siempre había sido así". Los padres de ellos habían arreglado el matrimonio en un momento en que ella tenía puesta su esperanza en otro hombre. Pero en la India, la mujer tiene poca opción en ese tipo de cosas. Como él estaba comprometido en la obra del Señor, se dio cuenta de que debía *ganarse* el cariño de su esposa; no podía exigirlo. Durante varias semanas se contuvo en cuanto a la expresión sexual, pero de modo continuo la trataba con bondad. Ella había recibido muy poca bondad de su padre en sus años de vida; y en unas pocas semanas, su esposo la enamoró hasta que consumaron su matrimonio. Por lo visto el amor de ella había seguido creciendo con el paso de los años. Son muy pocas las mujeres que no responden a la bondad.

Ningún temperamento parece dispuesto de forma natural a la benevolencia. Los sanguíneos la manifiestan para obtener aprobación o amistad. Los melancólicos la ofrecen cuando están de buen ánimo, y los flemáticos sólo cuando se sienten obligados. Los coléricos consideran la bondad como una expresión de debilidad. Siempre que vea a una persona bondadosa y considerada que continuamente trata de servir a los demás, usted estará contemplando un milagro de Dios, un cristiano que anda bajo el control del Espíritu.

3. Revístase de humildad.

El llamado a ser humildes es algo único del cristianismo. En realidad, la mayoría de las otras culturas le atribuyen poco o ningún valor. Los griegos, como los humanistas seculares de nuestros días, estimaban mucho la noble autosuficiencia y la búsqueda del interés propio. En el mundo occidental, el filósofo Nietzsche censuraba a los humildes como si la misma existencia de ellos promoviera sentimientos de inferioridad. Sin duda la humildad era contraria a la postura de ese filósofo, según el cual había ciertas razas superiores a otras.

La Biblia, en cambio, enaltece la humildad como virtud que demuestra nuestra total dependencia de Dios. Se la menciona con frecuencia como virtud del sabio en el libro de Proverbios; y el mejor ejemplo de ella nos la dio el Señor cuando se hizo inferior a los ángeles para poder experimentar la muerte como un ser humano. A nosotros, como cristianos individuales, se nos reta a imitar su humildad cuando se nos dice: "Haya, pues, en vosotros este sentir que hubo también en Cristo Jesús." No hay nada que muestre con más claridad que andamos en la carne y en los caprichos egoístas en vez de andar en el Espíritu Santo, que la ausencia de humildad.

Todos los temperamentos tienen problemas para manifestar de modo natural la humildad. Los sanguíneos son propensos a ser arrogantes y presumidos. Los coléricos tienden hacia el orgullo — lo opuesto de la humildad, y los melancólicos por naturaleza pueden ser farisaicos y críticos respecto a los demás. Los melancólicos como los coléricos, pueden ser intolerantes por completo en lo que respecta a las debilidades de los demás. Los flemáticos pueden dar la impresión de ser humildes porque son tranquilos y pasivos, pero a menudo, cuando se colocan fuera del grupo, en realidad dentro de sí están asumiendo una postura orgullosa. Tal vez no sean tan insoportables como sus amigos más extrovertidos, pero han tomado parte en la batalla del orgullo.

El cristiano que niega que durante toda su vida está luchando contra el orgullo, no dice la verdad. Y recuerde que es precisamente cuando buscamos al Señor pidiéndole el don de la humildad, y cuando vemos su poder en acción en nuestra vida, cuando tendemos a llenarnos de orgullo. Satanás demostró que el pecado comienza con el orgullo, y a partir de Eva ha tentado a todas las personas con ese mismo pecado.

La verdadera humildad brota de nuestra relación con Dios. Cuanto más lejos de Dios esté una persona, más se inclinará al orgullo; cuanto más cerca esté, más aptitud tendrá para ataviarse con la túnica de la humildad. ¿Por qué es que los siervos de Dios más humildes han disfrutado durante toda su vida del hábito cotidiano del estudio bíblico y la oración? Porque de veras comprendieron el reto: "Separados de mí nada podéis hacer." Esta dependencia total en Dios los obligó a ser constantes en la Palabra y en la oración.

La humildad se puede obtener cualquiera que sea nuestro temperamento. El orgullo hace que dependamos de nosotros mismos, mientras que la humildad nos impulsa a tener "conciencia de los demás". La Biblia nos promete: "Humillaos, pues, bajo la poderosa mano de Dios, para que él os exalte cuando fuere tiempo."

Un día entró a mi oficina para consejería un hombre acompañado de su esposa, y anunció sin más ni más: "Reverendo, ¡este matrimonio ya no tiene ninguna esperanza!" Ese hombre, padre de cuatro hijos, repitió esa afirmación tres veces y, para darle énfasis, pegó un puñetazo sobre la mesa cada vez. Tres horas más tarde, cuando habíamos llegado a un punto muerto y en realidad no veía esperanza alguna para ellos, oré en silencio: "Señor, he hecho todo lo que sé hacer y he dicho todo lo que sé decir, pero nada ha funcionado. Si quieres que este matrimonio se salve, tendrás que hacer un milagro." Yo mismo me asombré cuando, en cuestión de unos instantes, el hombre se echó a llorar, cayó de rodillas, y entregó de nuevo su vida a Cristo. Cuando por fin terminó de llorar, se puso de pie, abrazó a su esposa, y cambió por completo sus puntos de vista. Al principio de la entrevista la había reprochado a ella por la infelicidad de su matrimonio. Cuando se humilló ante Dios, aceptó de forma inmediata toda la responsabilidad y le pidió a ella que lo perdonara.

No es que él haya sido perfecto desde entonces, pero han pasado dos años y medio, y tienen todavía un matrimonio feliz en el que honran a Cristo. Todo comenzó con la humildad, que es una actitud del corazón; es la actitud mental que dice: "Señor, en mi carne no hay nada bueno, ¡sin ti no puedo hacer nada!" Las parejas humildes no tienen diferencias imposibles de resolver, sin que importen los conflictos de temperamento.

4. Revístase de mansedumbre.

La mansedumbre es tan parecida a la humildad que con frecuencia aparecen juntas en la Biblia; y son las dos virtudes menos valoradas por el mundo pagano de la antigüedad o por los humanistas de hoy. A mucha gente le gusta ver mansedumbre en los demás, pero tienen pocos deseos de tener en su propia vida este característica.

Por supuesto, nuestro Señor dio ejemplo de la verdadera mansedumbre (como lo hizo con todas las características que nos pide a nosotros). En Mateo 11:29 dice Jesús: "Llevad mi yugo sobre vosotros, y aprended de mí, que soy manso y humilde de corazón; y hallaréis descanso para vuestras almas."

En las bienaventuranzas, el Señor nos promete: "Bienaventurados los mansos, porque ellos recibirán la tierra por heredad." Es a los que son lo suficiente mansos como para humillarse y volverse dependientes por completo de Dios, a quienes Él les confiará la tierra en la vida venidera. Cualquier estudiante de historia puede atestiguar que el estudio del hombre es ante todo una historia de la guerra, porque las naciones de este mundo nunca han sido gobernadas por los humildes o mansos, sino por los orgullosos y por los que con avaricia buscan su propio interés. Pero lo mismo se puede afirmar de las familias y los cónyuges entre quienes prevalecen los conflictos. ¡Los espíritus humildes no chocan!

De todos los temperamentos, sólo el flemático parece manso por naturaleza porque cualquier crueldad de espíritu que pueda sentir se manifestará de modo diplomático y sutil. Los sanguíneos no son nada mansos; tienen la inclinación a armar desastres, porque están demasiado centrados en sí mismos como para ser mansos. Los coléricos consideran la mansedumbre como una señal de debilidad, y por eso, posiblemente, el cristianismo les parezca demasiado pasivo e impotente. El melancólico suele demostrar su falta de mansedumbre mediante su compulsión a criticar a los demás y a corregirlos. Todos los temperamentos necesitan ayuda para aprender la mansedumbre, pero una vez que han asimilado la lección, la mansedumbre se convierte en un gran factor para sanar las relaciones frágiles.

Se ha descrito la mansedumbre como "lo contrario de la arrogancia y el reconocimiento propio, el distintivo especial de aquel hombre que tiene una delicada consideración por los derechos y los sentimientos de los demás". Pero parece un característica poco natural, de modo que debe ser provisto por el Espíritu de Dios. Por eso se enumera como uno de los frutos del Espíritu.

Una mujer muy susceptible casada con un hombre muy rudo había intentado tres veces divorciarse después de varios años de frigidez e infelicidad. Sólo sus tres hijos los habían mantenido juntos. Uno de los mayores obstáculos para una buena vida sexual (además de la ira, cosa que los dos parecían bien dispuestos a manifestar) era el vocabulario que el usaba con respecto al acto sexual. Por haber estado en el servicio militar, él conocía todas las palabras vulgares para referirse a todas las partes de la anatomía humana. Para él eso era "lenguaje corriente". Para ella era una terminología ofensiva. Ella protestaba: "¡Esas palabras me repugnan!" Después que ellos, en oración, volvieron a entregar al Señor su vida y su matrimonio, él dijo con ternura: "Amor, siento mucho haberte ofendido durante todos estos años. Con la ayuda de Dios, nunca voy a volver a usar ese tipo de lenguaje sucio. Si lo hago, te pediré que me perdones." Eso es mansedumbre: una disposición a conformar nuestra conducta, incluso nuestra manera de hablar, a las preferencias de otra persona.

La mansedumbre no busca su propio interés; se interesa más por satisfacer las necesidades de los demás que las suyas propias. Cuando usted busca la ayuda de Dios para cambiar sus preferencias y ajustarlas a las de su cónyuge, a la larga usted se beneficiará más que él o ella. Según nuestro Señor: "Todo lo que el hombre sembrare, eso también segará." Pero siempre segamos más de lo que hemos sembrado; se trata de un principio divino. Siembre un grano de maíz, y obtendrá por lo menos una mazorca con muchos granos. Siembre humildad, y segará toda una cosecha de sentimientos bondadosos y tranquilizadores.

Cuando Beverly y yo descubrimos que desde el punto de vista cultural éramos distintos por completo, el espíritu humilde de ella fue lo que salvó la situación. A ella le encanta la música clásica, mientras que yo puedo vivir sin esa música. Ella está siempre deseosa de asistir a conciertos, sinfonías y obras de teatro; yo prefiero las actividades deportivas, aunque sólo me permito ser fanático de un deporte, pues de otro modo los deportes me consumirían. Escogí el fútbol americano porque es mi deporte favorito y sólo ocupa cinco meses del año.

Después de algunas semanas de matrimonio, descubrí que Beverly no se entusiasmaba por el fútbol americano. Más o menos al mismo tiempo ella descubrió la grave deficiencia en mi apreciación cultural. Cuando le pregunté por qué no asistía conmigo a los partidos de fútbol americano, aseguró que ella "no lo entendía", ¡y a la vez tuve que admitir que no era conocedor de la música! Así que teníamos que tomar una decisión: ¿íbamos a seguir cada uno su propio camino en cuanto a los pasatiempos o podíamos encontrar un término medio? Después de conversar largamente sobre el asunto, convenimos en el plan de que ella iba a asistir conmigo a nueve partidos de fútbol americano cada año, y yo la iba a llevar a un concierto. Francamente me pareció que ella estaba llevándose la mejor parte en el negocio.

Cuando nos trasladamos a San Diego pasamos del fútbol americano universitario al profesional, y durante tres años yo realicé en mi casa el estudio bíblico de los Chargers. Ahora estábamos combinando los deportes con el ministerio. Además descubrimos que en el intermedio del juego de los *Chargers* se presentaba un concierto de banda, de modo que ahora Beverly podía escuchar cada año un concierto principal y nueve conciertos en miniatura. Un día, mientras veíamos un partido, ella me pidió que le explicara por qué siempre me ponía tan tenso en las "jugadas del tercer *down*". Por primera vez me di cuenta de que ella no entendía el significado de esa jugada, que era la clave para entender el juego. Ella aprende con rapidez, de modo que en uno o dos partidos el fútbol americano se convirtió para ella en todo un acontecimiento, y hoy día es una admiradora tan ansiosa de los Pieles Rojas como lo soy yo. A menudo, cuando salgo de viaje para algún seminario en temporada de partidos, llamo a la casa mientras espero mi siguiente avión, y ella me pone al día sobre el partido que se está realizando.

Ya para ella no es un sacrificio darme nueve partidos, de los cuales disfruta a plenitud para poder arrastrarme a mí a un solo concierto. Y ahora que vivimos a unas pocas cuadras del Centro Kennedy de Artes Interpretativas, que presenta algunos de los mejores programas del mundo, yo la llevo a tres o más conciertos al año, y nuestro hijo la acompaña a cuatro o cinco más. Nuestra actual armonía tuvo sus inicios en los años de universidad, cuando Beverly estuvo dispuesta con mansedumbre a dar más de lo que recibía. Ahora recibe más de lo que debe dar.

Cuando nos revestimos de la virtud de la humildad, estamos obedeciéndole al Señor, y estamos dando un gran paso hacia la adaptación con nuestro cónyuge.

5. Revístase de paciencia.

Esta quinta virtud aparece muchas veces en la Biblia. Con frecuencia se usa con referencia a Dios; varias veces fue ejemplificada por nuestro Señor mientras estuvo sobre la tierra. Nosotros, como cristianos, debemos "revestirnos" de ella, lo cual sugiere que no es para estar colgado en el guardarropa del cristiano. La paciencia se ha descrito como "esa conducta tranquila y no agitada con la cual el hombre bueno aguanta los males de la vida, ya sea que provengan de las cosas o de las personas".

Cuando las tribulaciones de la vida nos golpean, la paciencia prevé con gozo la llegada de un día mejor. Sólo podemos recibirla mediante la vida llena del Espíritu y el ejercicio de la fe, la cual se edifica en tiempos de prueba. En Santiago 1:2,3 se nos indica que la paciencia la manifestamos cuando mostramos gozo, mediante la fe, incluso en medio de la adversidad.

Todo matrimonio tiene tiempos difíciles; todas las relaciones humanas sufren tensión. Si confrontamos esos tiempos con paciencia, no vamos a dañar las relaciones. Pero si reaccionamos en la carne, nuestras diferencias se acentuarán.

La paciencia es una de las claras muestras del amor. Cuando emitimos señales de amor, la paciencia las acompaña de manera natural. Pero cuando nos amamos a nosotros más que a la otra persona, la impaciencia brota con la misma naturalidad. Cuatro hijos de una maestra de la Biblia ingresaron al ministerio a pesar de que el esposo de ella era un alcohólico empedernido que, de forma literal, bebió hasta morir. Ellos la habían visto atender con paciencia a su esposo borracho, lavarlo cuando estaba en su inmundo sopor, cuidarlo para que recuperara la salud cuando caía en una enfermedad que él mismo se había infligido, y por último, sepultarlo después que el licor lo llevó de forma prematura a la tumba. Uno de ellos declaró que su madre era "una santa". Era una mujer fuerte, que no era paciente por naturaleza. Pero nunca trató a su esposo con desprecio a causa de su debilidad, y sus hijos reconocieron a su Salvador en la forma en que ella trataba con paciencia a su padre.

Los sanguíneos y los coléricos suelen ser muy impacientes. Siempre andan apurados y son irreflexivos para hablar, de modo que devastan verbalmente a los demás cuando unos pocos segundos de paciencia habrían podido evitar que esgrimieran su lengua como espada de guerrero para infligir un irreparable daño. Cuando usted encuentre a un extrovertido que es paciente, estará contemplando un temperamento lleno del Espíritu en un cuerpo humano. Los melancólicos son mucho más pacientes que los dos que acabamos de mencionar, pero su inclinación a la crítica, a la venganza y a otros hábitos de pensamiento negativos los hace mucho menos pacientes de lo que debieran ser.

Los flemáticos pueden ser pacientes y amables en medio de la crueldad, pero su motivación puede provenir del temor y de la autoprotección más que de amor o de interés por los demás. Y si traspasan el umbral de la paciencia, resulta dificilísimo lograr que intenten de nuevo. Una mujer cristiana carnal que no sabía nada de la vida controlada por el Espíritu, soportó veinticinco años de un mal matrimonio hasta que por fin expulsó a su esposo de la casa. Sin embargo, cuando por fin hizo eso, temí que fuera a necesitar otros veinticinco años para volver a admitirlo. Sólo cuando estuvo dispuesta a someter a Dios su terca voluntad, y a darle a su esposo arrepentido otra oportunidad, pudo rescatar su matrimonio. Hoy día está feliz de haberlo hecho. Pero a los flemáticos, por lo general, parece ser a los que más les cuesta volver a cruzar la línea una vez que su paciencia se ha agotado.

6. Revístase de la capacidad de soportar.

Las personas de hoy saben muy poco sobre la capacidad de soportar, que es una virtud peculiar del cristianismo. Significa aguantar, con generosidad y paciencia, la debilidad de otra persona cuando se contrapone al aspecto en que uno es fuerte. Ya hemos examinado esto con relación a la etapa de adaptación del matrimonio. Una vez que vemos a nuestros cónyuges como son en realidad — inclusive con las debilidades — estamos en capacidad de perder nuestro amor por ellos, de tratarlos con crítica y desprecio, y otras formas de desaprobación. El concentrarse constantemente en la debilidad puede matar el amor más fuerte y, en muchos casos, incluso el impulso sexual.

Cuando eso sucede, debemos aceptar que el cristiano no ha sido conducido por el Espíritu sino que ha resuelto en la carne esa manifestación de debilidad, como si no fuera cristiano. Ya es hora de "ponerse la capacidad de soportar" y de amar a su cónyuge de todos modos.

La noción de "soportar" se usa en la Biblia de manera principal para describir la forma en que Dios nos miró mientras todavía éramos pecadores: nos amó de todas maneras. Y eso es lo que se espera que haga el cristiano: sin dejar jamás que las debilidades obstaculicen el amor, debemos pasar por alto el problema y tratar a nuestro cónyuge con dulzura, con paciencia y misericordia. El soportar puede infundirle nueva vida y entusiasmo a cualquier matrimonio. Es como el pegamento que nos ha dado Dios para asegurar matrimonios duraderos y felices. Las relaciones en que no se hace el esfuerzo por soportar no suelen durar mucho; y si duran, la felicidad no es sobresaliente.

7. Revístase de perdón.

Una característica de los matrimonios duraderos y llenos de placer es el perdón. Los coléricos y los melancólicos son los que tienen mayor dificultad con la intolerancia. Los coléricos son famosos por permitir sólo un golpe, y eso hace que se les haga difícil perdonar. Los melancólicos quizá perdonen, pero su espíritu intolerante y su increíble memoria para los sentimientos negativos hace que recuerden las ofensas una y otra vez. De todos los temperamentos, a los que más fácil les resulta perdonar es a los sanguíneos. Comentan con jovialidad: "Nadie es perfecto, así que no hay que preocuparse."

Como ya lo hemos señalado, todas las relaciones personales necesitan del perdón. Cualquier pareja, incluso las que tienen los mejores matrimonios, ha tenido que aprender a perdonar. No voy a machacar el punto una vez más, excepto para añadir que aun cuando el perdón le resulte sumamente difícil, si se niega a perdonar cuando es necesario pagará un enorme precio tanto en lo espiritual como en lo emocional, lo físico y en las relaciones.

El no lograr perdonar le causará a usted daño espiritual porque la ira que acompaña esa actitud contrista al Espíritu Santo (Efesios 4:30-32) y estorba su vida de oración (1 Pedro 3:7). Además, nuestro Señor dejó muy claro que si no perdonamos a los demás sus ofensas, Él no nos perdonará las nuestras (Mateo 6:14,15). Nadie puede avanzar espiritualmente sino hasta que aprende a "revestirse del perdón". Un espíritu de animosidad resulta caro en lo físico, porque puede echar a andar cualquiera de las cincuenta y una enfermedades que con anterioridad hemos mencionado. Emocionalmente ocasiona sentimientos dañinos y ahoga la expresión del amor, el gozo y la paz. En lo que se refiere a las relaciones genera corazones duros y voluntades férreas, que con demasiada frecuencia llevan el matrimonio hacia el divorcio; y entonces la amargura y las recriminaciones que vienen a continuación dañarán más a los hijos, incluso después que el hogar se ha dividido.

El perdón no es optativo; es voluntad de Dios, es su mandato para todos los cristianos. Hoy día hay millones de matrimonios que pueden hacer remontar su actual armonía hasta un punto de perdón por parte de uno o ambos cónyuges. Hace poco traté con una pareja cristiana en que ambos habían sido infieles: el esposo por lujuria y engaño, la esposa por desquite. No parecía haber esperanza alguna para esa pareja sino hasta que buscaron con sinceridad el perdón de Dios. Una vez que aceptaron la absolución divina, cada uno de ellos le pidió a Dios que le ayudara a perdonar a su cónyuge. Es demasiado pronto como para emitir un juicio definitivo, pero sospecho que la relación entre ellos se va a sanar.

Hace muchos años, cuando una mujer de nuestra iglesia confrontó a su esposo con pruebas de adulterio, él admitió su pecado y se arrepintió sinceramente. Después que ella lo perdonó, se reconciliaron. Tres meses después ella regresó a mi oficina y dijo:

— He perdido todo sentimiento hacia mi esposo. ¡Ni siquiera no puedo aguantar que me toque!

Yo la confronté con la realidad de que ella no lo había perdonado en realidad, y por eso su sentimiento hacia él se había muerto.

¿Y por qué lo voy a perdonar? — respondió enojada —. ¡No se lo merece! ¡Él sabía lo que estaba haciendo! Los dos nos formamos en la misma iglesia, y él sabía que el adulterio era pecado.

Me solidaricé con su angustia, pero su falta de perdón estaba alargando el dolor.

— ¿Quiere pasar el resto de su vida infeliz o feliz? — le pregunté.

— Por supuesto que quiero ser feliz — contestó en medio de lágrimas.

— Entonces tendrá que perdonarlo a él tal como lo manda la Biblia: no como él merece que se le perdone, sino como Dios la perdonó a usted en Cristo Jesús.

No es necesario ser perfecto

Ahí tiene siete de las ocho prendas del cristiano. ¿De cuántas se ha "revestido"? Su respuesta constituirá buena prueba de su felicidad en el matrimonio. Si está usando el sesenta por ciento, sospecho que está disfrutando del sesenta por ciento de la felicidad que Dios tiene para usted. Es hora de vestirse por completo de su atavío cristiano, "andando en el Espíritu". Es probable que ya se haya fijado en que el mandato de "andar en el Espíritu" en Gálatas 5:16-23 es casi idéntico a lo de "revestirse" del atavío del cristiano en Colosenses 3. La prenda final es como un sobretodo, algo que cubre todo lo demás.

Manifieste su amor

Y ahora permanecen la fe, la esperanza, y el amor, estos tres; pero el mayor de ellos es el amor.

I Corintios 13:13

Y sobre todas estas cosas vestíos de amor, que es el vínculo perfecto.

Colosenses 3:14

La Biblia tiene mucho que decir acerca del amor. Nos enteramos de que "Dios es amor", y de que por eso "debemos también amarnos unos a otros". En cambio, si odiamos a nuestro hermano, es señal de que el amor de Dios no está en nosotros.

La Biblia también nos manda amar a nuestro cónyuge. Cuatro veces se ordena a los esposos amar a sus esposas. Las esposas deben amar a sus esposos e hijos y estar al cuidado de su casa (Tito 2:4,5).

Dios espera que las parejas cristianas manifiesten verdadero amor durante toda su vida. ¿No es esa la principal razón por la que nos casamos? Una evidencia de que amamos a Dios en realidad es que nos amamos el uno al otro. La pareja cristiana unida en amor es un testimonio elocuente del amor de Dios que está en acción en ellos. Ya he señalado la cita del poeta Emerson: "El amor es un sentimiento que termina con el matrimonio." Eso resume la actitud de las personas mundanas con respecto a este increíble sentimiento, en gran medida porque ellos tratan de hacerlo con sus propias fuerzas, olvidando que el hombre pecador siempre se queda corto con respecto a las normas puestas por Dios. Pero con la ayuda de Dios, el amor puede ir creciendo año tras año de modo que la pareja pueda decir de veras: "Hoy te amo más que cuando nos casamos."

Toda persona necesita amor

A escala universal, la humanidad necesita amar y ser amada. Es por esta razón que millones de personas cada año dejan su independencia para "unirse en un mismo yugo". Esta llega a ser la relación más importante de la vida, como lo subraya el hecho de que un setenta y cinco por ciento de los que se divorcian porque el primer matrimonio no produjo un amor duradero lo intentan otra vez. Casi el cincuenta por ciento de esos segundos matrimonios fracasan, pero el intento de renovar una relación marital después de un fracaso sugiere que los seres humanos tienen un deseo instintivo de compartir su vida con otro miembro del sexo opuesto. El hecho de que eso exija un sacrificio personal y económico no nos detiene; nos sentimos impulsados por una necesidad de amar y ser amados.

La experiencia más devastadora sobre la tierra es ser rechazado por la persona a quien uno ama. Ya se trate de otra persona, de las drogas, del licor o incluso del trabajo, el rechazo es una experiencia desmoralizante y a veces paralizante. La mayoría de las personas no se dan cuenta de que un gran porcentaje de los que son despreciados pierden a su cónyuge porque no dieron amor.

Un brillante ingeniero, con cinco hijos, daba pasos de un lado a otro enfrente de mi escritorio, lleno de angustia por el hecho de que su esposa lo había abandonado a él y a sus hijos para escaparse con un marinero cuyo ingreso era sólo una cuarta parte del suyo. Él diagnosticó su propio problema cuando le pregunté:

—¿Usted le comunicaba a su esposa que la amaba?

—Tal vez ese era mi problema. Ella siempre me buscaba para que le dijera que la amaba, pero yo nunca se lo decía. Prefería demostrar mi amor. Le di un segundo auto cuando ella lo quiso, y acabo de comprar nuevas alfombras para nuestra casa.

Poniendo de manifiesto la típica inteligencia masculina, añadió:

—Le di cinco hijos, ¿no?

Cuando le pregunté, admitió que no había expresado con palabras su amor durante diez años. Y aun así aseguraba que la amaba.

El marinero, en cambio, no tenía otra cosa que darle a esa mujer sino su amor. Ella estaba tan hambrienta de amor, que decidió sacrificarlo todo por conseguirlo . . . por un tiempo. Por lo general esas mujeres llegan a lamentar después su decisión. La aventura dura poco, y luego se vuelven a sentir sin amor, sólo que ahora sin sus hijos. Estoy convencido de que ella nunca habría encontrado atractivo al marinero si su esposo hubiera estado dispuesto a comunicarle su amor en términos que ella pudiera captar.

La mayoría de los hombres no entienden a las mujeres y por eso las tratan como a ellos les gusta que los traten. Ese hombre no necesitaba escuchar a su esposa decirle: "¡Te amo!", por lo menos no en esa etapa de su vida en que su aceptación de sí mismo provenía en gran medida de su éxito vocacional. Pero su esposa sí necesitaba escuchar esas palabras; eso sucede con la mayoría de las mujeres. Es parte natural de una relación íntima, y esa es la razón por la que Dios les manda a los esposos: "amad a vuestras mujeres." Las mujeres necesitan amor, y a los hombres hay que recordarles que lo den a conocer en términos que su esposa pueda comprender.

Con frecuencia los hombres traman comprar el cariño de su esposa con un segundo auto, nuevas alfombras o joyas. La mayoría de los hombres pudieran ahorrarse gran cantidad de dinero con sólo decir: "Cariño, te amo y todavía te escogería a ti si tuviera que volver a hacer la elección otra vez." A una mujer eso le infunde confianza, en particular cuando esas afirmaciones son reforzadas con un trato adecuado. El año pasado el periódico *USA Today* publicó los resultados de una encuesta sobre el matrimonio que resulta muy reveladora. Cuando se les hizo la pregunta: "Si tuviera la oportunidad de hacer la elección otra vez, ¿se casaría con la misma persona?", el setenta y dos por ciento de los hombres casados dijeron que sí, mientras que el cincuenta y uno por ciento de las mujeres casadas respondieron que no. Luego la encuesta dirigía la misma pregunta a las mujeres que habían respondido de forma positiva a la pregunta anterior: "¿Su esposo se ofrece para ayudarle en la casa?" El ochenta y dos por ciento de las que recibían esas indicaciones voluntarias de amor y respeto contestaron de manera afirmativa. Se casarían otra vez con el mismo hombre. Las mujeres no quieren que los hombres sean esclavos de la casa; sencillamente ansían amor, un amor que se comunique tanto verbal como físicamente. Parece que yo gano puntos de gran valor con mi esposa cuando voluntariamente me dirijo hacia el lavaplatos y saco los platos limpios. No sé por qué a ella no le gusta ese trabajo. En cuanto termina una comida ella llena inmediatamente el lavaplatos con los trastos sucios, pero no sé por qué no le gusta sacar los platos limpios. Descubro que meto la mano en el lavaplatos, no porque la tarea resulte atractiva sino porque ella aprecia ese gesto, y a mí me encanta hacerla feliz.

Lo mismo sucede cuando hay que pasar la aspiradora. Como Beverly tiene artritis en los hombros, esa tarea se le hace difícil; de modo que yo me encargo. Cuando la máquina ruge al encenderse antes que ella siquiera me lo pida, ¡es como si le comprara una docena de rosas! (Con lo que valen las rosas hoy día, mi tiempo debe valer unos veinte dólares por hora; pero la respuesta que recibo es mucho más valiosa.)

Un cónyuge sabio busca oportunidades de complacer a su esposa. Eso no es debilidad; es amor. El amor, como la electricidad, no lo podemos ver, pero sin duda sentimos su presencia por lo que hace.

Cuando era un pastor muy joven, vi el efecto del amor en el matrimonio como consecuencia de dos experiencias consecutivas de consejería. Fui en auto hasta el lago Minnetonka a petición de una pareja muy rica, para aconsejarlos. Lo tenían todo: un hermoso yate en el embarcadero, dos grandes autos en el garaje, y una residencia palaciega con alfombras tan gruesas que casi me hundía en ellas hasta las rodillas. Sin embargo, por ninguna parte se encontraba el amor, porque el hielo de la ira permeaba su casa. No pude ayudarlos, y terminaron por divorciarse después de una larga y amarga batalla por sus "cosas".

Al día siguiente conduje mi auto por un camino lleno de lodo hasta la casa de la familia más pobre de la iglesia. Tenían tres hijas, y su hijo acababa de comenzar el servicio militar. Me habían pedido que fuera y que orara por ese joven y por el hogar de ellos. Sólo tenían seis sillas en la cocina, de modo que pusieron boca abajo un cajón de naranjas para que me sentara a tomar café a la mesa del desayuno. Mientras hablábamos contemplé las miradas de amor y los comentarios de cariño que se cruzaban ese esposo y esa esposa que habían estado juntos al menos por veinticuatro años. Eran tan pobres que ella nunca iba a un salón de belleza, siempre usaba el mismo traje de domingo, y cosía todos los vestidos de sus hijas; pero amaba a ese hombre que sólo tenía amor para darle. Llegué a comprender que el amor es el bien menos costoso de la vida.

El amor hay que expresarlo siempre en términos que en realidad le den a conocer el mensaje a su cónyuge. Los cónyuges sanguíneos, flemáticos y melancólicos necesitan expresiones verbales de amor. Pero el melancólico observará sus acciones con cuidado para asegurarse de que sean consecuentes con lo que usted dice. Los coléricos fingen que no necesitan que se les infunda confianza; pero en secreto sí la necesitan. Sin embargo, tienden a medir el amor de uno por lo que uno produce. Una cena caliente suele ser mejor que papelitos de "te amo". Los melancólicos son unos románticos incurables: les encantan las velas encendidas, las noticas, los perfumes, la música, y cantidades increíbles de tiempo; todos esos son factores que, en términos que ellos pueden entender, significan: "¡Te amo!"

El amor excelente equivale a una vida sexual excelente

Un matrimonio con vitalidad incluye la mutua satisfacción sexual. Así fue como Dios diseñó nuestra anatomía, nuestra mente, nuestros sentimientos, e inclusive nuestras hormonas. Pero los hombres y las mujeres son diferentes, y esos contrastes se hacen más complejos tanto por su sexo como por sus temperamentos opuestos.

Para los hombres, el sexo es una experiencia. Para los mujeres, es un proceso. Si las parejas, en particular los esposos, no entienden esa realidad, nunca llegarán a desarrollar la vida de amor del cual son capaces. Según la Biblia, el amor "no busca lo suyo", es decir su propia satisfacción. Todas las parejas de cónyuges, por muy llenas de amor que sean, necesitan adaptarse el uno al otro sexualmente en ciertas ocasiones. Claro que en ciertos momentos especiales los dos están en el estado de ánimo adecuado, las condiciones son excelentes, y disfrutan de una relación sexual formidable. Pero ¿qué decir de los días en que uno de los dos está interesado y el otro no? En esa situación hay que practicar 1 Corintios 7:1-5. Si usted es casado, ya su cuerpo no es propiedad exclusiva de usted; también le pertenece a su cónyuge. Si ama a su cónyuge como Cristo amó a la iglesia, entonces se ajustará a las necesidades de su cónyuge en vez de las suyas, siempre que sea posible.

Las mujeres casadas suelen quejarse así: "Cada vez que me acerco a mi esposo, la única cosa en que él piensa es el sexo. Yo necesito tiempo para animarme." Ciertos temperamentos requieren más tiempo que otros, pero en términos generales a las mujeres les gusta una preparación larga y romántica, mientras que los hombres están listos para lanzarse de un momento a otro. Cuando el varón entiende esto, si ama a su esposa, adaptará sus pasiones impulsivas a la reacción de "fuego lento" de su mujer. Muchas caricias no sexuales pero afectuosas deben preceder lo que a mí me gusta llamar "el acto matrimonial". Una esposa que ha sido tratada románticamente y con cariño durante el principio de la noche por lo general estará interesada en culminar la noche con lo que mi amigo médico Ed Wheat, quien ha escrito mucho sobre el tema, llama "el gozar físicamente el uno del otro". Eso es una vida sexual excelente, provocada por un amor excelente.

Los "placeres del sexo" son hoy día objeto de amplia publicidad, sobre todo por parte de hombres que no entienden las diferencias entre hombres y mujeres en este campo. Ellos ponen las cosas como si una vida sexual excelente condujera a un amor excelente, cuando en realidad es exactamente al revés. Una vida sexual excelente es disfrutada con gran entusiasmo por un cónyuge a quien se le da un amor excelente. Y recuerde que el amor excelente genera muchas expresiones de amor sin egoísmo, desde el negarse uno a sí mismo hasta el satisfacer con alegría las necesidades del cónyuge.

¡Sea creativo!

Una característica del amor tal como se describe en 1 Corintios 13 es la atención personal. Los gestos de mayor atención personal pueden ser muy carentes de significado para usted, pero llenos de significado para su cónyuge, en particular si él o ella sabe que se está esforzando ante todo por complacerlo.

Hace varios años, mientras estábamos en un viaje misionero en Europa, yo andaba trotando entre los hoteles de Viena, Austria. Un enorme edificio junto al cual pasé era oscuro y feo desde afuera, pero el letrero decía: "Casa de la Ópera Stodt." Al principio eso no significó nada para mí, pero en eso lo reconocí como uno de los más famosos teatros de ópera que hay en Europa. Dentro descubrí que se estaban realizando las últimas presentaciones de la ópera *Don Giovanni* de Mozart. Compré dos entradas, corrí de regreso al hotel, y anuncié: "Arréglate, Beverly. Esta noche vamos a salir." Tuvimos una cena romántica y luego caminamos hasta la Ópera. ¡Ella no cabía dentro de sí! Para ser muy franco, el contemplar a los actores cantando en italiano no era cosa que me inspirara. Pero sí me inspiraba el contemplar a Beverly disfrutando tanto. Ella tenía la sospecha de que yo estaba aguantando una especie de tortura, pero se daba cuenta de que todo aquello representaba el sacrificio del amor. Y nunca ha olvidado aquel momento memorable, que fue cien veces más eficaz de lo habitual porque a mí mismo se me ocurrió (aunque por casualidad). Encuentre las cosas que son significativas para su cónyuge, y úselas para expresar su amor.

Cierto ingeniero de Pasadena, California, coleccionista y restaurador de automóviles clásicos antiguos, es merecedor del premio a "la expresión más creativa del amor". Un día anunció que iba a necesitar el auto de la familia para un viaje de negocios de cuatro días, él solo, a San Francisco. Después de dos días su hermosa esposa sanguínea estaba un poco aburrida de estar en casa y pensó en una excusa para salir e ir a la tienda. El único vehículo disponible era el convertible clásico Ford Thunderbird 1958 de dos asientos, que su esposo había restaurado por completo. Él había desarmado todas las piezas de ese auto, las había limpiado, y lo había vuelto a armar. Con su nuevo trabajo de pintura esmaltada, en realidad se veía mejor que cuando salió de la fábrica. Era su orgullo y su gozo.

La joven esposa llegó al garaje y retiró el cobertor bajo el cual él siempre lo guardaba. "*¡Vaya!* —pensó—, *¡cómo me encantaría manejar esto!*" Después de un momento reflexionó: "*Charlie nunca dijo que yo no podía manejarlo*", de modo que lo arrancó y avanzó calle abajo. ¿Puede imaginarse a esa mujer con aquella sensación de libertad, con su largo cabello agitado por el viento mientras avanzaba rápidamente por el camino? Todo salió bien hasta que de repente un camión salió de quién sabe dónde y echó a perder el auto de su esposo. Ella no resultó herida, pero sí se lamentó: "¡Mi esposo me va a matar por destruirle este auto!" Cuando el oficial de policía le pidió la identificación del auto, por fin localizaron la licencia del auto en la guantera. Estaba metida en un paquete de plástico transparente que daba testimonio del temperamento de su esposo. Con ella estaba el manual del usuario y el registro de todos los gastos, inclusive de la gasolina, el aceite, y el kilometraje a cada cambio de aceite. En eso ella notó un sobre que llevaba el nombre de ella. Lo que decía era esto:

> *Querida Beth:*
> *Si estás leyendo esta nota, es porque has tenido un accidente con mi auto. Sólo recuerda esto, corazón: ¡te amo a ti más que nada!*
>
> *Charlie*

¡Esa es la creatividad del amor en su máxima expresión!

El amor es una decisión

Gary Smalley y John Trent son conocidos maestros de seminarios familiares de Phoenix, Arizona. Mientras yo miraba cierta noche un programa en estación cristiana de televisión, noté el anuncio que hacían de su seminario llamado "El amor es una decisión". Me impresionó mucho lo que vi, y estoy de acuerdo en que el amor implica tomar decisiones. Eso siempre ha sido así, incluso en las épocas en que los matrimonios concertados unían durante toda una vida a dos personas que antes eran casi por completo desconocidas entre sí. Se acostumbraban a la idea de amarse el uno al otro o tomaban la determinación de "luchar juntos". En cualquiera de los dos casos, era una cuestión de la voluntad.

En la Biblia Dios nos manda muchas veces que "nos amemos unos a otros". Si dos cristianos casados no pueden amarse, son dos personas que están fuera de la voluntad de Dios. Si protestan: "Es que no puedo amar a esa persona", tienen razón. El amor (o la falta de él) se basa en una decisión. Sin embargo, si prometen: "Con la ayuda de Dios te voy a amar", entonces están abriendo la puerta a toda una nueva forma de vida en sentido emocional. Nadie puede obligarlo a que ame; eso es algo entre uno y el Señor. Pero recuerde esto: Dios nunca nos manda hacer algo que no nos dará la capacidad de hacer.

En el capítulo anterior revisamos las siete prendas del atavío que debemos "ponernos" ahora que nos somos cristianos. Esta octava, que se halla en el versículo 14 de Colosenses 3, merece todo un capítulo. Fijémonos en estas palabras: "Y sobre todas estas cosas vestíos de amor, que es el vínculo perfecto." La *Nueva Versión Internacional* lo traduce con más precisión: " . . . que las une a todas en unidad perfecta."

En este contexto, el amor es la prenda exterior, la más importante de todas. Nos vestimos de ella una vez que todo lo demás está en su lugar. Cuando la prenda final del amor cubre todo lo demás, todo lo demás se mantiene intacto. Cuando nos la quitamos, otras partes de nuestro ropaje pueden empezar a desarreglarse. Este vestido exterior del amor, que "cubre multitud de pecados", es el mayor don que podemos darle a otra persona.

Cómo mantener vivo su amor

Briggs y Alice Olson se habían amado durante más de cincuenta años. Ella era la organista en la primera iglesia en que trabajamos a tiempo completo en Minneápolis; él era presidente del comité de construcción y de la junta de síndicos. Eran como padres adoptivos para mi esposa y para mí. Nosotros éramos jóvenes, acabábamos de salir de la universidad y estábamos en nuestra primera iglesia, y ellos eran nuestros vecinos más cercanos. Lo primero que notamos de ellos era el gran amor que se tenían entre sí. Más tarde hemos observado a muchas parejas que se aman mucho, pero ninguna tan entregada como aquella.

Al contemplar a lo largo de los años a parejas que en realidad se aman, he notado que todas parecen poseer cuatro características en común. Se podrían identificar como "las claves para mantener vivo su amor".

1. La mayor parte del tiempo eran cristianos llenos del Espíritu.

Claro que no eran perfectos; nadie lo es. Pero querían andar en el Espíritu cada día, sabiendo que el primer fruto del Espíritu es el amor. ¡Uno no puede andar en el Espíritu y a la vez quedarse sin amar a su cónyuge!

2. Como cónyuges eran bondadosos, cuidadosos y respetuosos.

Jamás escuché a Briggs ni a Alice, que están ahora los dos en el cielo, decirse una palabra hiriente. En vez de descalificarse uno al otro, se enaltecían el uno al otro. A eso los psicólogos modernos lo llaman "acariciar". Ellos no sabían cómo se llamaba; sencillamente lo hacían. Cada vez que uno estaba con ellos, tenía la sensación de que siempre era bienvenido, pero cuando se separaba de ellos sabía que igual estaban felices de estar juntos pero solos. Eso refleja un matrimonio sano.

3. No se concentraban en nada que fuera negativo.

Ninguno de los dos era perfecto; ellos lo admitían con prontitud. Pero cada vez que hablaban acerca del pasado, siempre era en forma positiva. Los acontecimientos lamentables y desafortunados no se traían a colación casi nunca o nunca.

4. Le daban gracias a Dios en público por haberlos unido y por su vida gozosa y productiva.

Me he dado cuenta de que las personas agradecidas son personas felices, y que las personas felices son más fáciles de amar.

Cómo reavivar un amor que se apaga

En esta época moderna de tanto trajín, muchos matrimonios se despiertan un día de tantos para descubrir que ya no están enamorados. En efecto, es posible que se hayan cansado el uno del otro. Como lo describen algunas parejas: "Nuestro amor ha muerto."

Con los años he desarrollado una fórmula sencilla para reavivar ese amor. Funciona por muy muerto que el amor pueda parecer en un principio. Recuerde: "Para los hombres es imposible, pero para Dios no hay nada imposible." Sencillamente le pido a la pareja en cuestión que incorpore los cuatro pasos arriba mencionados, y que luego añada uno más . . .

5. Haga una lista de diez cosas de su cónyuge que le gustan.

Déle gracias a Dios dos veces al día por esas diez cosas, y no se ponga a pensar en los características negativos de su cónyuge. El amor seguirá de manera automática a un corazón agradecido. Y en 1 Tesalonicenses 5:18 se verifica con claridad que este tipo de vida de acción de gracias "es la voluntad de Dios para con vosotros en Cristo Jesús".

Un hombre de negocios me invitó a almorzar en su club de lujo, y pasó veinticinco minutos repasando todas las características negativas de su esposa. Al fin, dijo:

— ¡Estamos en graves problemas! Ya no nos amamos y hemos perdido todo sentimiento el uno hacia el otro. Tenemos tres meses de no dormir en el mismo cuarto. Si no fuéramos cristianos y no tuviéramos un hijo que educar, nos divorciaríamos.

Haciendo caso omiso de su estallido, le pregunté:

— ¿Qué le parecería la idea de enamorarse locamente de su esposa en un lapso de tres semanas?

Me echó una mirada escéptica, pero la posibilidad le intrigó.

— ¿Es posible eso? — preguntó.

— Sí, he desarrollado una fórmula que sé que funciona. Si usted la sigue fielmente, los dos pueden llegar a ser más felices que lo que nunca antes fueron.

Sacando de mi bolsillo una tarjeta de apuntes, le pedí que mencionara algo de su esposa que a él le gustara. Pensó durante quince minutos y por fin dijo:

— ¡Mi esposa es buena con mi madre!

Después le pregunté otra característica, y en poco tiempo habíamos llenado la tarjeta con una lista de diez elementos que él me había provisto a regañadientes.

Entregándole la tarjeta, lo hice un reto a que le diera gracias a Dios dos veces al día por esas diez cosas: en la mañana durante su tiempo de oración, y cada noche mientras manejaba su auto camino a casa. Además, cada vez que pensara en una crítica, debía sustituirla por uno de los puntos de acción de gracias que estaban en la lista.

Pasaron diez días. El domingo por la noche llegaron al culto de la noche — cosa que no era común en ellos — y se acercaron a hablar conmigo un momento al finalizar. Mientras hablábamos, él puso su brazo alrededor de los hombros de su esposa y ella se acurrucó hacia él. Aquello me impresionó. A veces el lenguaje corporal es un fuerte divulgador de verdad. Cuando terminamos de hablar, la iglesia estaba vacía y ellos emprendieron la marcha. Mientras ella lo precedía a través de las puertas dobles, él se retrasó lo suficiente para murmurar con suavidad:

— ¡Otra vez estamos juntos en el mismo cuarto!

Eso era una muestra de progreso. Al cumplirse las tres semanas lo llamé desde el aeropuerto de San Diego para asuntos de la iglesia, y al final le pregunté:

— ¿Cómo van las cosas en la casa?

¡Por un momento pensé que se iba a derretir y a salir por el teléfono! Comenzó a hablar con elocuencia acerca de las alegrías del matrimonio y la dicha de su relación de amor.

Debo admitir que de inmediato me volví un poco carnal. Quería saber si la responsabilidad por aquel increíble progreso se podía atribuir a mi sistema de la pequeña tarjeta, pero dudé en preguntárselo de manera directa.

¿Ya se aprendió de memoria los diez puntos de la tarjeta? — le pregunté.

Jamás olvidaré su respuesta:

— ¡Claro que sí! Ya al tercer día me los había aprendido, pero le di vuelta a la tarjeta y añadí otras quince cosas que me gustan de ella.

Por lo visto la acción de gracias produce más acción de gracias, y eso engendra el amor. ¡Inténtelo; le gustará!

Y sobre todas estas virtudes, revístanse de AMOR*,*
que es el vínculo perfecto.

Colosenses 3:14, *NVI*

¡Todo ser humano anhela amor! Pero la mayoría de las personas lo esperan de parte de los demás, lo cual no es el modo adecuado de conseguirlo. La Biblia dice: "Dad, y se os dará; medida buena, apretada, remecida y rebosando darán en vuestro regazo; porque con la misma medida con que medís, os volverán a medir" (Lucas 6:38).

Es claro que a partir de ese versículo aprendemos que si queremos amor, debemos darlo. Y en la misma medida en que demos se nos dará a nosotros.

Por cierto, cuando se trata de impartir amor, use una cuchara bien grande. Y luego prepárese para recoger una rica cosecha de amor. Esa es la ley de Dios.

Hágale un examen a su amor

El egoísmo es un enemigo tan sutil que a la mayoría de las personas les resulta prácticamente imposible ser objetiva en cuanto a su amor. Es necesario que la pregunta "¿La amo a ella (lo amo a él)?" la reemplacemos por "¿La amo a ella (lo amo a él) más de lo que me amo a mí mismo?" Sólo eso podrá medir el verdadero amor. El siguiente examen le dará a usted la oportunidad de examinar su propio amor. Asígnese a sí mismo una puntuación justa y objetiva de cero a diez para cada pregunta, y luego saque el total de sus puntos.

Los diez puntos del examen del amor

____1. ¿Tiene usted un vínculo fuerte y cariñoso de solicitud por las necesidades y deseos de su cónyuge, que inspire de su parte la disposición de sacrificarse para complacerle?

____2. ¿Disfruta de la personalidad de su cónyuge, así como de su compañía y amistad?

____3. ¿Tienen metas e intereses en común, sobre los cuales hablan con libertad?

____4. ¿Respeta y admira a su cónyuge a pesar de las necesidades o debilidades reconocidas en la vida de él o ella, o incluso cuando usted está en desacuerdo con ciertas decisiones?

____5. ¿Tienen entre sí una atracción sexual única que con frecuen cia conduce a expresiones satisfactorias mutuas del acto matrimonial?

____6. ¿Desean tener hijos (si es físicamente posible) que tengan las mismas características físicas y temperamentales de los dos, y a quienes puedan impartirles sus conceptos morales y espirituales (o los desearon cuando tenían la edad apropiada)?

____7. ¿Tienen una fe viva en Dios, que sea una influencia provechosa espiritual sobre el uno y el otro?

____8. ¿Tiene una sensación de estabilidad y de posesión acerca de su cónyuge, a tal grado que otras personas del sexo opuesto no le resultan atractivas de la misma forma?

____9. ¿Tiene un deseo creciente de pasar más tiempo con su cónyuge?

____10. ¿Tiene un auténtico aprecio por los éxitos individuales de su cónyuge?

____ Puntaje total

Si obtuvo noventa puntos o más, entonces tiene un amor ideal; siga cultivándolo. Si obtuvo ochenta o más, comience a aplicar los principios de la segunda mitad del libro a su vida y a su matrimonio. Si su puntuación alcanzó sólo a poco más de setenta, su relación matrimonial va decayendo; hable con su pastor o con un consejero cristiano. Cualquier persona que anote sesenta o poco más estará bastante infeliz con su cónyuge. Usted está en dificultades, y la situación no mejorará sin recibir ayuda externa. Corra, no camine, hasta su iglesia para recibir consejo y apoyo.

La clave para todas las relaciones es muy sencilla: ¡Revístase con amor! Con la ayuda de Dios, podrá hacerlo.

Cómo llegar a ser los mejores amigos

La soledad es la primera cosa que Dios dijo que no era buena . . . Hay un consuelo especial en el estado matrimonial junto al cálido lecho, que ninguna otra compañía puede proveer . . . Si las condiciones (de compañía) no se cumplen, no hay verdadero matri monio.

Juan Milton, 1643

Después de un seminario de vida familiar en que el doctor Henry Brandt y yo éramos oradores, una pareja se nos acercó y dijo: "Doctor Brandt, ¿qué consejo le daría a una pareja cuyo hijo más pequeño está en el último año de secundaria y sólo vivirá en nuestro hogar durante seis meses más?" Sin titubear ni un momento él contestó: "¡Más les vale llegar a ser cada uno el mejor amigo del otro!"

Eso es sin duda lo que quería decir Juan Milton, el gran escritor del siglo XVII, en su libro sobre la doctrina y la disciplina del divorcio, que cité arriba. Y añade:

> En el plan de Dios, una conversación agradable y feliz es el fin principal y más noble del matrimonio . . . La sociedad principal de este radica en el alma en vez de en el cuerpo, y su ruptura mayor es la mala disposición de la mente en vez de un defecto del cuerpo . . . ya que sabemos que no es la unión con otro cuerpo lo que quitará la soledad, sino la unión de otra mente compatible.

A pesar de las diferencias de estilo, es claro que tanto Juan Milton como Henry Brandt asignan la más alta prioridad del matrimonio a que las dos personas lleguen a ser cada uno el mejor amigo del otro.

Para decirlo con mucha franqueza, la mayoría de las parejas que se casan apenas si conocen a la persona con quien pasarán el resto de su vida. Creen que la conocen, pero están tan cautivados por intercambiar ondas de libido, las que alcanzan su punto más fuerte entre los diecisiete y los veinticuatro años (que es cuando se casan la mayoría de las personas o al menos así era antes que la promiscuidad se volviera tan descarada), que sólo mantienen una amistad superficial. No es sino hasta que sus impulsos sexuales (que es a lo que la Biblia se refiere como "quemarse") quedan satisfechos en el acto matrimonial, que en realidad comienzan a familiarizarse el uno con el otro. En todo matrimonio hay sorpresas, algunas buenas y otras malas. Las sorpresas comienzan con el coeficiente de egoísmo, la ira o los temores, y luego los hábitos, los gustos y las diferencias de temperamento, sólo para enumerar unas cuantas que ya hemos analizado.

La mayoría de las parejas con mucha probabilidad no llegarán a ser "los mejores amigos" durante varios años después de casarse. Necesitan tiempo para conocerse, apreciarse y gustarse el uno al otro, y sólo el paso del tiempo les permite dedicarse el uno al otro, comenzando con los niños, la casa, la vocación y los intereses. He visto parejas que estaban al borde del divorcio y que creían ser los peores enemigos, aprender a volverse buenos amigos. Los que nunca han tratado de examinar el arte de la amistad sucumben de forma inevitable a su alternativa: una vida miserable y solitaria. El matrimonio debe resolver la soledad, y por eso Dios le dio Eva a Adán.

Es lamentable que la unión con un cónyuge no siempre resuelve la soledad individual; más bien puede encerrar a la persona en una relación de la que no encuentra cómo escapar. Si los cónyuges no aprenden de veras a volverse los mejores amigos, su matrimonio se convierte en una existencia solitaria. Dios jamás se propuso eso. Él diseñó el matrimonio para que produjera la mejor amistad que dos personas pueden compartir sobre esta tierra. Sin embargo, si eso no le ha sucedido a usted de forma automática, no se desespere; la amistad se puede aprender. Este capítulo lo incluyo con la esperanza de que los que están comprometidos para toda su vida pero se dan cuenta de que no están tan cerca como dos personas pueden y deben estarlo, adquieran perspectivas que puedan incorporar en su matrimonio y llegar a ser muy pronto, cada uno, el mejor amigo del otro.

Las personas cambian

Las personas van cambiando durante los largos años del matrimonio. Hace cien años, cuando las expectativas de vida eran en promedio de treinta y cuatro años para los hombres y de treinta y siete para las mujeres, eso no era tan importante; y puede ser una de las razones por las que no era tan común el divorcio en esos tiempos. Un individuo no vivía tanto tiempo como para que el paso de los años lo hiciera parecer "otra persona". Pero ahora las expectativas de vida son de setenta y tres años para los hombres y de setenta y siete para las mujeres; por lo tanto, pasamos mucho más tiempo de nuestra vida casados. Eso con frecuencia permite cambios tales que, después que los hijos se han ido de la casa, los cónyuges son como dos extraños que viven en la misma casa.

Los distintivos de un mejor amigo

El matrimonio no es la única amistad que experimentamos en la vida. La mayoría de nosotros tuvimos un mejor amigo con quien nos criamos o con quien íbamos a la iglesia o a la escuela, y nuestras amistades florecieron porque teníamos muchas cosas en común. Era, sin embargo, una amistad no sexual que, cuando nos casamos, fue reemplazada por una relación superior. Poco a poco aquella otra amistad del mismo sexo comenzó a desvanecerse a medida que aprendíamos los goces de la relación matrimonial y nos entregábamos a intereses comunes. Las parejas pueden mantener amistades con otras parejas y con personas individuales después del matrimonio (personas con quienes pasamos tiempo y en quienes podemos confiar en momentos de presión en nuestra vida), pero el matrimonio sólo puede sostener un "mejor amigo" del sexo opuesto: el cónyuge.

Para ser buenos amigos, una pareja de cónyuges no tienen que estar de acuerdo en todo ni ocuparse sólo en los campos de interés común, pero sí deben desarrollar suficientes campos de interés como para disfrutar de pasar juntos la mayor parte del tiempo. Ninguna de las dos partes debiera sentirse amenazada cuando su cónyuge se va con sus amigos a un retiro, una expedición de cacería o una actividad deportiva, ya que los períodos de breve separación pueden hacerlos apreciar aún más cada uno las cualidades del otro. Pero los amigos íntimos fundamentalmente disfrutan de pasar tiempo juntos.

Las afirmaciones de Juan Milton emplean la palabra "compañía" en una forma muy parecida a como usamos nosotros el término "amistad". Los mejores amigos son en realidad los mejores compañeros; es una relación que bien vale la pena conservar.

Las características de un mejor amigo

Las personas casi nunca se proponen convertirse en mejores amigos; el enlace parece darse por sí solo. A veces lo que los acerca son sus temperamentos opuestos, y entonces hay ciertos puntos en común que van desarrollando una amistad muy fuerte. Una relación así, a diferencia del matrimonio, puede durar por muchos años porque no se expone demasiado con una vigilancia de veinticuatro horas al día. Porque, aun cuando dos cónyuges se hayan atraído mediante muchos campos de interés en común, sus diferencias pueden volverse predominantes; en particular si no se subyugan el egoísmo, la ira o el temor. No estoy seguro de si es posible para una persona el volverse mejor amigo de un cónyuge egoísta, iracundo o dominado por el temor. Bajo circunstancias así, a menudo lo negativo se vuelve tan dominante en la mente del cónyuge, que ya este no puede apreciar la característica positiva. En una amistad sólida se podrá encontrar la mayoría de las siguientes características:

1. Alguien de cuya compañía uno disfruta.
2. Alguien con quien uno comparte muchos intereses.
3. Alguien con quien uno se puede comunicar con libertad.
4. Alguien en quien uno puede confiar, y que nunca lo va a traicionar.
5. Alguien por cuyos intereses y bienestar uno se preocupa auténticamente.
6. Alguien cuyas faltas uno pasa por alto.

7. Alguien con quien uno puede reírse, llorar y gozar de actividades.
8. Alguien cuyos éxitos le acarrean a uno placer.
9. Alguien cuya amistad uno valora tanto, que de buena gana hace sacrificios por mantenerla.
10. Alguien cuya ausencia por períodos largos produce soledad.

Asignando diez puntos a cada uno de los puntos mencionados, usted puede evaluar con rapidez la calidad de su amistad con una persona, ya se trate de su cónyuge o de alguien más. Por regla general, es probable que disfrute de una relación vital con cualquier persona que obtenga una puntuación de ochenta o más. Pero cuando hace una comparación entre sus sentimientos para con otras personas y sus sentimientos para con su cónyuge, tenga en mente que si su relación sufriera tanta exposición ante otra persona como ocurre con su esposo o esposa, la puntuación pudiera descender drásticamente. Hay personas que son excelentes amigos . . . con tal que la relación se dé sólo en pequeñas dosis.

Los aspectos esenciales de la vida

Hay ocho aspectos importantes de la vida que producen acuerdo y unidad, o bien discordia y conflicto. Son pocas las parejas que comienzan con un acuerdo de cien por ciento en la prioridad que le asignan a cada aspecto. Además, como hemos visto, las personas cambian con el paso de los años. Los que son muy inmaduros cuando se casan a los diecinueve o veintidós años, pueden empezar a madurar a los veintiocho o a los treinta. Si su cónyuge no avanza en la misma medida, algún día se verán obligados a reconocer que les quedan pocos aspectos de interés común. Por consiguiente es posible que se vuelvan solitarios, aunque vivan en la misma casa con una persona de quien antes disfrutaban.

La clave para la duración de la amistad y del matrimonio es el crecimiento mutuo. Antes de ofrecer algunas sugerencias para mejorar el grado de amistad conyugal, es importante que el lector examine los aspectos más importantes de la vida.

Es cuestión de ponerse de acuerdo

La Biblia plantea una pregunta crucial: ¿Cómo pueden dos caminar juntos sin ponerse de acuerdo? Las relaciones más felices son las que disfrutan de la mayor cantidad de puntos en común. Estudie con cuidado los ocho aspectos esenciales de la vida. Tenga presente que cada individuo asigna a cada uno de esos aspectos su propio grado de importancia. Los enumero en este orden de importancia a partir de datos recogidos en el trabajo de aconsejar. Claro que estas prioridades tal vez no sean siempre exactas, porque las personas que vienen en busca de ayuda traen problemas. Las parejas bien ajustadas y felices rara vez buscan ayuda, de modo que sus prioridades pudieran ser diferentes. Sin embargo, en cierto sentido todas son importantes y deben evaluarse con cuidado.

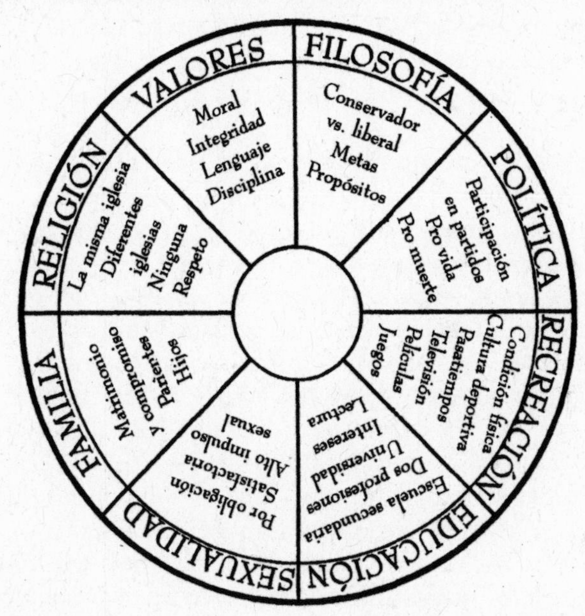

Los aspectos esenciales de la vida

1. La familia

El aspecto de la vida en el que pasamos más tiempo es la familia, y por lo tanto es probable que sea la más importante.

Eso queda confirmado por una investigación realizada por el doctor Robert Holmes, cuyos hallazgos relacionados con la tensión nerviosa los he incluido en dos de mis otros libros. Baste con decir aquí que los siete principales acontecimientos generadores de tensión que se manifiestan en su investigación tienen que ver con la familia. Por lo tanto llegó a la conclusión de que los aspectos más significativos de la vida son los que producen más tensión cuando funcionan mal.

El fundamento de la familia es el matrimonio y el compromiso: dos personas que se proponen entregarse de manera exclusiva para hacer que su unión tenga significado y sea satisfactoria para la otra persona. Luego vienen los hijos, el mayor tesoro que dos personas pueden compartir sobre la tierra. Aportan a la familia gozos y placeres indescriptibles que no pueden experimentarse en ningún otro nivel humano. Además introducen presiones, pruebas y penas, pero incluso estas cosas pueden unir más a la familia con vínculos que duran toda la vida.

No debemos pasar por alto a los parientes, que también tienen un efecto determinante sobre la relación de la pareja. De forma ideal, cuando dos personas se casan, es el matrimonio de dos familias. Si la pareja se ha casado con la bendición de los padres, se pueden establecer buenas amistades con otros miembros de la familia. Además, otros miembros de la familia a menudo se casan con personas que tienen intereses parecidos. Por ejemplo, mi esposa era un año y medio menor que su hermana, y las dos fueron a universidades cristianas por su interés común en servir al Señor. Como mi cuñada y su esposo se hicieron misioneros y nosotros dos ingresamos al pastorado, a lo largo de los años hemos mantenido una fuerte amistad. En efecto, mi cuñado, a quien nunca habría conocido como amigo, ha trabajado conmigo durante la mitad de los años que llevamos casados por habernos casado con dos hermanas. Somos amigos tan cercanos que uno de mis libros se lo dediqué a él, y cada año, junto con nuestras esposas, pasamos por lo menos una semana de vacaciones juntos.

Otra parte de la familia tiene que ver con los nietos. ¡Qué alegría! ¡Y no hay que cambiarles los pañales! La mayor parte del tiempo se trata de consentirlos. Las vacaciones de la familia LaHaye, en que practicamos el esquí acuático en el lago Powell, ha crecido a lo largo de los años desde ocho personas hasta diecinueve este año, y si el Señor se tarda en venir, el número llegará un día a veinticinco: un total de veinticinco personas vinculadas por la sangre, el matrimonio, los intereses y la amistad. Cualquier cosa que tenga que ver con una de esas personas es de interés vital para ambos miembros de la pareja original. (Por eso, después de pensar que mis responsabilidades paternas respecto a las ligas menores y al fútbol ya habían terminado, ahora descubro que sigo asistiendo a partidos . . . y disfrutándolos). Muchos otros factores van incluidos en el aspecto de la vida llamado "la familia": mobiliario, inversiones, y tantas cosas más. Según nuestro Señor, "donde esté vuestro tesoro, allí estará también vuestro corazón." Y por si no se ha fijado, más de su tiempo y de su dinero se invierten en su familia que en ninguna otra cosa de la vida. Ya que, humanamente hablando, el tiempo y el dinero son sus recursos más importantes, los padres invierten la mayor parte de esos en sus hijos. Cuanto más pienso al respecto, más me convenzo de que tuve razón en poner en primer lugar el aspecto de la familia, porque es de importancia primordial.

2. Las convicciones religiosas

La Biblia aconseja: "No os unáis en yugo desigual con los incrédulos." La fe de una persona, como veremos, influye en todos los otros aspectos de su vida.

Sin embargo, eso no quiere decir que dos creyentes siempre compartirán la misma preferencia en cuanto a las creencias religiosas. Por ejemplo, una persona bautista puede sentirse atraída hacia alguien de tradición episcopal, o cualquiera de esas dos personas hacia alguien que es pentecostal. Esas tres iglesias tienen en común muchas creencias centrales, pero sus formas de culto, sus enseñanzas y otras creencias son drásticamente diferentes. Por consiguiente es ideal cuando, además de tener en común una fe personal, los dos cónyuges asisten a la misma iglesia. Entonces resulta más fácil establecerse en una iglesia escogida por común acuerdo, y formar allí a su familia. Los miembros de la familia, por estar recibiendo la misma doctrina, pueden desarrollar raíces más profundas y amistades en conjunto.

No estoy insinuando que las parejas que asisten a iglesias diferentes no puedan mantener una relación de amor duradera. Pero, incluso en las mejores condiciones, eso pondrá presión sobre su relación. Ese fenómeno es más pronunciado cuando las diferencias son entre protestante y católico o entre pentecostal y no pentecostal. Siempre animo a las parejas a definir la cuestión de la iglesia antes de la boda. Por lo general la iglesia donde se realiza la boda será el lugar de culto al que ellos piensan asistir y donde algún día piensan educar a su familia.

La iglesia es mucho más importante para las personas de hoy que nunca antes. Culturalmente, es la única amistad institucional coherente con la cual la familia puede contar. La familia querrá una iglesia llena de vida, con un fuerte énfasis en los hijos, para que constituya una influencia positiva para los hijos, en especial cuando llegan a la adolescencia. Los padres nunca deben dividirse por la cuestión de a cuál iglesia asistir como familia.

El visitar una variedad de iglesias puede ser permisible antes que lleguen los hijos, pero ya para entonces la pareja debe ponerse de acuerdo acerca de una iglesia y formar en ella a su familia. Si todavía no ha encontrado esa clase de iglesia, siga buscando.

Es lamentable que hoy día muchas familias no tienen interés en la iglesia. Cuando comienzan a soplar las tormentas de la adversidad — y eso siempre ocurre, porque es parte de la vida —, esa familia necesita recursos espirituales fuertes, los que por lo general provienen de su iglesia.

En algunas familias, sólo una persona está interesada en participar en la iglesia. Siendo pastor, conocí a muchas mujeres que estaban casadas con hombres que dedicaban el domingo a ir a jugar golf. El matrimonio todavía puede funcionar si ambos cónyuges están comprometidos el uno con el otro y no convierten las actividades del domingo en una manzana de discordia, pero incluso en el mejor de los casos permanece en el matrimonio un vacío, y el "síndrome del domingo dividido" no ayuda en nada a educar a los hijos en la fe, en especial cuando los hijos se inclinan a seguir a su padre. Hay parejas que convienen en un "arreglo": es decir, se ponen de acuerdo acerca de con cuánta frecuencia el miembro activo de la iglesia debe asistir, y con cuánta frecuencia el miembro no practicante debe acompañarlo, en particular en ocasiones especiales como programas para niños, Navidad, Pascua, conciertos musicales o reuniones especiales. Uno de mis amigos estuvo de acuerdo en asistir a "dos cultos al mes, sólo por los hijos". Siempre se quejaba: "¡Ese pastor está tratando de convertirme!" ¡Y tenía razón! Pero al fin se acercó a Dios, Él transformó su vida y enriqueció profundamente su matrimonio.

La clave es el RESPETO. Uno debe respetar las creencias religiosas de su cónyuge aun cuando no esté de acuerdo con ellas. Si no, se convertirán en fuente constante de conflictos y obstaculizarán la consolidación de una amistad.

3. La filosofía de la vida

Es casi imposible exagerar la importancia de la filosofía de la vida. Ella influye sobre casi todas las decisiones que uno toma y las cosas que hace. La filosofía de la vida define lo que uno es. De allí brota la razón de vivir, las metas y los objetivos. Un vicioso del trabajo, decidido a ganar millones de dólares, refleja una filosofía materialista de la vida, que se limita a las cosas temporales. Uno que mantiene frente a sus ojos el valor de la eternidad pone su afecto en las cosas de arriba, manteniendo una perspectiva filosófica eterna. Las parejas que tienen filosofías tan opuestas experimentarán conflictos de manera inevitable.

Hay dos palabras que todos conocemos bien que representan hoy día la filosofía predominante de la vida. Una es "conservador", y la otra es "liberal". Nuestra sociedad está dividida en torno a las dos filosofías que esos términos describen. Los "liberales" creen en un gobierno muy poderoso basado en el relativismo y en las ideas del humanismo secular; según ellos, el gobierno debe satisfacer todas las necesidades humanas, desde la cuna hasta la sepultura. Los "conservadores" creen en un gobierno limitado y en libertades que generan responsabilidad; cada persona rinde cuentas a Dios y a su prójimo por su forma de vivir. Los conservadores por lo general respaldan los conceptos tradicionales.

Los liberales no son automáticamente comunistas ni socialistas, pero su filosofía no es tan diferente como para que no puedan con facilidad estar de acuerdo con esos grupos. Los conservadores, en cambio, tienden a ser anticomunistas que están en contra del estado paternalista y apoyan la libre empresa y el sistema de libre mercado. Los liberales (aunque no todos) tienden a creer que la mujer tiene "derecho de escoger" un aborto. Los conservadores consideran que el aborto es un asesinato. La lista de términos casi diametralmente opuestos es interminable: la pornografía, la ética situacional, la separación entre la religión y el estado, el derecho de portar armas, y muchas cosas más.

Sin duda habrá en algún lugar un esposo y una esposa, conservador el uno y liberal la otra, que están disfrutando de un matrimonio feliz; pero nunca he conocido una pareja así. Sería difícil para ellos sostener un diálogo familiar, porque hoy día casi todo generaría conflictos. Se suscribirían a diferentes revistas y reflejarían opiniones contrarias en todos los problemas de la vida. Cada comida se convertiría en un debate familiar por televisión. Es lamentable que no siempre sería amistoso; y en más de una ocasión, por no haber podido ponerse de acuerdo desde el punto de vista filosófico, se irán a dormir sin hacer el amor a causa de sus desacuerdos.

Es obvio que es mejor cuando las personas que se casan tienen puntos de vista filosóficos similares. Si no, uno debe aceptar las opiniones divergentes de su cónyuge y, en aras de la armonía familiar, no discutirlas nunca o casi nunca. Por ejemplo, ¿pudiera imaginarse a dos personas casadas cuando una de ellas es pacifista y la otra apoya la política del gobierno en tiempos de guerra? En tal terreno de conflicto, la pareja no pudiera ni siquiera comenzar una discusión sin elevar la temperatura de la habitación a niveles insoportables.

4. Lo que se considera importante

Lo que una persona valora está determinado en gran medida por su formación religiosa, sus costumbres familiares, su filosofía de la vida y sus convicciones personales. De forma tradicional eso es lo que ha distinguido a las personas civilizadas de los bárbaros. Nosotros valoramos la virtud, la moral, la integridad, el ahorro, el esfuerzo en el trabajo, y otros. El criterio que una persona tenga de lo correcto y lo incorrecto es lo que determina sus juicios morales. Cuanto más una persona tome en cuenta las enseñanzas cristianas, más regirá sus conceptos al cristianismo.

En nuestros días se ha esfumado el buen criterio moral por el surgimiento del relativismo, y ha surgido lo que Charles Colson llama "los nuevos bárbaros": personas con un alto nivel de educación y una perspectiva moral basada en el humanismo secular liberal. Para ellos nada es absoluto; lo correcto y lo incorrecto son términos indeterminados; y en el ámbito moral, no hay nada que sea un gran problema.

No se necesita mucha imaginación para concluir que cualquier persona que valora la buena moral hallará gran dificultad en amar, respetar y gozar de una relación cercana con alguien que no valora la honradez sino que más bien está dispuesto a mentir, a cometer fraudes y a romper sus votos nupciales. Por lo general, la falta de armonía se vuelve tan fuerte que esas personas no pueden vivir juntas. Sin embargo, si uno de los cónyuges somete su voluntad a Cristo, sus conceptos cambiarán y se abrirá la puerta a la solución del conflicto.

En situaciones así, el cristiano debe confiar en que Dios le dará la gracia de vivir feliz con su cónyuge no creyente, y que le dará paciencia para no criticar ni parecer irrespetuoso para con su cónyuge a causa de esas diferencias. De otro modo, destruirá su amistad. Dos personas no pueden caminar juntas por mucho tiempo a menos que se pongan de acuerdo en cuanto a los conceptos morales.

5. La política

Sin duda habrá oído decir que, a menos que uno quiera empezar una pelea, será mejor no hablar nunca de religión ni de política. Estaría de acuerdo con esa apreciación. Sin embargo, si no hablamos de esos temas, dejamos fuera como el sesenta por ciento de lo que vale la pena hablar en la vida. Y hoy día, cuando las noticias por televisión bombardean nuestro hogar de manera constante, casi todo el mundo se ha convertido en aficionado a las noticias. La mayoría de las cuestiones controvertidas de nuestra época penetran directo al hogar mediante la televisión. Y cuando una pareja está en desacuerdo en lo político, es posible que descienda de una discusión vivaz a una pelea llena de amargura.

Por supuesto que lo mejor es que ambos cónyuges compartan un mismo interés por los mismos partidos políticos, en particular si alguno o los dos se compromete en favorecer a un candidato. La alternativa es guardarse sus opiniones para sí y respetar el derecho de su cónyuge a sostener un punto de vista contrario. Conozco un matrimonio que pertenecen a partidos opuestos. Una noche de elecciones, el esposo iba en su auto escuchando las noticias de la votación mientras su candidato se precipitaba a la derrota en llamas vergonzosas. Pasó junto a su esposa, quien estaba a la espera de su saludo cariñoso, y anunció: "¡Todavía no estoy en condiciones de besar a alguien del partido contrario!" Para fortuna de ambos, en muchos otros campos están de acuerdo; de modo que sus preferencias políticas no destruyen su amistad.

6. Recreación y entretenimiento

Un par de esposos que no aprenden a jugar juntos no permanecerán juntos, al menos no muy felices. Durante el período de noviazgo, a la pareja le resulta fácil encontrar cosas de las que pueden disfrutar juntos. Por supuesto que tal vez no se den cuenta de que lo que los une es el *tiempo* que comparten, y no la actividad misma. Después de casados, cuando están juntos todo el tiempo, es posible que comiencen a reconocer que en realidad no les gustan las mismas actividades.

Un cónyuge inteligente aprenderá cuáles son las cosas que le traen gozo a su pareja. Nosotros somos una familia que se dedica a esquiar en el agua y en la nieve, a acampar, y a montar en motocicletas en caminos de tierra. No todo aporta igual placer, pero una persona desprendida aprenderá a hacer lo que a su cónyuge le resulta gozoso. Esa es la motivación del amor. Los placeres en común tienden a ampliar los campos de interés común, y esto sucede con los juegos, el entretenimiento y otras actividades. Traten de cultivar los dos los mismos intereses deportivos; hablen sobre las reglas de juego, la importancia de ciertos partidos, y relatos acerca de los jugadores. Claro que, todas las cosas hay que hacerlas con moderación; pero es importante de manera vital que las parejas y las familias aprendan a jugar juntas.

7. Educación y vocación

Durante siglos, sólo los hombres recibían una educación más allá de lo mínimo; por eso solía haber gran disparidad en el desarrollo intelectual de las parejas. Hoy día no es raro que ambos cónyuges tengan un mismo nivel educativo, y en casi el setenta por ciento de los casos tanto el esposo como la esposa trabajan en su profesión fuera del hogar, por lo general en empresas diferentes y en ramos diferentes. Por consiguiente, a menos que cada uno de ellos haga un esfuerzo consciente por familiarizarse con la vocación de su cónyuge mediante largas conversaciones y preguntas, habrá largos lapsos en que no compartirán ningún interés vocacional. Eso no es tan malo si ambos pueden aprender a dejar el mundo vocacional en el trabajo y disfrutar del ambiente familiar cuando están en casa.

Las revistas pueden ser un complemento útil para la educación y estimular los intereses en común. Si económicamente le resulta posible, toda familia debiera suscribirse a revistas, tanto cristianas como seculares, que contribuyan a una filosofía en común. En efecto, uno casi puede identificar la filosofía de una persona por sus revistas favoritas.

Muchas familias cristianas fortalecen cada día su vida mental y emocional escuchando radioemisoras cristianas. Otras alimentan su alma con casetes y videos sanos. De esto puede estar seguro: la educación que usted reciba, ya sea académica o mediante leer y escuchar de forma voluntaria, lleva consigo una filosofía e influirá directamente en sus hábitos de pensamiento y en sus perspectivas. Es importante que los cónyuges muestren interés en la educación y lectura que cada uno realiza.

8. La vida sexual

Aunque ya he mencionado la importancia de una buena vida sexual en el matrimonio, sería negligente si no señalara una vez más que ese es un campo muy importante que ayuda a los cónyuges a volverse mejores amigos el uno del otro. Según su modo de entender la experiencia y su destreza en el arte del dominio propio, las parejas pueden experimentar una vida sexual estupenda o bien una actividad que se hace por rutina. La intimidad nunca debe darse por sentada; hay que tratar de mantenerla fresca y viva, y siempre como expresión de amor. Muchas parejas con campos de interés en común deficientes logran rectificar el asunto mediante una "vida sexual estupenda" o al menos muy satisfactoria. Toda relación matrimonial se verá favorecida por una vida sexual dinámica.

El ingrediente que falta

Es probable que haya notado el espacio en blanco en el centro de mi diagrama circular (página 219). Quedó así de forma deliberada. Hay dos centros importantes que afectarán todos los aspectos de la vida. Como se ve a continuación, uno de ellos se llama FE y el otro FALTA DE FE.

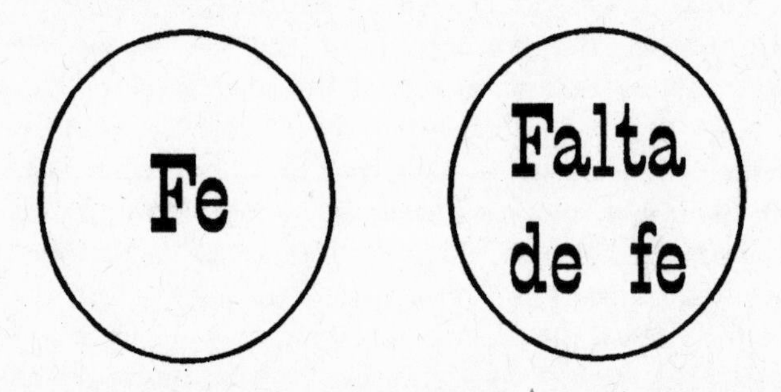

Estos dos círculos están diseñados para encajar en el círculo de los intereses de la vida. Si una persona tiene una fe vital y personal en Dios, eso influirá sobre todos los aspectos de su vida. Una vez le pregunté a un contratista constructor qué cambio notaba en su vida después de aceptar a Cristo como Señor y Salvador. Respondió: "Mis conceptos morales cambiaron. Antes de Cristo, cuando un cliente llamaba para hacerme una pregunta, rebuscaba en mi cerebro para recordar qué le había dicho la vez anterior. Ahora sencillamente le digo la verdad, ya que será lo mismo que le habré dicho antes." Jesucristo cambia a las personas, en especial en los campos que se comentan en el círculo.

En cambio, el no creyente experimenta pocos cambios; por lo menos no experimenta cambios en cuanto a los principios bíblicos. Por eso resulta tan importante que los cónyuges estén de acuerdo en cuanto a su relación personal con Jesucristo. Por eso quiero destacar otra vez que, si usted no tiene una relación vital con Dios, necesita invitar a su Hijo a que entre en su corazón, y recibir su Espíritu Santo. Es una experiencia que transformará su vida y enriquecerá todos los aspectos de ella. Y nadie mejor que Cristo puede ayudar a dos personas a llegar a ser los mejores amigos. ¿Lo conoce usted? ¿Lo conoce su cónyuge? Si no, recíbalo de forma personal invitándolo a que entre hoy mismo en su corazón. Si no sabe cómo orar, pero cree que Jesucristo murió por sus pecados, fue sepultado y resucitó de entre los muertos, por favor diga esta oración o una similar en su corazón: "Oh Dios, yo soy un pecador. Creo que Jesucristo murió en la cruz por mis pecados. En este día lo invito a que entre en mi vida, a que perdone mis pecados y salve mi alma. Lo que queda de mi vida te lo entrego a ti."

Una oración así ha salvado la vida de millones de personas y ha introducido en su vida toda una nueva dimensión. Jesús dijo: "Yo he venido para que tengan vida, y para que la tengan en abundancia." Él quiere tener un gran impacto en todos los aspectos de su vida. Y usted es el único que se lo puede permitir.

Resumen

El matrimonio como amigos no es un ideal inalcanzable; con la ayuda de Dios es posible, incluso cuando hay grandes diferencias, ya sean de temperamento, de educación, de creencias o de preferencias. Pero exigirá un esfuerzo consciente. A modo de resumen presentamos algunas sugerencias finales:

1. Compartan un compromiso de por vida el uno con el otro y con su familia.
2. En la medida de lo posible, traten de desarrollar una misma filosofía de la vida.
3. Intenten cultivar un sincero interés por sus respectivos gustos, trabajos e intereses.

4. Aprenda a disfrutar de los logros de su cónyuge, así como de las cosas que a él o a ella le dan placer.
5. Sea honrado, franco y leal con su cónyuge.
6. Trabaje sin egoísmo por ayudar a su cónyuge a alcanzar el éxito y a lograr sus sueños y su destino.
7. Trate de eliminar de su vida las cosas que irritan a su cónyuge.
8. Siempre muestre respeto por las creencias y decisiones de su cónyuge, aun si usted está en desacuerdo con ellas.

Las buenas amistades están entre los tesoros más valiosos de la vida, y son dignos de cualquier sacrificio razonable. La mayoría de los esposos que no son amigos llevan vidas solitarias que carecen de la cualidad central de una experiencia humana con significado: la verdadera compañía. Por lo general eso puede corregirse. Si se la despoja de la fachada aceptada de los pretextos, la soledad en el matrimonio significa que uno de los cónyuges, o ambos, fueron demasiado egoístas como para hacer los sacrificios que eran necesarios para llegar a ser los mejores amigos.

La amistad es la recompensa de sí misma.

Los mejores amigos aun en la muerte

Frank y Carrie pasaron sesenta años casados. Fui su pastor durante quince de esos años, y Frank era esa clase de diácono piadoso que todo pastor disfrutaría de tener. Era fácil ver que se amaban el uno al otro. Más que eso, cada uno era el mejor amigo del otro. Y aunque Dios nunca les dio hijos, vivieron una vida de compañía rica y plena. Cuando Frank se enfermó, Carrie lo atendió durante nueve meses hasta que él murió. Tres días después, Carrie, que no estaba enferma, cayó muerta sobre la mesa del desayuno. Los médicos no pudieron encontrar causa alguna para su muerte excepto la soledad.

Cuando el encargado de pompas fúnebres me llamó, le dije: "Retrasemos el funeral de Frank por dos días más, y hagamos el funeral para los dos juntos en la iglesia." Anuncié un culto de conmemoración el domingo, y la iglesia, por supuesto, estaba llena. Para Frank y Carrie no tuvimos exequias, sino sólo un culto de alabanza. Le dimos gracias a Dios por salvarlos, por sus vidas largas y fieles, y por la amistad que le dio sentido a la vida mientras ambos vivieron. Ahora los dos están gozando de la máxima compañía, junto con nuestro Señor, donde nunca jamás se van a separar.

Si el Señor se tarda y si llegamos a vivir tanto tiempo, así es como a Beverly y a mí nos gustaría irnos: juntos.

El arma secreta de la pareja cristiana

La que me llamaba era una madre angustiada desde Tucson, Arizona. "Mi hijo Rick y su esposa Jan viven allí en San Diego, y el jueves van a iniciar los trámites del divorcio; pero me prometieron que se reunirían con un pastor si yo encontraba uno que estuviera dispuesto a darles consejo. Mi pastor lo conoce a usted y ha leído todos sus libros. Él dijo que usted estaría dispuesto a reunirse con ellos."

Para ser muy franco, mis citas para consejería eran tantas en esa época que estaban a punto de ahogarme; no necesitaba encargos adicionales desde fuera de California. Pero antes que dijera que no, aquella madre apesadumbrada añadió las palabras mágicas: "¡Tienen tres niños!" No conozco ningún consejero cristiano que pudiera desechar una oportunidad así.

Cuando llegaron el martes por la noche, era evidente que sólo estaban cumpliendo un compromiso para con la madre de Rick antes de destruir su matrimonio de trece años.

— Pastor, perdónenos por hacerlo perder su tiempo — dijo Rick —. No hay nada que pueda salvar este matrimonio.

Para demostrar su punto de vista, continuó:

— Fuimos a un centro de consejería cristiana en Los Ángeles. El consejero nos aplicó un grupo de exámenes psicológicos y halló que éramos tan disparejos que debíamos divorciarnos.

De pronto me empezó a hervir la sangre, porque fuera quien fuera el que había llegado a esa conclusión no entendía el poder de Dios. Entonces Rick dijo unas palabras que fueron la mejor provocación que he recibido para dar mi opinión:

— ¿Qué piensa usted de ese consejo?

No quise decirles que era el peor consejo que jamás había oído en mi vida.

— Lo que pienso *yo* no es importante en realidad — respondí —. Pero lo que ustedes sí necesitan oír es lo que dice Dios al respecto

Abrí la Biblia en 1 Corintios 7:10, 27, y leí estas palabras:

— Pero a los que están unidos en matrimonio, mando, no yo, sino el Señor: Que la mujer no se separe del esposo . . . ¿Estás ligado a mujer? No procures soltarte.

Nunca olvidaré la reacción de Rick. Con la típica ironía colérica-sanguínea en su cara, lanzó el desafío:

— ¿Quiere decir que Dios quiere que sigamos siendo así de desdichados por el resto de nuestra vida?

— No — les expliqué —. Dios quiere que sean *felices* el resto de su vida, pero eso nunca se logrará desobedeciendo sus preceptos.

Y luego les presenté los principios de este libro, todos los cuales se basan en la Palabra de Dios. La Biblia, entre otras cosas, tiene el propósito de mostrarles a las personas cómo ser felices, inclusive en el matrimonio.

— Ya que Dios es el autor del matrimonio — proseguí —, Él se propuso que fuera la relación más sublime que dos personas compartieran sobre esta tierra.

Ellos no podían experimentar el gozo del matrimonio, aun cuando eran cristianos, porque por egoísmo estaban desobedeciendo varios de los principios fundamentales de Dios.

Para fortuna de sus hijos, de los cuales uno es hoy misionero y los otros dos tienen hogares cristianos bien sólidos, los dos esposos se pusieron de rodillas conmigo y rindieron su voluntad a Dios. Admitieron sus pecados: él la ira egoísta, ella los temores egoístas, y hoy día disfrutan de una relación ejemplar.

Mientras estábamos de rodillas me di cuenta de repente que habíamos llegado a una situación de un nuevo comienzo, y ese es un enfoque que desde entonces he usado muchas veces. Casi todas las parejas llegan al matrimonio de rodillas ante Dios. ¿Se acuerda de su boda? Tan pronto como el ministro los declaró esposo y esposa, les dijo que se arrodillaran en el reclinatorio o ante el altar como acto de humilde sumisión, a lo cual siguió una oración que invocaba las bendiciones de Dios sobre su nuevo hogar y su relación. Pero, con franqueza, la felicidad del matrimonio no se basa en la oración del pastor sino en los continuos actos de obediencia que hagan ustedes a la voluntad de Dios.

Cosa lamentable para la mayoría de las parejas, ese acto simbólico de oración no es más que un rito sin sentido. Pero las parejas que con regularidad oran juntas, rara vez experimentan la necesidad de recibir consejería en su matrimonio. La discordia surge por dos razones: los cónyuges no logran orar juntos, y no están en realidad entregados a la voluntad de Dios y a su guía.

La Biblia promete en varias ocasiones: "Bienaventurados los que oyen la palabra de Dios, y la guardan." La afirmación de nuestro Señor deja claro que el camino a la felicidad no consiste en buscar nuestro propio capricho, sino en cumplir sus deseos.

El camino de Dios es siempre bienaventurado, aun cuando parezca no tener nada de correcto, justo o atractivo. La pareja que se dedica a seguir la voluntad de Dios por fe es una pareja que se deleita en un matrimonio feliz.

El punto crítico de la vida

Toda persona, y casi todo matrimonio, enfrentará un punto crítico donde uno o los dos piensan que no pueden soportar el conflicto, el desacuerdo y la presión ni un minuto más. Pero en vez de estallar en furia y ofenderse el uno al otro, deben aprender a entregar a Dios el problema, su vida y su voluntad. Él tiene un plan para nosotros, sepámoslo o no. Como un acto de fe, debemos someternos en ese momento a su voluntad.

Un ejemplo clásico es el apóstol Pablo en el camino a Damasco. Él respondió a su punto de crisis con una rendición total, se volvió a Cristo con esta oración: "Señor, ¿qué quieres que yo haga?" Miles de personas han hecho oraciones parecidas en sus puntos de crisis, desde Agustín, pasando por Juan Wesley, D. L. Moody y Billy Graham, hasta llegar a usted y a mí.

Cuando las parejas, al pasar por un tiempo de crisis, rinden humildemente en oración su voluntad a Dios, han dado el primer paso hacia la solución de sus diferencias y conflictos.

Cómo resolver las diferencias

Mi esposa y yo somos personas de voluntad firme. Cualquier mujer que pueda comparecer ante el Comité Judicial del Senado de los Estados Unidos para ser interrogada por personas como los senadores Ted Kennedy, Joe Biden, Howard Metzenbaum y otros liberales que son hostiles de manera abierta a todos los que tienen buenos conceptos morales, y que sale de allí sin perder su compostura, tiene que ser de voluntad firme (o, en forma más precisa, tiene que ser alguien que ha recibido el poder de Dios mediante la oración). A solicitud del presidente de la nación, Beverly ha testificado en las audiencias de confirmación en favor de los jueces Scalia, Bork y Kennedy. Y esa voluntad firme y ese impulso resuelto no los suprime cuando llega a casa por la noche.

Por mi parte no soy alguien fácil de persuadir. Después de todo, durante mis treinta y tres años como pastor asistí por lo menos a trescientas treinta reuniones de diáconos, trescientas quince sesiones de junta de síndicos y, por lo menos, otras diez mil reuniones "aburridas", ya fuera fungiendo como moderador o sentado en el banquillo. Como le podrán asegurar a usted su pastor y la mayoría de los comités de nombramiento de pastores, "sólo los fuertes pueden solicitar el puesto". Tanto Beverly como yo somos personas de opiniones firmes, resueltas y de voluntad fuerte. Si dijera que estamos de acuerdo en todo, mentiría. Me acercaría más a la verdad si admitiera que estamos en desacuerdo casi en todo, excepto los asuntos para los cuales ya tenemos lineamientos establecidos.

Como lo señalé antes, si hay dos formas de hacer algo o de ir a algún lado, ella escogerá una y yo la otra. Y aun así, hoy día disfrutamos de una relación fabulosa. ¿Por qué? Porque las diferencias nunca hacen que perdamos el respeto el uno por el otro. Hasta reconocemos con respeto el derecho de nuestro cónyuge a equivocarse. También hemos aprendido a orar por nuestras diferencias. Cuando Beverly prefiere un rumbo y yo he hecho una elección diferente, hemos aprendido a entregar a Dios nuestra discrepancia.

Ese tiempo de oración no es estructurado de manera especial; sencillamente es sincero. Nos ponemos de rodillas y admitimos ante Dios que nuestras preferencias están chocando. Entonces le entregamos la decisión a Él, seguros de que Él tiene una voluntad para nuestra vida. Ya que sabemos por fe que su plan es lo mejor, sometemos nuestra voluntad a Él por adelantado y oramos con la oración modelo de nuestro Salvador: "Pero no se haga mi voluntad, sino la tuya." Sin excepción, Dios ha respondido en una de dos formas: ha hecho que uno de nosotros cambie de opinión y acepte por completo el plan o deseo del otro, o bien ha abierto nuestros ojos a un plan diferente por completo. Mediante la oración así hemos comprado casas, identificado técnicas de disciplina para nuestros hijos, planeado nuestras vacaciones, aceptado compromisos de dar charlas, y hasta nos hemos puesto de acuerdo sobre el número de hijos.

Al mirar atrás, nunca hacemos una segunda suposición sobre esas decisiones y planes hechos en oración. Los que lamentamos — o al menos que haríamos de manera diferente si tuviéramos que volver a tomar la decisión — son los casos en los cuales nos descuidamos de orar. Tratamos de tomar al pie de la letra el consejo bíblico: "Reconócelo en todos tus caminos, y él enderezará tus veredas."

La oración sistemática en pareja

Después de dirigir más de setecientos seminarios de vida familiar para casi un millón de personas durante estos últimos veinte años, hay un comentario que recibo de manera constante: "De los principios que aprendimos en su seminario, el que más nos ayudó como matrimonio fue su instrucción sobre la 'oración en pareja'." Ya que este libro tiene que ver con la solución de diferencias y conflictos en el matrimonio, quisiera recoger ese pensamiento para el lector aquí al final. Si no está orando junto con su cónyuge, le garantizo que esa forma de oración mejorará su relación matrimonial.

Para empezar, no estoy refiriéndome a ni excluyendo la oración personal ni los tiempos de culto con toda la familia. Esas son dos cosas que recomiendo de todo corazón. De lo que estoy hablando es de un método de oración conversacional que es sencillo y muy significativo. Reduce las diferencias de temperamento, de trasfondo personal, de gustos y de voluntad hasta un nivel manejable, y así evita choques dañinos.

La oración en pareja es una forma de oración conversacional junto con su cónyuge. Las reglas fundamentales son muy sencillas. La primera noche debe dirigir el esposo, orando desde treinta segundos hasta dos minutos por la primera carga que haya en su corazón, después de lo cual se detiene pero sin concluir con "En el nombre de Jesucristo. Amén", porque eso sería señal de poner fin a la oración. Su pausa da oportunidad a la esposa para que añada algo, orando brevemente por el mismo asunto. Cuando ella acaba, sencillamente se detiene. En ese momento el esposo introduce la segunda carga de su corazón, después de lo cual la esposa responde con más oración. Cada vez ella aborda el asunto desde su perspectiva, dirigiéndose a Dios en formas que a su esposo no se le han ocurrido.

Como regla general, rara vez oramos por más de cinco asuntos durante cada sesión, porque, con una segunda participación, eso significa diez oraciones breves, de modo que la sesión se extiende a veinte o treinta minutos. Cierta noche oramos por ocho asuntos y descubrimos que dieciséis intervenciones duraban casi una hora. Por lo general sólo una pareja con una gran carga tendrá tanto tiempo para la oración.

La segunda noche le toca a la esposa dirigir con su primera carga, y el esposo sigue cada petición con las inquietudes de su corazón. El que ha iniciado la oración de esa noche es el que debe dar la señal para concluir cuando dice: "Te lo pedimos en el nombre de Jesucristo. Amén."

Una oración así tiene un modo formidable de unir a las dos personas. No sólo enriquecerá su mutuo amor, sino que los unirá mental y espiritualmente. En unas dos semanas, uno de los cónyuges de manera inevitable dirigirá la oración por una carga que había comenzado en el corazón de su cónyuge. Por lo visto ahora tienen cargas conjuntas en su corazón, lo cual establece un lazo muy fuerte. Nosotros hemos descubierto que con frecuencia compartimos inquietudes durante los tiempos de oración, acerca de las cuales se nos olvida conversar a nivel consciente. Más tarde uno de los dos se vuelve hacia el otro y pregunta: "¿Qué pasó con fulano de tal?", y el otro replica:

"¿Cuándo hablamos de eso?" Y en realidad no hablamos de eso, excepto en la oración en pareja. También hemos experimentado las sesiones de alegría y gratitud cuando llegamos a darle gracias a Dios porque Él ha resuelto algo o por su respuesta a una o más de esas oraciones. No conozco nada que pueda limar las diferencias entre los cónyuges o unir a dos personas mejor que la oración en pareja. De lo único que hay que asegurarse es de que cada expresión se dirija *a Dios*, y no al cónyuge. Las oraciones perpendiculares son buenas; las oraciones horizontales pueden dañar una relación.

¿Recuerda la pareja que llegó a mi oficina el martes por la noche antes de ir a ver al abogado? Fue la primera pareja a la que introduje a esta clase de oración en pareja, hace ya veinte años. No han cambiado sus temperamentos, pero sin duda alguna han aprendido a respetarse, amarse y apreciarse el uno al otro. Para ellos la oración en pareja no sólo enriqueció su relación sino que salvó su matrimonio.

Pruébelo. Aumentará su capacidad de amarse uno al otro y de llegar a ser los mejores amigos . . . aun cuando sean opuestos por completo.

Nos agradaría recibir noticias suyas.
Por favor, envíe sus comentarios sobre este libro
a la dirección que aparece a continuación.
Muchas gracias.

Editorial Vida
7500 NW 25 Street, Suite 239
Miami, Florida 33122

Vidapub.sales@zondervan.com
http://www.editorialvida.com